Mike Featherstone

CONSUMER CULTURE AND POSTMODERNISM

Second Edition

文化和传播译丛

周宪 许钧 主编

消费文化与后现代主义

（第二版）

[英] 迈克·费瑟斯通 著

刘精明 译

黄平 渠敬东 校

Mike Featherstone

CONSUMER CULTURE AND POSTMODERNISM

2nd edition

根据世哲出版公司 2007 年版译出

本书简体中文版由世哲出版公司

（洛杉矶、伦敦、新德里、新加坡）授权出版

文化和传播译丛

总　　序

人类学的研究表明,人与动物的根本差异,就在于人的未特定化,因而人有超越自然的文化。哲学家深信,人不但生活在物理的世界中,同时也生活在符号的世界中。所以,亚里士多德"人是逻各斯的动物"这一经典定义,可作如下新解:人是符号和文化的动物。

人创造文化,又被文化所创造。于是,人是文化主体,同时又是文化的对象。人生存于世界上,也就意味着人在文化中。这种复杂的依赖关系,或许可以通过稍稍修改一下康德的著名公式来表述:"我在文化中,文化在我心中。"

文化总是体现为各种各样的符号,举凡人类的器具用品、行为方式,甚至思想观念,皆为文化之符号或文本。文化的创造在某种程度上说就是符号的创造。从符号的角度看,它的基本功能在于表征(representation)。符号之所以被创造出来,就是为了向人们传达某种意义。因此,从根本上说,表征一方面涉及符号自身与意图和被表征物之间的复杂关系,另一方面又和特定语境中的交流、传播、理解和解释密切相关。这么来看,所谓文化,究其本质乃是借助符号来传达意义的人类行为。所以一些文化学家坚持文化的核心就是意义的创造、交往、理解和解释。

无论从什么意义上看，文化总是和传播密不可分，是一枚硬币的两面。

文化史家把文化传播的漫长历史做了精致的分期。大约可以分为三个不同阶段：口传文化阶段、印刷文化阶段和电子文化阶段。在口传文化阶段，面对面的在场交流形式与语境，既使得交流是双向互动的，又使得传统的权威得以维持；印刷文化阶段，信息不再依赖于在场，它贮存在可移动的媒介（印刷物）中，使得不在场的交流成为可能。印刷文化出现，在跨越时空限制的同时，也动摇了传统的权威。由于读者和作者不在同一时空里，阅读活动较之于面对面交流，更加带有批判、怀疑和"改写"原本的倾向。20世纪电子媒介的出现，是人类文化传播历史上的一次空前的革命，它极大地改变了文化传播的方式，遂改变了文化自身的形态，甚至改变了生存于其中的人类生活。毫无疑问，古往今来，没有一种传播媒介像电子媒介这样深刻地影响到整个社会。

电子媒介导致了一系列新的现象。首先，它加速了全球化和本土化的进程。通过时—空分离或时—空凝缩，"地球村"应运而生。一方面是本地生活越来越受到远处事件的"远距作用"；另一方面本土化和民族化的意识异常凸显。我们—他者、本土—异邦、民族性—世界性等范畴，不再是抽象的范畴，而是渗透在我们的日常生活中。其次，电子媒介在促进文化的集中化的同时，又造成了不可避免的零散化和碎片化。再次，电子媒介一边在扩大公共领域的疆界和范围，将越来越多的人卷入其中，但同时它又以单向传播、信息源的垄断以及程序化等形式，在暗中萎缩和削弱潜在的批判空间。复次，电子媒介以其强有力的“符号暴力”摧毁了一切传统的边界，文化趋向于同质化和类型化，但它又为各种异质因素的成长提供了某种可能。最后，电子媒介与市场的结合，必然形成消费主义意识形态以及被动的文化行为，这似乎都与口传文化和印刷文化判然有别。

晚近一些有影响的研究，主张把媒介与文化这两个关键词连用，或曰“媒介文化”，或曰“媒介化的文化”。这是一种全新的文化，它构造了我们的日常生活和意识形态，塑造了我们关于自己和他者的观念；它制约着我们的价值观、情感和对世界的理解；它不断地利用高新技术，诉求于市场原则和普遍的非个人化的受众……总而言之，媒介文化把传播和文化凝聚成一个动力学过程，将每一个人裹挟其中。于是，媒介文化变成我们当代日常生活的仪式和景观。这就是我们所面临的现实的文化情境，显然，我们对它知之甚少。

有鉴于此，本丛书着力于译介晚近西方传播和文化领域中的代表性论著，旨在拓宽视野，深化理解，进而推进本土化的研究。

周宪　许钧

1999年9月序于古城南京

中译本序*

现代性的进步之梦与无限制消费

布鲁诺·拉图尔（Latour 2020）在最近一个访谈中说道：

> 新冠病毒给我们的第一个也是最使人震惊的教训是：我们真真切切地证明，有可能在几个星期内使世界上所有地方的经济体系暂停运转，而与此同时，我们却被告知这样一个体系是不可能慢下来或被重新定向的。

关于这一从现代性中显现、与后现代性的可能性和消费文化的命运息息相关的问题，我们已经有了其答案的梗概。人们不相信这个体系可以慢下来，不相信全球化可以逆转，也不相信他们会以一种全然不同的、边界缩小的受限方式生活。回想起来，现代性的图景一直像一列不可阻挡的快车，毫不掩饰地呼唤着进步、发展和技术奇观。这列快车遍历日益丰裕宜人的“鱼米之乡”，遍历购物中心、百货商店、主题乐园以及体育、休闲和娱乐场所。

---

* 清华大学社会科学学院博士研究生贾晗参与了中译本序的初译工作，在初译的基础上，我对译文进行了改定。——译者

这是一个休闲和无限制消费的社会。这是美国梦；这是社会民主主义者梦想的富丽堂皇的人民宫殿——我们所有梦想的顶点。这一愿景消除了关于饥荒和饥饿、短缺和配给的集体记忆。这一愿景在战后时期逐渐实现并全球化，以至于经济已经以消费为中心组织起来。据估计，尽管自 2008 年金融危机以来经济增长缓慢，但是在 OECD（经济合作与发展组织）国家，消费支出约占 GDP（国民生产总值）的 60%—70%（见 Featherstone 2018）。越来越多的生产是面向消费的：围绕着商品、图像和体验的世界，以及提供它的消费空间、基础设施和物流来组织。随着跨国公司追求低成本生产，消费经济的范围越来越大，不得不管理复杂制造过程的物流，将分散在世界各地的生产基地的材料和部件运抵一处进行组装。在现今新自由主义的全球经济下，许多国家都鼓励放松管制，培养自力更生的精神。个人被鼓励投资自己的人力资本，在教育、工作和职业活动中承受风险，具有企业家精神。回报不仅是潜在的身份地位的满足和成就，还有日益丰富的消费可能性。消费者也被鼓励变得富有创造性和进取心，投资和计划自己的娱乐和休闲活动。

这使得精打细算的企业家自我凸显出来，这个自我能够对消费和休闲活动的愉悦进行成本收益分析。同时，愉悦和满足也涉及感觉、品味，并基于更不确定的情感反应。消费文化商品通常通过一系列有说服力的美好生活形象来销售和推销，这些形象包括年轻、健康、美丽、异国情调、奢华和满足。这些形象可以唤起情感反应和过剩的感觉（Featherstone 2010）。在消费空间中展示的商品世界被广告和营销图像增值，这些形象盘旋于商品之上，增强了它们的说服力和承诺感。当我们在消费空间中穿行，或浏览杂志或网站时，我们会被设计精美的图像和移动图像的组合吸引注意力，因为它们宣扬了新风格和新感觉。这些图像唤起了那些在记忆中若隐若现的联想和感觉，而这些联想和感觉很少浮现于意识之上，因为不断的图像流拒绝停滞下来，拒绝变得有序：消费世界推动了早期日常生活的审美化。那么，学习消费，就是学习一套复杂的、被一个全面的算计性享乐主义所支配的禀性。

但是这种算计也可能会出问题。信贷的营销和随时可得带来了满足的反面：对过度消费的焦虑、债务的风险和信用的丧失。自 2008 年金融危机以来，政府主权债务和私人债务都在急剧增加。同时，经济下滑的解决方案往往是进一步放松信贷以刺激消费。这一解决方案带来了“消费过度、负债累累的消费者”的阴影（Featherstone 2018）。尽管如此，如果我们退一步用更为长远的眼光来看，似乎债务问题还远远不是消费者生活方式面临的最重要的问题。

消费文化的后果

马克斯·韦伯在《新教伦理与资本主义精神》中论证，历史可以具有讽刺意味地展开，产生意料之外的后果。新教鼓励一种入世的禁欲主义行为，这无意中催生了资本主义，而资本主义则有效地取代并抵消了它的伦理驱力。罗伯特·默顿（Merton 1979）后来采纳了韦伯的想法，对“意外后果”进行了更广泛的社会学分析。同样，消费文化的机制也可以看作产生了一系列意外后果。

其一，增长的限度。这一术语因罗马俱乐部智库的委托研究而广泛传播，发表于1972年的《增长的限度》（Meadows 1972）对工业化、人口、食物、资源消耗和污染的信息进行了分析。研究团队通过数据模型预测，除非开展认真的环境保护行动，否则文明将在2070年崩塌。最近的一项后续研究分析了联合国的统计数据，得出结论：有限地球的假设是正确的，世界正在接近罗马俱乐部预测的情况（Turner and Alexander 2014）。今天，大量的科学研究进一步为这些假设提供了支持，不过存在一个强大的游说团体，他们反对限度的概念，并支持否认气候变化。①

《增长的限度》的结论之一，是需要对我们所进行的每一个单位的消费的生态足迹进行检查和缩减。全球足迹网络（Global Footprint Network）根据联合国的数据计算出，到2019年的7月底我们就想方设法地用尽了地球自然系统当年内可以提供和更替的所有世界资源。事实上，我们消耗资源的速度几乎是可持续发展速度的两倍：在2019年需要1.75个地球才能够满足年消耗。②

---

① 最初的报告很快就受到了批评。其与1980年代美国、英国和世界其他地区的右翼政府当政格格不入，他们的计划是拆除福利/社会国家装置，支持低税率的新自由主义治理形式。全球化和金融监管的放松为创造财富提供了重大的机遇，尤其是对于不断扩大的富豪和超级富豪而言，却也造成了社会不平等的加剧（Piketty 2014；Featherstone 2013, 2014a）。自从1970年代以来，尤其是在美国，右翼和保守派智库、大学中心和基金会一直在发展（Salas-Porras and Murray 2017）。值得注意的是，科赫兄弟（Charles G. Koch, David H. Koch）在美国和其他国家建立了强大的网络和政治游说，来推动市场作为解决方案，并且诋毁气候变化和其他对无节制增长的限制（Hertel-Fernandez *et al.* 2019）。

② 生态足迹计算的联合发明者、全球足迹网络的创始人马蒂斯·瓦克纳格尔（Mathis Wackernagel）认为："最终，人类活动会与地球的生态资源达到平衡。问题在于我们是选择通过灾难还是计划来达到这一平衡——一个星球的苦难还是一个星球的繁荣。"（见Global Footprint Network 2019）

其二，废弃物的累积。鉴于目前有限资源的增长和消耗速率，我们不断扩大的全球消费文化不仅带来了可持续发展问题，而且还使得我们面对以废弃物形式出现的日常后果。消费文化的逻辑是生产新的商品，这些商品在技术上更为先进或者在设计上更巧妙，看起来更时尚和“升级”。这种不断改进的过程以及对有吸引力的展示和“图像”的强调，意味着消费品短暂的使用寿命和外包装产生了更多废弃物，对基础设施提出了更高的要求。垃圾桶被塞得越来越满，而且越来越多地塞满了更难回收的材料，比如塑料，这可能对环境造成严重的影响。废弃物堆积成山且难以掩埋，更富裕的发达国家试图将垃圾出口到全球南方。另外一种处置方式是将垃圾倾倒在海中，这产生了“大太平洋垃圾带”，这是一个巨大的区域，是得克萨斯州面积的两倍，超过 160 万平方公里（Gabrys 2016）。几乎所有的碎片都是不可生物降解的塑料，其中微塑料占多数，使得这片海域看起来像是浑浊的汤（Loria 2018）。

来自消费品外包装的微塑料也在河流和水道中被发现，最近的研究表明它们甚至进入了气候循环系统，不仅仅出现在雨雪中，而且污染了空气。事实上，我们每个人每年都至少会吃掉五万个微塑料颗粒（Carrington 2019）。同时，机动车尾气排放产生了微碳污染，对这些微粒的毒性和健康危害的系统性研究才刚刚开始，这些微粒似乎是高度侵入性的，难以从环境中清除。这进一步说明了两点。

首先，人类世（Anthropocene）这一术语是由保罗·克鲁岑（Paul Crutzen）在 2002 年创造的，指的是一个新的地质时代，即人类（anthropos）的时代，它取代了之前的全新世

（Holocene）时代。人类已经成为一种“地质力”（geoforce），导致了二氧化碳排放量的增加（Clarke and Yusoff 2017）。虽然克鲁岑将此追溯到工业革命的开始，其中一个关键事件是詹姆斯·瓦特等人在 18 世纪中叶发明了蒸汽机，但他随后改变了观点。他指出了另一个重要的标志性事件，即 1945 年 7 月 16 日的特立尼特核爆炸（Trinity detonation），这是第一次向大气层释放放射性尘埃（Hird 2017）。因此，人类世是一个由人类对地球的干预所定义的地质纪元，其标志是人类的废弃物：我们的废弃物沉积在未来的岩石中，但也通过空气和水环游世界带来无数的后果。空气中的放射性废弃物当然是看不见的，但是通过科学技术我们可以监测其影响。同样，微塑料和微碳也是人眼看不见的废弃物形式，但同样地，通过科学研究我们可以发现并逐渐记录其对人类和其他生物的影响。

其次，每一项新技术都伴随着“整体性事故”（integral accident），这一术语是由保罗·维希留（Virilio 2006）发明的，他顺带呼吁建立一个“事故博物馆”。所有所谓的技术进步都伴随着未知的意外后果，这些后果只有随着时间的推移才会逐渐显现。其中与消费文化相关的例子比比皆是。汽车已经成为了消费者生活方式的核心，然而它的设计仍以高速为追求，对乘客和行人的保护相对有限（Featherstone 2005）。据估计在 20 世纪，约有 6000 万人死于机动车事故（比第二次世界大战的死亡人数还多）。据最新统计，2016 年全世界有 135 万人死于机动车事故（WHO 2018）。对于饮酒、吸烟和食用消费文化提倡的某些食物的后果，也可以做类似的统计。除此之外，强大的病毒株（猪流感、禽流感等）的出现与密集的工厂化养殖之间存在密切的关系（Stevenson 2020）。这表明，旨在保护消费者的法律体系需要彻底改革。一个以生产消费商品和消费体验为目的的世界经济，在很大程度上仍以“买者自负”——买者当心——的原则运作。是否购买的决定由消费者做出，而交易契约也在此刻终止。对消费者的保护只限于有问题或不完善的商品。长期后果很难得到证实。事实上，我们给予了消费行业在活生生的人身上进行实验的许可，而我们本身即是人。会计和审计已经成为经济和商业世界的扩展领域（Strathern 2000），然而商品对人类、其他生命形式和环境的一般健康和福祉的影响的终身总成本核算，却是一个被忽视的领域。仍存在一个强大的游说团体，以速度和效率的名义寻求放松管制和取消保护措施。没有计算商品使用后的处置和后果所产生的成本的责任。人们的假设是，新的发现和发明必然会带来益处，任何有害的影响都会在以后被发现和解决。可这仍然是一种可行的思维方式吗？

全球性风险和世界主义选择

当然，我们仍有可能进入消费文化梦想世界的审美空间，例如购物中心、百货商场、度假胜地以及其他休闲娱乐场所，感受设计精美的商品和展示环境的诱惑力。尤其是在奢侈品上，我们可以获得感官上的情感刺激和获得满足感的承诺（Featherstone 2014b）。与此同时，人们越来越意识到在美丽的外表下，消费还有更麻烦的一面：风险。消费文化的另一面，是对于商品给社会和人类带来的未知后果的焦虑仍然在不断累积，虽然商品包含了最新的技术进步，但其中也可能包含着未曾预料的风险。

正如乌尔里希·贝克（Beck 2002；Mythen 2020）提醒我们的那样，随着全球化和现代性的进程，我们越来越紧密地联结在一起，世界也变得越来越具有风险性。如果你认为这意味着我们在应用科学技术的进步时会更加小心，致力于在安全、风险和潜在的长期后果等方面达成共识，这是可以理解的。但是近几十年来，情况似乎恰恰相反。一些政客和企业领导仍然在呼吁放松对安全标准的管制。然而，随着世界逐渐被科学技术联系在一起，世界好像变“小”了，我们或好或坏相互影响的能力都增强了。重大灾难可以越来越多地产生全球影响，切尔诺贝利和福岛就是最突出的例子。两者都可以归因为人为风险。但也有一系列其他事件引发了人们对于健康的关注，并产生了一种新的消费态度。工业化养殖技术和食品标准的降低，已经造成了食用肉类的致命风险，如牛海绵状脑病（疯牛病）和最近出现的一系列新的动物病毒。正如乌尔里希·贝克所说：“全球商品（goods）带来全球恶果（bads）”（Mythen 2020）。[③]

根据乌尔里希·贝克（Beck 2002）的观点，我们需要发展一种更加世界主义的社会科学来处理这些过程。我们关注的焦点应当超越民族国家社会。不仅仅要调查全球范围内的商品、

---

③ 当然，也有一些“强人”希望通过采取一种大男子主义的蔑视言论，否认风险，诋毁科学界在健康安全水平、人类对全球变暖和环境破坏的责任等方面积累的研究智慧。《明镜周刊》的一位记者在提到唐纳德·特朗普、弗拉基米尔·普京、雅伊尔·博索纳罗和鲍里斯·约翰逊对新冠病毒的大流行的应对时，将他们比作梦魇舞者（Albtraumtänzer），这并非没有道理（Lobo 2020）。

信息、人员流动以及由此产生的风险；还要研究它们如何融入我们的日常生活——我们经常在超市和商场购买的东西。对于贝克（Beck 1996）来说，当我们进入“世界风险社会”，面临灾难的威胁时，这意味着我们越来越多地被世界性的进程联结在一起，这个进程产生了新的社会形式和行动方式。世界主义是欧洲启蒙运动的理想，这一理想可以追溯到古希腊，尽管贝克本人并不同意，但仍有人试图将他的著作归于这一传统（见 Featherstone 2020a, 2020b 的讨论）。

问题是，对于那些出身和思想定位不在欧洲传统观念参照系内的人来说，这可以被视为一种与西方殖民历史并不完全契合的传统。此外，可以说发展世界主义态度和禀性的文化形成过程，需要朝着一个全球公共领域迈出步伐，需要一种超越民族国家的新政治形式（见 Featherstone 2001）。正如马克斯·韦伯和诺伯特·埃利亚斯提醒我们的，国家形成过程有两个关键要素：暴力手段的垄断（韦伯）和税收手段的垄断（埃利亚斯）。那么，一个全球性的国家既需要通过警察力量也需要通过税收制度进行统治。这些都是必要的，其目的是稳定和规范新的“内部”全球空间，为培植共同的制度、禀性和取向提供土壤，从而最终形成某种形式的共同文化。各种不同的临时性的跨国文化已经出现，但是如果要形成一套更具有共同性的价值观和禀性，一种具有可行性的文化，还需要积淀出一种共同的社会生活形式。因此，一种可以强加和执行共同的具有法律约束力的生活守则和规则的国家机器，变得非常重要。随着 21 世纪的徐徐展开，很显然，战后时代经常宣称的期望——这些期望到 1960 年代时，已经以发展理论、趋同理论和现代化理论的形式融入西方社会科学——假设有一个强有力的社会经济逻辑正在推动人类走向共同的社会生活形式（美国通常被认为是主要模板：人类的“未来”）。但是在今天，已经很少有人支持这一立场，对于很多人来说，这些理论已经严重偏离了目标（Pieterse 2009）。事实上，马克斯·韦伯关于未来国际政治更像是民族国家之间持续的达尔文主义斗争的另一种观点，在最近几十年已经获得了支持性证据。从这个角度，历史被视为民族国家、超级国家和集团之间的淘汰赛，其中许多国家的政治体系、价值观和目标并不相容。

这给世界主义画上了一个巨大的问号：如果其他各方拒绝善意，不希望实现我们所谓的世界主义，那世界主义的价值何在？这一问题是由布鲁诺·拉图尔（Latour 2004）提出的，他反对贝克关于善意和容忍的假设。相反，最好承认存在根深蒂固的差异。可能我们并非生存在一个被共同价值复合体和干预模式所支配的宇宙中（见 Featherstone 2020b）。假设在 21 世纪宗教会消失，或一党制国家运动会不可避免地让位于民主体制，这现实吗？

伊莎贝尔·斯唐热斯（Stengers 2005）的“宇宙政治”（cosmopolitics）概念在这里是相关的，因为她与布鲁诺·拉图尔的立场相似。宇宙政治指出了宇宙拒绝被分解成一个有限的实体清单的方式，而这是我们必须考虑的。这是一种政治，其反对过早地终结于一个她所谓的“容忍的痼疾”所支配的单一体系。斯唐热斯的宇宙政治反对由完全不同的蓝图所构建的世界强制整合：最好承认存在不可调和的差异。这意味着外交变得既必要又可行。斯唐热斯认为：“在宇宙政治的意义上，外交官是那些不将人类称作一个整体，而是承认人类的依附性和向异性的人……”（Savransky and Stengers 2018: 142）。外交官的角色要避免站在进步或普遍利益的一边；相反，他们应当为感觉自己受到威胁的人发声，以说服专家学者三思而后行（Stengers 2005: 14 ；另见 Conway 2019）。

拉图尔强调，今天我们必须承认我们面临着一个新挑战，一个类似于西班牙人在 1492 年后到达新世界时面临的宇宙论冲突。我们的“新新世界”的问题更为严重，因为随着我们进入新的人类世时代，它与潜在的灾难性气候变化和地球破坏联系在一起，这要求我们“重置现代性”，并将生态危机视为和“全面战争状态”一样严重的问题（Pedersen *et al.* 2019; Latour 2017，引自 de Freitas 2019: 3）。对于拉图尔来说，我们现今面临的所有全球性问题都与气候变化有关，包括移民、民粹主义和不平等。然而，这正是目前许多政治和经济巨头所否认的。因此，世界主义需要与乌尔里希·贝克所设想的另一种全球化观点相联系。不幸的是，中产阶级的学术代理人，即布尔迪厄（Bourdieu 1984）所说的“文化善意”的传播者，并非最具影响力的世界主义的范本。正如齐格蒙特·鲍曼（Bauman 2008）所提醒我们的，超级富豪才是真正的世界主义者。超级富豪是超现代化和日益加强的全球化高度流动的推动者，因为其发展道路有利于他们的特殊利益和直接目标，促进了低税率和海外财富的积累。他们自由地在全世界周游，任何地方都欢迎他们成为居民或者企业家（Featherstone 2013, 2014a）。近年来，我们看到这个群体的成员与来自激进右翼政党和运动的知名政客结成了联盟，他们经常以新的方式利用社交媒体来倡导更极端的民族主义和仇外政策，无一例外地表达着对环保主义的中伤和对气候变化的否认（Monbiot 2018）。[4]

宇宙政治、宇宙论和宇宙技术

对我们现在的消费水平的后果进行思考，会将我们带到有关现代性和全球化问题的核心，揭示出我们现有的理论方法和习惯性的概念化模式的局限性。为了公正对待宇宙政治的概念，并寻求斯唐热斯的一个核心问题“是什么让我们如此脆弱，如此愿意为以进步为名的破坏进行辩护？”（Bordeleau 2011）的解决之道，我们需要将现代性与西方宇宙论和技术更紧密地联系起来思考。虽然有可能将不同的宇宙论设想为有不同的本体论（多元文化论的强势版本），但重要的是要看到本体论不仅仅指文化，也指自然。因此，跟随拉图尔和斯唐热斯的思路，除了考虑单一自然，考虑“多元自然主义”（multi-naturalism）也是可能的。

如果我们把这一点同现代性联系起来思考，显然，一种特定的技术观和自然观一直是殖民主义和工业化的核心，而殖民主义和工业化一直是欧洲和西方逐步积累和主宰全球的关键。只是随着东亚（首先是日本，之后是中国）和世界其他地区在过去一个半世纪的崛起，才将这些问题推向了前台。然而，也正是过去五十年来发生的深刻变革以及最近中国国家实力潜能

④ 同时，我们也要注意不要把富人看成一个同质化群体。最近，包括乔治·索罗斯、沃伦·巴菲特、克里斯·休斯、阿比盖尔·迪士尼、利塞尔·普里茨克·西蒙斯、伊丽莎白·沃伦在内的一批亿万富翁已经达成共识，主张美国需要对最富有的1%的美国人征收适度的财富税（Cohen 2019）。

的提高，才激发了更多系统研究和对于概念本身的质疑。在某一层面上，辩论的形式往往是发现不同于西方所宣称的另一种历史的需要，此类论述可见于乔凡尼·阿里吉（Arrighi 2008）、迪佩什·查克拉巴蒂（Chakrabarty 2000）、杰克·古迪（Goody 1996, 2006）、安德烈·冈德·弗兰克（Frank 1998）、阿基利·姆本贝（Mbembe 2001）、沃尔特·米尼奥罗（Mignolo 2009）、李约瑟（Needham 2013）、彭慕兰（Pomeranz 2000）、酒井直树（Sakai 2001）、鲍温图拉·苏撒·桑托斯（Santos 2009）、库兹·维恩（Venn 2001）、艾瑞克·沃尔夫（Wolf 1982）等人的著作。其中一些书名本身就说明了其观点:《历史的偷窃》（Goody 2006）、《西方中的东方》（Goody 1996）、《地方化欧洲》（Chakrabarty 2000）、《重新定向》（Frank 1998）。这类书名指出了一种扭转以西方为中心的历史版本的驱力，这种历史版本认为西方通过其所谓的优越文化逻辑发明了一切（Featherstone 2009）。

这意味着，如果我们要充分解决全球气候变化危机，就需要重新思考甚至克服现代性。重点应该转移到西方宇宙论中的自然的概念化，并解决技术的特定模式问题。体现了对自然不同态度的不同宇宙论，是否可以带来不同的技术？有没有可能发展出另一种现代性和技术，其对地球的破坏性要小得多？能否存在多种而非单一的宇宙技术（cosmotechnics）？许煜（Yuk 2016, 2017a）深入地探讨了这些问题，他认为我们需要探索宇宙政治和宇宙技术之间的关系。宇宙技术这一概念对“世界文明将永远基于西方思想”的假设提出了质疑。在论证这一点时，许煜质疑了海德格尔的假设，即现代性对自然的胜利意味着哲学的终结，而控制论则是我们未来的主要表现形式。但是，技术在世界中的运作不仅仅是运用一系列中性技术的问题，因为技术和宇宙论息息相关，而宇宙技术指出了这是一个生存的问题。事实上，不仅仅是人类的生存，而是所有生命的生存，因为西方现代性的核心技术装置涉及一个“座架”（enframing, *Gestell*），它将所有的生命都视为“持存物”（standing reserves, *Bestand*），只为我们的占有和利用而存在。人类世揭示了一种“持存物的行星化”，一种“单边全球化”的形式，其中通过致命的机械论进程，一切都是可利用和耗尽的。中国的技术思想以不同的宇宙论为基础，显示出探索不同思维方式的潜力，这些思维方式指向不同的生活方式。[⑤] 事实上，如果中国或全球南方的一些国家能够重新发现自己的宇宙技术，就有可能产生一个新的技术发展方向（见 Lovink 2019 对许煜的讨论）。

超越耗尽的生活

consume 作为动词有“耗尽、浪费、破坏”的含义，比如火灾吞噬（consumes）了建筑物。消费文化无疑体现了消费的这个方面，因为我们正在迅速耗尽地球提供的支持人类及其他

⑤ 有趣的是，许煜（Yuk 2017a: 11）提到了海德格尔关于战后中国的技术思考：“令人惊讶的是，在海德格尔所谓的黑皮本（目前已经出版了四卷）中，我们能发现这样一条笔记：‘如果共产主义能在中国取得统治地位，可以说只有以这种方式，现代技术才能自由地进入中国。这一过程是怎样的？’（441）海德格尔在这里暗指了两件事：第一，技术是国际性的（而非普适性的）；第二，在共产主义掌权后，中国人完全无法抵御技术。这一判断预见了技术全球化将成为一种新殖民化形式，它通过工具性将理性强加到各处，就像我们在超人类主义、新反动政治中观察到的那样。”

生命形式的资源。随着反馈回路的加强，现代性正在引发变革性的、潜在的、灾难性的全球过程。然而，贝尔纳·斯蒂格勒（Bernard Stiegler）还提出了一个令人不安的论点：令人担忧的不仅仅是我们的地球的物理和生物资源的枯竭，还有我们解决这些问题的能力的下降；人类还面临着力比多和精神资源的枯竭。这就是贝尔纳·斯蒂格勒（Stiegler 2010）所说的"消费资本主义的毒化"。这可以追溯到1920年代西格蒙德·弗洛伊德的侄子爱德华·伯奈斯（Edward Bernays）的营销理论，他通过关注如何说服消费者渴望他们不需要的东西，阐释营销、欲望和身份之间的关系；正如斯蒂格勒所说，"要促使人们消费，必须掌控他们的欲望"（引自 Kinsley 2013；另见 Ewen 1976）。

人们消费更多，是因为我们对生、死、侵略的驱力越来越无法得到升华或理想化。我们更为冲动地生活在当下，消费成了一种瘾。当我们通过互联网的技术设备来思考这一问题时，斯蒂格勒注意到一个显著的变化：消费越来越以互联网为介质。第一，斯蒂格勒（Stiegler 2017；Dillet 2017）看到了从业余爱好者到消费者的转变：前者涉及一个学习过程，一种爱的关注和品味的培养，而后者似乎无法品味和专注于所消费的东西。在学龄儿童和年轻人中出现了一种新情况，即所谓的注意缺陷多动障碍，表现为难以集中和保持注意力。不停地网络浏览、切换窗口和多任务处理侵蚀了长时间的注意力和知识的长期积累。电脑游戏就是一个很好的例子，它们有快速变化的图像和快速的移动、跳跃、冲击，并且伴随着激烈的背景音乐（Ash 2012）。其功效在于产生强烈的沉浸感和参与感，肾上腺素流与多巴胺"感觉良好"的大脑奖励交替出现。其后果之一就是使人们生活得更为冲动，并被一种激动和冲击的美学所吸引（斯蒂格勒会说是上瘾）。这表现出瓜塔里（Guattari 1996）所说的“机械迷”（machinic junkies）的一些特征。

消费文化越来越多地以新的数字技术为介质。不仅可以通过互联网购买商品，还可以直接购买体验，如电脑游戏和其他在线娱乐形式。这被视为消费实践更广泛转变的一部分，因为人们越来越不关心满足基本需求的日常商品（食物、住房、交通等）。通过广告，几乎所有的商品都具有了图像，承诺体验、一些令人难忘的东西：它们变成了“体验商品”。有人认为，现在所有的消费都变成了“体验式”的，因为我们生活在一个由“体验式经济”（Pine and Gilmore 1999）所塑造出的“体验式社会”（Schulze 1992）中。正是这种所谓的转变使得一些人认为，发生了从物质消费到非物质消费的变化（Gill and Pratt 2008）。然而，我们日常使用的这种所谓的非物质消费（录制的音乐、电影、信息等）依赖各种形式的硬件，这些硬件消耗了大量能源和物质资源（尤其是新的城市数据中心）。所有这些硬件都会产生大量有毒废物：计算机、移动设备、手机、数字媒体播放器和电视，这些硬件随着技术迭代和设计更新会迅速过时（Featherstone 2018；Schlossberg 2019；Zomorodi 2019）。

随着互联网逐渐成为我们所有生活的中心，我们购买的不仅仅是一种通信工具（电话等通信设备），而且互联网成为了一种重要的消费模式，一个打开诱人的消费文化世界的平台。近年来网上购物规模大幅扩大：据估计，2018年全球有18亿人在网上购买商品，全球零售总额达2.8万亿美元（Moshin 2020；Clement 2019）。这一迅速增长的经济领域因新冠肺炎大流行得到了进一步的刺激。然而，互联网也不仅仅是网上购物，因为它也创造了巨额营收，使亚马逊、谷歌、脸书和其他大型互联网平台公司跻身 2019 年全球十大最具价值品牌之列。它们的创始人杰夫·贝佐斯、谢尔盖·布林和马克·扎克伯格都位列全球亿万富翁排行榜前 15 位。它们的盈利能力在一定程度上与一种新的营收形式有关，在这种营收形式下，我们每次登录互联网网站时，所有的个人活动和经历都会被跟踪、监控、记录，并转化为利润。

这被称为“监视资本主义”（surveillance capitalism），它雄心勃勃地记录和追踪我们消费的一切——每本书、每部电影和每首歌，以及我们在世界范围内移动时到过的每一个地方（Zuboff 2019: 497）。这意味着，当我们搜索和浏览网站时，不是我们在看互联网，而是互联网平台在看我们；它们在记录我们访问的每一个网页，并且在记录我们停留的时间和我们看（eyeball）了什么。随后产生的数据可以通过数据拍卖出售给广告商，广告商再制作个人定制的实时广告。互联网用户的上网偏好、习惯和品味被技术设备记住了。因为脸书和类似网站鼓励我们发布和存储照片、视频和生活事件的记忆，并对他人的分享进行评论，许多普通人的生活也被公开和记录了。但危险的是，我们未来的记忆会被算法得出的、利润驱动的信息流所塑造（Stiegler 2019）。

这可以与之前关于业余爱好者的讨论相联系，因为脸书等社交媒体网站可以被视为打开了人们交流的能力和知识。但是斯蒂格勒（Stiegler 2012；Dillet 2017）很清楚，社交网络并不能被看作是业余爱好者的网络，因为没有批判或改变网络结构的可能性。相反，如果我们想超越斯蒂格勒所说的“消费者的无产阶级化”——这意味着消费者的实践知识（*savoir-faire*）和生活知识（*savoir-vivre*）都会被削弱——我们就必须进行反思。这表明我们应该寻找方法来培养、发展我们的制造、合作和自组织的能力，以构建“贡献经济”，促进我们的创造能力和关怀能力。[⑥] 它超越了新自由主义消费文化所鼓励的自利的个人主义，指出人类生活始终是一种“共在”（being-with），强调了我们与其他人和其他生命形式的共性。

正如库兹·维恩（Venn 2018: 18）提醒的，此即“所有其他问题的根本”：“在公正的制度中与他人并为他人美好地生活”（Ricoeur 1992: 351），这意味着什么呢？可能美好生活与丰裕之梦，与在无尽的奢侈品中获得感官满足没有多大关系。自然，我们需要消费才能生存，但我们消费什么和如何消费是重要的问题。最近，我们得到了一些关于我们过度消费的后果的警告，这凸显了我们与地球上其他物种和生命形式的相互依存关系。人类影响气候的能力以及由此产生的全球变暖，有可能开启一个快速、不可逆转的新时代，有可能灭绝许多惯常的生命形式。新型冠状病毒和其他致命的病毒进一步让我们意识到人类生命的偶然性和脆弱性。它们以其特有的方式使我们意识到我们所

⑥ 这方面的一系列实验正在进行，斯蒂格勒（见 Kinsley 2013）提到了麻省理工学院开发的微观装配实验室（Fab Lab），它发明了 3D 打印机等数字制造工具。这一观点也引发了 Fab 城市网络（Fab Cities Network）的倡议，鼓励每一座城市生产其消费的一切（Diez 2017）。其他人则寻求形成新的知识社区——例如巴塞罗那所推进的实验，旨在培养智慧公民而不仅仅是智慧城市（Bria 2019；Capdevila and Zarlenga 2015）。也可参见戴维·查尼（Charny 2011）等人在英国的关于工艺和制造的长期计划“制造的力量”（The Power of Making）。

呼吸的空气的组成成分。我们可以学会在消费减少的情况下生活，调节我们与他人的社会互动。但是，当我们戴上口罩，担心呼吸的空气受到污染、病毒感染或氧气耗尽时，这意味着什么呢？消耗空气是维持人类生命所必需的基本消费形式。就像弗朗索瓦· 于连（Jullien 2007）提醒的，生命需要重要的营养，所以我们需要滋养而非危害我们的生命。他提到中国古代哲学家庄子，庄子认为呼吸术可以使我们身体必需的呼吸能量（气）更加协调、规律，延年益寿。同时，呼吸的行为和生命气息的循环，也使我们通过集中–分散的方式，不断地激活生命，参与到一个巨大的交流运动中（Jullien 2007: 82; 2009: 136）。共命运、同呼吸，为发展我们共同关切的地球问题的解决方案提供了希望。

迈克·费瑟斯通

2020 年 7 月

参考文献

Arrighi, Giovanni (2008) *Adam Smith in Beijing: Lineages of the Twenty-First Century*. London: Verso.

Ash, James, (2012) 'Attention, Videogames and the Retentional Economies of Affective Amplification,' *Theory, Culture & Society* 29(6).

Bauman, Zygmunt (2008) *Does Ethics have a Chance in a World of Consumers?* Cambridge: Harvard University Press.

Beck, Ulrich (1996) 'World Risk Society as Cosmopolitan Society? Ecological Questions in a Framework of Manufactured Uncertainties.' *Theory, Culture &*

Society 13(4).
Beck, Ulrich (2002) 'The Cosmopolitan Society and its Enemies,' *Theory, Culture & Society* 19(1-2).
Borderleau, Eric (2011) 'The Care of the Possible: Isabelle Stengers Interviewed,' by Erik Bordeleau, *Scapegoat*. Original interview in French in *Les nouveaux cahiers de socialisme* 6 (Fall, 2011).
Bourdieu, Pierre (1984) *Distinction*. London: Routledge.
Bria, Francesca (2019) 'You're thinking about smart cities in completely the wrong way,' *Wired* 17 April.
Capdevila Ignasi and Zarlenga Matias (2015) 'Smart City or Smart Citizens? The Barcelona Case,' *Journal of Strategy and Management* 8(3): 266–282.
Carrington, Damian (2019) 'Microplastics 'significantly contaminating the air', scientists warn,' *Guardian* 14 August.
Chakrabarty, Dipesh (2000) *Provincializing Europe*. Princeton, N.J.: Princeton University Press.
Charney, Dave (2011) *Power of Making*. London: V & A Publishing.
Clark, Nigel and Kathryn Yusoff (2017) 'Geosocial Formations and the Anthropocene,' *Theory, Culture & Society* 34(2-3).
Clement, J. (2019) 'E-commerce Worldwide–Statistics & Facts,' *Statista* https://www.statista.com/topics/871/online-shopping/. Accessed 4.7.2020.
Cohen, Patricia (2019) 'A Message from the Billionaire's Club: Tax Us,' *New York Times* June 24 2019.
Conway, Philip (2019) 'The Folds of Coexistence: Towards a Diplomatic Political Ontology between Difference and Contradiction,' *Theory, Culture & Society* 37(3).
Crutzen, Paul 2002. "Geology of Mankind," *Nature* 415 (23): 23.
De Freitas, Elizabeth (2019) 'Science Studies and the Metamorphic Multiple Earth: Bruno Latour's Risky Diplomacy,' *Cultural Studies ↔ Critical Methodologies*.
Diez, Tomas (2017) 'Fab City Prototypes – Designing and making for the real world,' *Fab City Blog* July 3 2017 https://blog.fab.city/fab-city-prototypes-designing-and-making-for-the-real-world-e97e9b04857.
Dillet, Benoît (2017) 'Proletarianization, deproletarianization, and the rise of the amateur,' *boundary 2* 44(1).
Ewen, Stuart (1976) *Captains of Consciousness. Advertising and the Origins of the Consumer Culture*. New York: McGraw Hill.
Featherstone, Mike (1995) *Undoing Culture: Globalization, Postmodernism and*

Identity. London: Sage. 1995.

Featherstone, Mike (2001) 'Globalization Processes: Postnational Flows, Identity Formation and Cultural Space,' in Eliezer Ben-Rafael and Yitzhak Sternberg (eds) *Identity, Culture and Globalization*. Leiden: International Institute of Sociology and Brill Academic Press.

Featherstone, M. (2004) 'Automobilities: An Introduction,' Special issue on Automobilities, *Theory, Culture & Society* 21(4-5). Reprinted as a *TCS Book Series* title, London: Sage, 2005.

Featherstone, Mike (2007) *Consumer Culture and Postmodernism*, 2nd Edition. London: Sage.

Featherstone, Mike (2009) 'Introduction to Jack Goody: Occidentalism and Comparative History,' *Theory, Culture & Society* 26(7-8).

Featherstone, Mike (2010) 'Body, Image and Affect in Consumer Culture,' *Body & Society* 16(1).

Featherstone, Mike (2013) 'Super-Rich Lifestyles,' in Birtchnell, T. and Caletrío, J. (eds.) *Elite Mobilities*. Oxford: Routledge.

Featherstone, Mike (2014a) 'The Rich and the Super-Rich: Mobility, Consumption and Luxury Lifestyles' in Nita Mathur (ed) *Consumer Culture, Modernity and Identity*. New Delhi: Sage.

Featherstone, Mike (2014b) 'Luxury, Consumer Culture and Sumptuary Dynamics,' *Luxury* 1(1).

Featherstone, Mike (2018) 'Consumer Culture and Its Futures: Dreams and Consequences,' in Evgenia Krasteva-Blagoeva (ed) Approaching *Consumer Culture: Global Flows and Local Contexts.* Basel: Springer Nature.

Featherstone, Mike (2020a) 'Aesthetic Cosmopolitanism: A Foreword,' in Vincenzo Cicchelli, Sylvie Octobre and Viviane Riegel (eds) *Global Culture and Aesthetic Cosmopolitanism*. London: Routledge, 2020.

Featherstone, Mike (2020b) 'Reflections on Aesthetic Cosmopolitanism,' in Elena Pilipets, Carsten Winter and Matthias Wieser (eds) (2020) *Festschrift fur Rainer Winter.* Cologne: Herbert von Halem Verlag.

Frank, Andre Gunder (1998) *ReORIENT: Global Economy in the Asian Age.* Berkeley: University of California Press.

Gabrys. Jennifer (2016) 'Sensing Oceans and Geo-Speculating with a Garbage Patch,' in *Program Earth: Environmental in Sensing Technology and the Making of a Computational Planet*. Minneapolis: University of Minnesota Press.

Gill, Rosalind and Andy Pratt (2008) 'In the Social Factory? Immaterial Labour,

Precariousness and Cultural Work,' *Theory, Culture & Society,* 25(7-8).

Global Footprint Network (2019) 'Earth Overshoot Day 2019 is July 29th, the earliest ever,' https://www.footprintnetwork.org/2019/06/26/press-release-june-2019-earth-overshoot-day/. Accessed 21.6.20.

Goody, Jack (1996) *The East in the West*. Cambridge: Cambridge University Press.

Goody, Jack (2006) *The Theft of History*. Cambridge: Cambridge University Press.

Guattari, Félix (1996) 'Machinic Junkies', in: *Soft Subversions*. New York: Semiotext(e).

Han, Sang-Jin (2016) 'The Legacy of Ulrich Beck in Asia: An Introduction,' *Theory, Culture & Society,* 33(7-8).

Han, Sang-Jin, Young-Hee Shim and Young-Do Park (2016) 'Cosmopolitan Sociology and Confucian Worldview: Beck's Theory in East Asia,' *Theory, Culture & Society*, 33(7-8).

Hertel-Fernandez, Caroline Tervo and Theda Skocpol (2019) 'How the Koch brothers built the most powerful rightwing group you've never heard of,' *Guardian* 23 August 2019.

Hird, Myra J. (2017) 'Waste, Environmental Politics and Dis/Engaged Publics,' *Theory, Culture & Society* 34(2-3).

Hui, Yuk (2016) *The Question Concerning Technology in China: An Essay in Cosmotechnics.* Falmouth: Urbanomic Media.

Hui, Yuk (2017a) 'Cosmotechnics as Cosmopolitics,' *E-Flux Journal* 86, November 2017.

Hui, Yuk and Peter Lemmens (2017b) 'Reframing the Technosphere: Peter Sloterdijk and Bernard Stiegler's Anthropotechnological Diagnoses of the Anthropocene,' *Krisis: Journal for Contemporary Philosophy*, issue 2.

Jullien, François (2007) *Vital Nourishment: Departing from Happiness.* New York: Zone Books.

Jullien, François (2009) *The Great Image Has no Form, or On the Nonobject through Painting.* Chicago: Chicago University Press.

Kinsley, Sam (2013) 'Stiegler overconsumption and the economy of contribution,' *Spatial Machinations,* 2 January 2013.

Latour, Bruno (2004) 'WHOSE COSMOS, WHICH COSMOPOLITICS? Comments on the Peace Terms of Ulrich Beck,' Symposium: Talking Peace with Gods, Part 1. Bruno Latour Website http://www.bruno-latour.fr/sites/default/files/92-BECK_GB.pdf. Accessed 22.4.20.

Latour, Bruno (2017). *Facing Gaia: Eight lectures on the new climatic regime.*

Cambridge, UK: Polity Press.

Latour, Bruno (2020) 'Bruno Latour: "This is a global catastrophe that has come from within,' *The Guardian* 6 Jun 2020. http: // www. theguardian. com/ world/2020/jun/06/bruno-latour-coronavirus-gaia-hypothesis-climate-crisis. Accessed 28.6.20.

Lobo, Sascha (2020) 'Die Albtraumtänzer,' *Der Spiegel*, 20th May 2020.

Loria, Kevin (2018) 'The giant garbage vortex in the Pacific Ocean is over twice the size of Texas—here's what it looks like,' *Business Insider*, September 8 2018.

Lovink, Geerd (2019) 'Cybernetics for the Twenty-First Century: An Interview with Philosopher Yuk Hui,' *E-Flux Journal* 102, September 2019.

Mbembe, Achille (2001) *On the Postcolony*. Berkeley, CA: University of California Press.

Meadows, Donella H. (1972) *The Limits to Growth*. New York: Signet Books.

Menegalle, Giovanni (2020) 'Interview with Yuk Hui: A Thousand Cosmotechnics,' *Philosophy and Technology Network* March 6 2020, originally *Tank Magazine* 2018 http://philosophyandtechnology.network/1266/interview-a-thousand-cosmotechnics/. Accessed 28. 6. 20.

Merton, Robert K. (1979) *Sociological Ambivalence and Other Essays*. New York: Free Press.

Mignolo, Walter (2009) 'The De-Colonial Option: Epistemic and Political De-Linking,' *Theory, Culture & Society* 26(7-8).

Monbiot, George (2018) 'How US billionaires are fuelling the hard-right cause in Britain,' *Guardian* 7 December 2018.

Moshin, Maryam (2020) '10 Online Shopping Statistics You Need to Know in 2020,' *Oberlo* 23 March 2020. https://www.oberlo.com/blog/online-shopping-statistics. Accessed 4.7.2020.

Mythen, Gabe (2018) 'Exploring the Theory of Metamorphosis: In Dialogue with Ulrich Beck,' *Theory, Culture & Society*, 35(7-8).

Needham, Joseph (2013) *The Grand Titration: Science and Society in East and West*. London: Routledge.

Pedersen, Jakob Valentin Stein, Bruno Latour and Nikolaj Schultz (2019) 'A Conversation with Bruno Latour and Nikolaj Schultz: Reassembling the Geo-Social,' *Theory, Culture & Society* 37-7/8.

Pieterse, Jan Nederveen (2009) *Development Theory*, 2nd edition. London: Sage.

Piketty, Thomas (2014) *Capital in the 21st Century*. Cambridge, Mass.: Harvard

University Press.

Pine, B. Joseph and James H. Gilmore (1999) *The Experience Economy: Work is Theatre & Every Business a Stage.* Boston, MA: Harvard Business Press.

Pomeranz, Kenneth (2000) *The Great Divergence: China, Europe and the Making of the Modern World Economy.* Princeton, N.J.: Princeton University Press.

Ricoeur, Paul (1992) *Oneself as Another.* Translated by Kathleen Blamey. Chicago: Chicago University Press.

Riquier, Camille (2018) 'For a terrestrial politics: An interview with Bruno Latour,' *Eurozine* 6 February 2018.

Sakai, Naoki (2001) 'Introduction,' *Traces,* No. 1.

Santos, Boaventura Sousa (2009) 'A Non-Occidentalist West?' Special Section on Jack Goody on Occidentalism and Comparative History, *Theory, Culture & Society* 26(7-8).

Savransky, Martin & Isabelle Stengers (2018) 'Relearning the Art of Paying Attention: A Conversation,' *SubStance* 47(1).

Salas-Porras, Alejandra and Georgina Murray (2017) *Think Tanks and Global Politics*. New York: Palgrave Macmillan.

Schlossberg, Tatiana (2019) *Inconspicuous Consumption; The Environmental Impact You Don't Know You Have,* New York: Grand Central Publishing.

Schulze, Gerhard (1992) *Die Erlebnisgesellschaft: Kultursociologie der Gegenwart*. Campus Verlag.

Stengers, Isabelle (2005) 'The Cosmopolitical Proposal.' In Bruno Latour and Peter Weibel (eds) *Making Things Public*. Cambridge, Mass.: MIT Press.

Stevenson, Peter (2020) *Is the Next Pandemic on Our Plate? Our Food System Through the Lens of COVID-19*. Godalming, Surrey: Compassion in World Farming.

Strathern, Marilyn (ed) (2000) *Audit Cultures*. London: Routledge.

Stiegler, Bernard (2012) 'Amateur,' Ars Industrialis, association internationale pour une politique industrielle des technologies de l'esprit, http://arsindustrialis.org/search/node/amateur. Accessed 30.4.19.

Stiegler, Bernard (2017) 'The Quarrel of the Amateurs,' *boundary 2* 44(1).

Stiegler, Bernard (2019) *The Age of Disruption: Technology and Madness in Computational Capitalism*. Cambridge: Polity Press.

Turner, Graham and Cathy Alexander (2014) 'Limits to Growth was right. New research shows we're nearing collapse,' *Guardian*, 2nd September 2014.

Venn, Couze (2001) *Occidentalism*. London: Sage.

Venn, Couze (2018) *After Capital.* London: Sage.

Virilio, Paul (2006) 'The Museum of Accidents,' *International Journal of Baudrillard Studies* 3(2).

WHO (2018) *Global Status Report on Road Safety 2018*. Geneva: World Health Organization.

Wolf, Eric R. (1982) *Europe and the People without History*. Berkeley: California U.P.

Zomorodi, Manoush (2019) 'The Internet's Carbon Footprint,' *IRL* https://irlpodcast.org/season5/episode3/?utm_campaign=2019moznews-en&utm_source=email&utm_content=08202019.

Zuboff, Shoshana (2019) *The Age of Surveillance Capitalism*. London: Profile Books.

献给

埃德娜、克莱尔和约翰

目　　录

第一版前言

我最早对消费文化发生兴趣是在 1970 年代后期。viii
那时，法兰克福学派及其他批判理论的倡导者，在《泰勒斯》（*Telos*）与《新德意志批评》（*New German Critique*）等期刊上发表的精彩论述与讨论，激发了我对此问题的兴趣。有关文化产业、异化、商品拜物教和世界的工具理性化的种种理论，把人们的兴趣从生产领域导向了消费和文化变迁过程。这些五花八门的概念化形式，对我理解老龄化研究这个长期以来未得到理论化（至少从社会和文化理论家的旨趣看是如此）的领域，给予了特别大的帮助。尽管就生活时间与历史时间的交错、代际经验、身体与自我的关系等等而言，老龄研究提出了许多重要的理论问题，但是显然对这些问题的探索很少联系到文化变迁的实质过程。批判理论家及其他人的作品（尤其是 Ewen 1976）似乎架起了一座有益的桥梁，注重媒体、广告、图像及好莱坞模式等的重要作用，并且提出了它们能够影响认同的形成和日常生活的实践的问题。当时我正在与迈克·赫普沃斯（Mike Hepworth）合写一本书（Hepworth and Featherstone 1982），书中我们将中年重新定义为一个更为活跃的“中青年”（middle youth）阶段，对新市场的发展和特别关注于“中青年”如何保持年轻健美的活跃消费文化生活方式的扩张，做出了似乎是合理的解释。这个观点在 1981 年提交英国社会学会的一篇题为《老年与不平等：消费文化与中年的重新定义》的文章中得到了详尽的阐述（Featherstone and Hepworth 1982）。接着我又发表了一篇更为理论化的文章《消费文化中的身体》（Featherstone 1982），后来 1983 年《理论、文化与社会》（*Theory, Culture & Society*）杂志就消费文化还出了特刊。

今天，尽管人们对“消费文化”一词的兴趣和使用与日俱增，阿多诺、霍克海默、马尔库塞及其他批判理论家的理论却不再被看成是很有意义的了。他们对大众文化进行精英主义式的批评，其方法常被呈现为关于真实个体与虚假个体、正确需求与错误需求的区分；这在今天看来是站不住脚的。一般认为，他们瞧不起下里巴人的大众文化，并对大众阶级乐趣中的直率真诚缺乏同情心。向后现代主义的转向很大程度上导致
ix 了后一点。然而，尽管在分析消费文化时出现了大众主义的转向，但批判理论家们提出的部分问题，诸如“如何区分文化的价值？”“如何进行审美判断？”以及其与“我们应该怎样生活？”等实践问题的关系，可以说实际上并没有被取代，而仅仅是被搁置到一边罢了。

这里值得关注的是一种具有反思性的观点，它在后面关于后现代主义的章节中体现得最为尖锐，相关的问题是：我们怎样（以及为什么）选择一个特定的参考框架和评估视角？如果对消费以及消费文化之类的概念的研究进入社会科学和文化研究的主流概念当中，那么这意味什么呢？消费与文化——两者直到最近还被认为是派生的、边缘的、女性化的，与生产和经济这些更男性化的中心领域相对立——是怎样在对社会关系与

文化表征的分析中被赋予更为重要的地位的呢？难道我们已经进入一个文化与消费两者都在社会内部组织或社会间组织中起着更为关键作用的新阶段了吗？贝尔、鲍德里亚及詹明信以不同的方式对这一主题进行了研究，本书会讨论他们的观点。我们已进入一个“资本主义”（消费资本主义）、“工业化”（后工业或信息社会）或“现代性”（极端现代性或后现代性）阶段的合理假设，确实新颖独特，足以使我们用一种全新的概念去关注问题，但是除此以外，我们还必须面对这样一种可能性，即不是客观现实发生了变化，而是我们的感知发生了变化。这与最后一章开头所引的马克斯·韦伯的警句正相吻合：每个人看到的都是自己的心中之物。* 所以，我们有必要去研究这些观念在文化专家（艺术家、知识分子、学者、中介人）之间的概念形成和消解过程。这使我们注意到发生在专家们的文化场域及各子域中的某些特殊的过程：已确立优势地位的主导群体与外围群体之间，为垄断并巩固符号等级秩序而进行的斗争。只有从严格的文化模型、阐释、概念性工具、教义及评论的意义上，去试图阐明那些影响专家的文化生产的事物，即文化专家们不断变化着的实践、他们之间的相互依赖关系及权力平衡关系，我们才能更好地理解关于“外在于我们”的文化（culture “out there”）的感知和评价模式。这样一个难题，即各式各样且变动不居的文化的专家样式、各式各样的意指体系，与构筑我们日常生活的文化结构的实践之间的关系，不仅对于理解人们为何转向对大众的、流行的、消费文化做出肯定或否定的评价具

* 此处指的是本书第一版最后一章，即本版第十章。——译者

有重要意义，而且我认为，这也是理解后现代主义的关键。就我自己的情况而言，对后现代主义的兴趣是我在试图理解消费文化时，碰到的许多难题激发出来的，也是探索由贝尔、詹明信、鲍德里亚、鲍曼及其他人所提出的关于消费文化与后现代
x 主义的直接关系的需要引发出来的。

所以，在本书的许多章节中，我也流露了对因后现代主义的兴起而产生的一系列令人困惑的问题的关注。在这些章节中，我不仅尝试着把后现代当作由艺术家、知识分子或其他文化专家所发动的一场文化运动（后现代主义）来研究，而且还去探究严格意义上的后现代主义，是如何与可被称为后现代的日常生活经验及实践中广义的文化变迁相联系的。在这种联系中，不能仅仅认为文化专家被动地充当着对文化变迁的标志和轨迹的特别修养有素的接受者、说明者和阐释者。他们在教育和培养观众*中的主动角色、利益和兴趣也必须加以研究，这些观众凭借后现代这一标签而更敏锐地阐释特定的体验与文化产品。这也表明，文化专家与其他专家群体（经济的、政治的、管理的及文化的中介群体）之间的相互依赖关系及权力斗争发生了重要变化，这种变化影响了他们对知识、导向手段和文化产品的垄断与反垄断的能力。简单地说，我们不仅需要去问“什么是后现代？”，而且还要问我们为什么和怎样关注这个特定的问题。所以，不论是否有人把实际的文化变迁与社会过程当作超越现代，即向后现代转变的证据，我们都需要去探求人们之所

* 观众原文为 audience，可作观众、听众、读者等。原文多数情况下，audience 均包含了这三个涵义，是指文化产品的接受对象。但是为叙述简便，译文只好以“观众”一词来代表其余两个涵义，特此说明。——译者

以能够肯定地接受后现代概念，以及后现代之所以能够作为一种强有力的文化形象出现的条件。

虽然在高度抽象的层次上，根据其一系列具体特征，将西方历史中一个特定的长时段定义为“现代性”，并假定我们已经离开此“现代性”的核心走向了别处，似乎是十分合理的，但是这样定义本身就很成问题，而且这里的危险性在于，我们越是考虑那些当初被认作现代性的负面因素所形构出的一系列相反特征，它们就越是捉弄人似的有了自己的生命，并似乎变为了现实。以前那些迷恋秩序、合作和系统整体等观念的人，现在学会了通过强调失序、模糊与差异的新认知框架来看待问题。然而，这并不是向“后现代性”迈出的一大步。后现代性这个词，包含重大时代转变之意，它的可信性是从诸如后工业社会、信息社会这样同样具有思辨色彩的术语中推演出来的。一种高度抽象的演绎性理论本身并无错误可言，除非它被呈现为超越了经验研究，或成功地否定了经验研究的必要性，并由此取得了合法性。遗憾的是，“后现代”及其相关词族中的词语常常处于这种情况。的确，有些人就认为，后现代主义意味着我们必须设法贬斥和废弃旧式的方法论，不要研究后现代，而要实践 xi
后现代主义，并建构出后现代的社会学。

这样，本书的中心目的就是试图阐明后现代主义是如何兴起的，又是如何成为一个强有力的、富有影响的文化形象的。这并不是说后现代主义仅仅是失去了影响的知识分子为使自己的权力潜能得以实现而精心设计出来的一个“人为的”东西。远非如此。相反，它是要提出关于知识和文化的生产、传递、传播的问题。本书各章还认真探索了被标识为后现代主义的种种体验和实践，并努力去研究和理解与这一范畴相关的各种广泛的社会现象。然而，当我们直接面对这些实际的体验和实践的时候，我们就会清楚地发现，在所谓后现代、现代［在现代性（*modernité*）的意义上］甚至前现代的体验和实践之间，具有很大的相似性。因此，这就要求我们废弃一些“传统”“现代”“后现代”的简单的二分法或三分法，而去关注最好被称为“跨现代”（trans-modern）［以及它的相关范畴：跨现代性（*transmodernité*）］的体验与实践中的相似性和连续性。正是这样一些理论主题，这样一些理解当代社会中文化作用的重要性与扩张所必需的概念及定义方面的问题，使得后现代的问题变得如此饶有兴味。

这些关于文化与社会关系的理论问题，在 1980 年代就已经出现了，它们表明，太久以来，我们一直直接从社会的角度使用社会结构这个概念，但是现在，我们关于文化的概念需要从基本意义上做一次大的修正。的确，很难把后现代问题与对文化进行理论概括的兴趣分离开来，因为正是这种引人注目、不断增长的兴趣，才把后现代问题从一个边缘地位推向了各个学术领域的中心。这也反映在我们编辑《理论、文化与社会》杂志的多期特刊时，对后现代主义所寄予的关注。哈贝马斯与福柯之间的“争论”，是我最早关注的问题，它促使我就“现代性之命运”的问题编辑了一期特刊［1985, 2（3）］。对这期特刊的筹备及后续反响很清楚地表明，后现代主义问题需要更为广泛和全面的对待。这促使《理论、文化与社会》后来出版了“后现代主义”这本合期特刊［1988, 5（2–3）］。我还清楚地记得，在当时，对后现代主义是否仅仅是过眼烟云或者某种短暂的流行术语，还存在着大量的怀疑。现在很清楚，后现代主义不是一时的时髦，有迹象表明它能在一个相当长的时期内保持其强劲的文化影响力。这就是为什么社会科学家及其他人对后现代主义如此感兴趣。然而，伴随这个潮流是否已经出现了一个有益的、能够被整合到现有概念体系中去的关于后现代的社会科学概念，抑或更胜于此，是否出现了（或正需要）一个全新的概念模式和认知框架，尚需拭目以待。就目前而言，我们不能不拱手相迎后现代的出现，因为它提出了如此多的社会和文化 xii
理论难题。

我要感谢《理论、文化与社会》的所有的同事和朋友对我写作本书的帮助和鼓励。我尤为感激与我详尽地讨论过许多观点的迈克·赫普沃斯，罗兰·罗伯逊（Roland Robertson）和布莱恩·S. 特纳（Bryan S. Turner）。我还要感谢斯蒂芬·巴尔（Stephen Barr）、齐格蒙特·鲍曼、斯蒂夫·贝斯特（Steve Best）、约瑟夫·布莱切尔（Josef Bleicher）、罗伊·博伊恩（Roy Boyne）、戴维·切尼（David Chaney）、诺尔曼·邓金（Norman Denzin）、已去世的诺伯特·埃利亚斯、乔纳森·弗里德曼（Jonathan Friedman）、已去世的汉斯·哈菲坎普（Hans Haferkamp）、道格·科尔纳（Doug Kellner）、理查德·克尔明斯特（Richard Kilminster）、阿瑟·科洛克尔（Arthur Kroker）、斯科特·莱什（Scott Lash）、汉斯·莫马斯（Hans Mommaas）、斯蒂芬·曼内尔（Stephen Mennell）、卡洛·蒙加迪尼（Carlo Mongardini）、格奥尔格·斯道斯（Georg Stauth）、已去世的弗里德里希·泰恩布鲁克（Friedrich Tenbruck）、威廉·凡·霈詹（Willem van Reijen）、安迪·韦尼克（Andy Wernick）、卡斯·乌泰（Cas Wouters）及已去世的德里克·威尼（Derek Wynne）对我的帮助和鼓励，我与他们讨论了本书中提出的许多问题。此外，我还要感谢提赛德理工学院（Teesside Polytechnic）管理与社会研究系的同事们对我的慷慨支持，特别是劳伦斯·塔斯克（Laurence Tasker）和奥利弗·库尔撒德（Oliver Coulthard）提供的组织支持与鼓励，他们使得《理论、文化与社会》这份期刊能够运营，很大程度上增进和保持了我对后现代问题的兴趣。我还要感谢琼·康奈尔（Jean Connell）、马琳·梅尔伯（Marlene Melber）和数据准备科（the Data Preparation Section）对本书各章节多次修改的细致耐心的文字录入。

本书各章节此前以下列形式发表过：

第一章“现代与后现代：定义与阐释”于1988年2月在伦敦大学金史密斯学院和1988年3月在特伦特大学安大略省彼得伯勒分校的讨论课上宣读过，1988年5月在意大利阿马尔菲的阿马尔菲欧洲社会学奖大会上亦作过宣讲。1989年6月，此文修改后，在里斯本的社会学研究与调查中心曾作过宣讲。当时的题目是《对后现代的追求》（In Pursuit of the Postmodern），发表于《理论、文化与社会》1988年第5（2–3）期。

第二章“消费文化理论”是1990年发表于《社会学》（*Sociology*）第24（1）期上的一篇论文《消费文化的视角》（Perspectives on Consumer Culture）的修订稿。

第三章“通向后现代文化的社会学”曾于1987年5月利兹大学的讨论课上及1987年6月在不来梅的“关于社会结构与文化的欧洲社会学理论团体会议”上作过宣讲。此文英文版收入1989年H.哈菲坎普主编的《社会结构与文化》（*Social*

Structure and Culture)，柏林：德古意特出版社，德文版收入1990年H. 哈菲坎普主编的《社会结构与文化》(*Sozial Struktur und Kultur*)，柏林：德古意特出版社。

第四章“文化变迁与社会实践”曾于1987年5月于堪萨斯 xiii
州劳伦斯举办的文学与哲学国际协会会议期间，在道格·科尔纳组织的关于弗雷德里克·詹明信著作的工作坊上宣读过。修改后发表于1989年D. 科尔纳主编的《后现代主义/詹明信/批评》(*Postmodernism/Jameson/Critique*)，华盛顿：梅索努夫出版社。

第五章“日常生活的审美化”最初是1988年4月在新奥尔良的流行文化协会大会上的讲演，同年9月在哥本哈根的“作为历史的现代性大会”及同年10月在瑞典隆德大学的讨论课上也作了宣讲。此文收入1992年S. 莱什及J. 弗里德曼主编的《现代性与认同》(*Modernity and Identity*)，牛津：巴西尔·布莱克韦尔出版社。

第六章“生活方式与消费文化”最早是于1985年12月为在蒂尔堡大学的“日常生活、闲暇与文化大会”上提交的论文，后来收录在1987年恩斯特·梅吉尔（Ernst Meijer）主编的《日常生活：闲暇与文化》(*Everyday Life: Leisure and Culture*)，蒂尔堡：闲暇研究荷兰中心，同年亦发表于《理论、文化与社会》第4（1）期。

第七章“城市文化与后现代生活方式”是为1989年6月在鹿特丹的第七届欧洲闲暇与娱乐协会关于未来城市的代表大会上提交的论文。同年发表于会后由L. J. 梅雷松（L. J. Meiresonne）主编的论文集《未来的城市》(*Cities for the Future*)，海牙：休闲基金会。

第八章“消费文化与全球失序”是 1987 年于西印度群岛圣马丁岛举行的宗教及寻求全球秩序大会上的演说论文。它发表于 W. R. 加里特（W. R. Garrett）与 R. 罗伯逊主编的《宗教与全球秩序》(*Religion and the Global Order*)，纽约：佳作书局。

第九章“共同文化还是非共同文化？”最早是于高等教育基金会 1989 年 3 月在牛津圣安妮学院的高等教育价值会议上提出的论文。此文修改后同年发表于《高等教育思考》(*Reflections on Higher Education*) 12 月第 4 期。

第二版前言*

消费文化

《消费文化与后现代主义》于1991年出版以来已经15年了，其中多个章节的初稿是在1983—1990年间撰写的。在这段时间里，消费文化的声望日隆，而后现代主义的声望则急转直下。随着致力于探讨消费文化这个话题的各种报刊、丛书、小组、会议以及研究计划的出现，人们对消费文化的兴趣也越来越强烈。与此同时，后现代主义则淡出了人们的视野，不再是流行术语，事实上，对许多人而言它明显过时了。消费文化的兴起也许颇令人吃惊，因为在1980年代，社会学与文化研究领域还未就是否采用这一词给出明确回答。对于某些人而言，由于消费文化一词与大众社会理论相关联，对这个术语需要加以质疑。对于那些从事英国文化研究的学者而言，消费文化一词与阿多诺和法兰克福学派的文化产业分析相关联，甚或更糟，它还与一位在1970年代因人们对阿尔都塞兴趣的上升而遭到质疑的学者——卢卡奇的物象化理论和商品拜物教理论相关联。斯图尔特·尤恩（Stuart Ewen）的 xiv

* 中国地质大学（武汉）马克思主义学院马洪杰参与了第二版前言的初译工作，在初译的基础上，我对译文进行了改定。——译者

《意识领袖：消费文化的社会根源》（1976）是最早使用消费文化一词的著作之一，丹尼尔·贝尔撰写了《资本主义的文化矛盾》（Bell 1976），这些书都没有产生什么影响。

消费文化和后现代主义的并轨，激发了人们探求后现代之实质的强烈兴趣。弗雷德里克·詹明信（Jameson 1979, 1984a, 1984b）所做的研究在这方面尤具影响力。后现代主义被视为晚期资本主义，即资本主义第三阶段的文化逻辑，也就是"二战"后时代消费社会的文化逻辑。事实上，消费社会被看作是一个文化饱和的社会，在这个社会中，生产是为了消费，"过量的符号和图像"的流通催生了迪士尼乐园式的仿真文化，以及一种"风格的混杂"，导致文学和艺术生产等传统文化领域不堪重负。在詹明信看来，是新兴的大众消费文化在破坏知识文化，而在贝尔（Bell 1976）看来，破坏知识文化的是与1920年代现代主义的发展密切相关的一部分知识与艺术精英，他认为他们使新生的消费文化中的越轨和享乐主义倾向合法化，使人们背离"清教伦理"。后现代主义则到1960年代才出现，并被视作这些
xv 越轨倾向的更危险的加强版。在这两种情况下，后现代主义都与被认为消极的消费文化联系在一起，这种肤浅的享乐主义文化或侵蚀了维持民主政治所必要的道德意识良好、负责任且积极主动的公民之发展，或阻碍了人们想象一种社会主义未来的可能性。不过，到了1990年代，许多从事社会学研究和文化研究的学者不再消极地看待消费文化。教科书数量的激增显示出消费文化已经成为一门越来越受欢迎的大学本科课程。到1990年代末，一些期刊诞生了，如1998年创刊的《消费、市场与文化》（*Consumption, Markets and Culture*），以及2001年创刊的

《消费文化杂志》（*Journal of Consumer Culture*）。在英国，随着经济和社会研究委员会与艺术和人文研究委员会共同资助的“消费文化”研究计划于2002年启动，消费文化也被认可为一个正当的研究主题，这进一步催生了一系列的研讨会、展览与出版物。

在此，我们可以观察到关于消费文化的新一轮研究与著述中出现的一系列议题。首先，研究范围的扩大与跨学科的关注值得称道。新的消费史和消费地理学，使人们对世界各地的消费文化的多种起源与发展轨迹有了更多的认识。因此，现在有越来越多的关于非西方国家的消费的细致历史研究与当代研究（参见本书新增章节“现代性与文化问题”中有关中国和日本的消费文化之兴起的讨论）。

其次，通过对消费的资源基础的有限性以及全球不平等现象的持续加剧的意识，消费文化的局限性问题得到了更大的关注。可以说，“丰裕幻象”（the vision of abundance）一直是现代性中消费文化的核心。自18世纪以来，在西方，科学和技术越来越多地被视为生产要素，它们与发明能力一起，使人们能够对自然进行生产性开发，并拓宽商品的范围。丰裕幻象与自由迁徙和社会流动联系在一起，并与特定的象征性和实际地方联系在一起，从19世纪的最后几十年起，到20世纪的大部分时期，“美国”都是一个主要的例子（参见 Ewen and Ewen 1982; Leach 1993; McGovern 1998）。消费的权利越来越被视为工业扩张的回报。现代生活与新商品源源不断的供应联系在一起，这些商品为更加高效能的房屋装满各种“省力”装置，提供新的风格与时尚，更加强调“个性”和通过修饰和保养身体的技巧展示自我。消费文化的这种幻象涉及积极生活方式的建立和肉

体上的更新，其与流动（mobility）——社会流动和个人转变的承诺，迁移的自由，为了寻找工作、休闲或新伴侣而迁移的能
xvi 力——相联系。在美国，这些都围绕汽车交通这一流动的特殊形式而进行（Featherstone 2004）。在 20 世纪期间，汽车交通重组了城市发展的模式，为不断扩大的服务业与第三产业提供了分布广泛的新地点；主要体现为工作场所（工业区和商务园区）、住宅（郊区）以及消费与休闲空间（购物中心和商场、度假胜地、主题乐园）。1973 年的石油危机之后，关于增长极限的讨论导致战后消费社会的这个模型开始出现裂隙，随后的事件，特别是 1990 年代的全球变暖，越来越强化这个裂隙。

很明显，消费社会有其局限性：它也是一个风险社会，不仅积累着新商品，也积累着新恶果（Beck 1993, 1996）。不仅有全球变暖，还有牛海绵状脑病（疯牛病）、转基因食品、新型病毒和超级细菌。然而，尽管媒体时不时恐慌新风险的涌现，持续关注全球变暖，一个有限的消费社会的概念，或曰向“节约型社会”的转型，却几乎没有激发公众的想象力或促进新政治决策的出台。虽然一些政治家在 1997 年的《联合国气候变化框架公约的京都议定书》中承认应对碳排放问题的必要性，但其他政治家却不愿出台生态政策，因其有可能阻碍经济持续增长，从而成为他们连任之路上的绊脚石。此外，世界上还有一些人追随布什总统，对该问题是否真实存在提出了质疑，尽管科学界提供了令人信服的证据，并开展了高调的宣传活动，例如阿尔·戈尔（Al Gore）通过其反映全球变暖的电影和书籍《难以忽视的真相》（2006）开展的宣传活动。2006 年 5 月，美国福克斯新闻频道报道了这部电影，发问“阿尔·戈尔

的全球变暖电影：它是否会摧毁我国经济？”在讨论中，一些与会者对这部电影嗤之以鼻，斥之为“歇斯底里”和“社会主义规制”。消费文化和可持续型消费的问题显然属于公共领域的问题，但我们必须质疑公共领域的性质，因其无疑是一个媒介化和情感化的公共领域，是一个分化（segmentation）和大众化（massification）的竞技场，其中不仅有潜在的“理性讨论”，也有表达、发明和创造（Terranova 2007）。

消费文化的全球问题

消费文化的承诺是亚洲新经济体扩张的核心，特别是在过去十年间避免了全球严重衰退可能性的中国和印度。然而，这种消费文化的扩张意味着更多的产品，更多的航空旅行，更多的废弃物、污染和碳排放。消费的政治层面将消费文化推上了国际政治议程，各国政治家或试图展开针锋相对的推诿游戏， xvii
或试图否认问题的存在。这样一来，消费文化便很难被放弃或削弱，因为它已经成为工业生产和就业的主要来源。此外，它也是一种关键的合法化模式，是一个民族国家的经济成功和国家地位的显著标志。抑制消费并不是一个受欢迎的选择，这意味着政治家要寻求“技术修复”的解决方案，这种方案在经济全速增长的同时，又以某种方式清理或回收污染和废弃物。因此，人们对据说可生产出食用废弃物的微生物的纳米技术和其他新技术的发展感兴趣，同时对氢气发动机、核聚变能源等更为高效的能源形式感兴趣（Cooper 2006）。如果消费文化是全球整合度日益增高的当代新自由主义民族国家经济的核心，而政治家成功当选取决于经济增长，那么试图限制消费的行为就是不得人心和可能不被选择的选项。

随着消费文化的全球化，人们也意识到消费达到了地球的极限：我们正以不可持续的速度消耗着地球和我们人类的未来［詹姆斯·拉夫洛克在《盖亚的报复》（Lovelock 2006）中有力地提出了这个论点］。当然，在消费文化扩张的每个阶段，都不乏约束和控制消费，以及形成一种在伦理道德上更加负责任的态度的尝试（Sassatelli 2006; McGovern 1998）。曾有各种形式的宗教禁欲主义、清教主义和世俗的控制形式。在过去的十年里，出现了一个更明确的消费者–公民（consumer-citizen）的概念，将公民定义为有权利成为消费者，将消费者定义为有责任质疑消费的后果、风险及其对地球造成的损耗。例如，最近有报道称，有人呼吁让更多产品都贴上冰箱等“白色家电”（white goods）的能源效率标识，不仅要考虑输出（能耗成本），还要考虑“碳成本”，即制造过程中实际耗费的能源投入（Finch and Vidal 2007）。不同产品的比较将提供有趣的证据，并要求做出许多困难的道德判断。

正如本书所强调的，无论广告和生活方式的图景以多大比重将消费塑造为享乐主义的、表现性的和冲动性的，也不能将这些视为消费的一切。消费显然涉及消费者的计算、比较和研究：简而言之，消费文化涉及知识。不仅是有关实惠商品和折扣商品的知识，或是鉴赏家和品味塑造者（taste-maker）对酒、装饰、餐厅和旅游胜地的了解，还是对商品道德背景的相关知识（尤其在新中产阶级当中）。消费者运动的目的不仅在于规范商品安全和广告宣传，也在于传播有关企业道德实践的信息（哪些企业在西方以外的地区有良好的工作实践，如不虐待动物，等等），以及在哪里可以买到支持本地生产者的“公平贸易”商品的信息。这并不是说消费者的道德姿态仅仅是一种付出，因为其也可被视为一种德行的标志，一种特殊形式的坚持道德的行为（参见 Featherstone 1995），无法免于被他人归类为只是不可避免的新一轮区隔游戏中的又一种聪明举动。零售商和制造商的“好公民”行动同样如此，例如乐购和马莎百货等英国超市和零售连锁店 2007 年 1 月宣布的“碳成本”商品标识和碳排放控制。 xviii

1990 年代末，在英国和欧洲，消费者运动成功地说服超市在食品和其他产品上标识转基因成分，这是消费政治的一个重要篇章，但绝不是最后一章。由互联网、电子邮件收件人列表和博客等渠道所强化的信息流通，也使人们对全球南方血汗工厂中的产品制造有了更多的了解。这些受缚于新契约形式的劳工的工作条件差、工资低、就业权利和保障缺失，给运动鞋、牛仔裤等日常消费文化产品宣传的生活方式和品牌形象投下了阴影，将生产的隐性条件转化为一个伦理和政治问题（Bender and Greenwald 2003; Brecher and Costello 1994; Klein 2001）。西雅图、坎昆等地针对世界贸易组织新一轮全球放松管制的抗议活动得到了大量报道，也进一步将消费行为政治化。这些趋势使人们愈加意识到这是一个相互依赖的网络，通过这个网络，消费与全球不平等联系了起来。这是世界社会论坛（World Social Forum）背后的驱动力之一，世界社会论坛的愿景是“另一个世界是可能的”，存在一个新自由主义企业全球化的可行替代方案。它致力于在各形各色的劳工、女性主义、新社会运动、慈善和宗教团体（大多数来自南方）之间建立联络和对话，以探索全球公共领域、公民社会参与和民主化的新形式（Fisher and Ponniah 2003; Santos 2006; Patomäki 2006; Patomäki and Teivainen 2004）。

简而言之，消费不能再被视为一种无辜的行为，而是在生产、消费和风险积累上，将世界各地的人们捆绑到一起的依赖性联系和网络链的一部分。然而在面对全球性风险和地球危机时，无论消费被认为有多少政治涵义，有多大的世界性潜能，通过共同的人类状况将人们团结在一起，消费文化已根深蒂固地成为了当代理所当然的价值假设的一部分，无法被轻易改变或全盘舍弃。如果有一种新兴的全球文化，消费文化必须被视作这一领域的核心部分。普世性美德的另一个问题是，它可以被视为仅是对特定版本的世界主义的倡导，比如与市场商人文
xix 化或欧洲康德式理想相关的世界主义，并未充分考虑中国、印度、伊斯兰和其他世界主义的传统（Featherstone 2002; Cheah 2007）。当前有关全球变暖和需要规范消费的国际讨论，并无法保证达成共识和一致行动。

日益减少的期待与消费文化价值观不相适应。如果像现阶段一样，西方世界的不同地区，尤其是美国的工人的实际收入因为工作岗位向亚洲，尤其是印度与中国转移而受到威胁，那么消费权，作为消费者-公民的权利在政治问题的优先顺序中就会有所不同。正是在这样的背景下，人们开始谈论“美国梦的终结？”（Schifferes 2006），因为尽管工人的生产力大幅提高，美国经济却无法维持实际收入水平的增长。当然，目前的国际形势是，华盛顿共识——支撑经济全球化的世界经济秩

序——面临威胁，而经济全球化助长了消费文化。甚至还有人说，以中国的崛起为前提的一个新“北京共识”可能会将全球经济引向一个不同的方向（《经济学人》，2006 年 9 月 16 日）。这意味着，从长远的角度看来，亚洲的崛起和“长久的反恐斗争”当前，美国维持其全球军事统治地位的能力将变得更加不确定。继续坚持其“特例国家”的地位（Malik 2006），继续寻求在这种新形势下按照美国政治、经济和文化目标引导世界已是困难重重，它在美国有产生一种带有文明和基督教宗教色彩的强烈民族主义的危险，威廉·康诺利（Connolly 2007）称之为“基督教资本主义集合（Assemblage）”。

上述工作岗位向价格更低的劳动力市场的转移和流动，对西方工人阶级维持收入水平的能力的威胁，是由新自由主义经济全球化的动力驱动的（Featherstone 2001b, 2006a）。1980 年代，新自由主义协定最初在美国和英国建立，随后逐渐全球化，提供了一揽子福利国家的削减，政府对金融市场和其他机构的放松管制，为政府资助的大学、医院等机构引入可量化的评估、竞争和排名机制，以及低所得税率和经济增长的承诺。其后果之一是西方社会的贫富差距扩大了，而且在全球范围也是如此。联合国世界发展经济学研究所的一项全球研究发现，世界上最富裕的 1% 的人口拥有全球 40% 的财富。最富裕的 10% 的人口拥有全球 85% 以上的财富，而世界一半以上的人口仅拥 xx
有全球财富的 1%。在这个世界上，每晚有 8 亿多人饿着肚子入睡（Randerson 2006）。位于顶端的人能够比底层的人更快地增加他们的财富，这得到了《福布斯》杂志的证实，该杂志介绍说，1986 年世界上有 140 个亿万（美元）富翁，2003 年有 476 个，

2006年有793个。在2006年12月，这些人的财富总额达到了2.6兆美元，较同年3月上升了18%。他们不仅有更强大的资本积累增长能力，还能够在全国性调查中保持一定程度的隐蔽性，在国家所得税的支付上也当然如此（参见 Parenti 2002; Venn 2006）。

这是一个交托给"流动的现代性"（Bauman 2000）和"新资本主义"（Sennett 1999, 2006）的世界，其中资本与资本家是流动的，对地方的依附感和对本地其他人的责任感要弱很多。这种减弱的对地方的依附感被称为"精英的反叛"（Lasch 1996）。在底层，不仅有前面提到的忍饥挨饿的人，还有全球南方城市地区和特大城市中日益扩大的棚户区的居民。根据麦克·戴维斯的观点（Davis 2006），2006年城市人口为32亿，到2050年将增长至100亿。其中95%以上的增长将发生在发展中国家的城市地区。这种南方贫民窟的扩大，在非洲最为显著（Simone 2004）。西方以外的大城市人口爆炸，不仅使我们有关城市发展的许多假设成为问题，"世界的贫民窟化"也给消费文化分析对不同消费圈（circuits of consumption）的理解提出了严峻挑战。

关于亿万富翁数量的增加，另一点值得注意的是他们为消费文化生活方式树立的榜样。《福布斯》杂志的网站有一个生活方式栏目，详细介绍豪华住宅（访问者可以通过照片来参观全世界最富有的15个人的宅邸）、最昂贵的汽车、巨型游艇、最昂贵的私人岛屿，以及如何像亿万富翁一样旅行（私人飞机、直升机等）。奢侈品对于消费文化来说当然并不陌生，事实上，在宫廷社会之外，在亚洲和欧洲的富商巨贾之中，奢侈品随处可见，它是提高对新产品的关注和发展时尚体系以吸引其他群体的动力（见此新版本新增章节“现代性与文化问题”中的相关讨论；另见 Burke 1993; Berry 1994; Berg and Clifford 1999）。有观点认为，由于如今对地方的依附感和区域地位等级划分正逐渐减少，奢侈品在媒体中的可见度成为了人们更有效的参照点。当然，富人和上层中产阶级的生活方式吸引了人们的注意力，无数电视节目都围绕着改造和布置一个时髦住宅、购入第二间房子、度假计划、汽车、时尚、名人活动，等等。在对名流、新富和上层中产阶级的生活方式的兴趣，与在有限预算下寻求提升和转变的“普通人”之间，这些电视节目努力寻求一种平衡。

转变（transformation）的概念仍然是消费文化的核心，杂 xxi
志、广告和电视呈现了无穷无尽的关于生活方式、居住空间、人际关系、身份，当然还有身体转变的材料（Featherstone 1998, 1999）。身体被呈现为消费文化美好生活的核心载体：愉悦感之源，是必须被“照料”（保养、修复和改善）的。然而，身体也被理解为其形象，作为自我的可见指标，因而人们关注“外观”（呈现、装束、风格）。名流、新富和中产阶级被呈现为可以享受一系列个性化身体服务。在电视改造节目中，“普通”的年轻人和中年人接受指导，通过严格的健身计划、整容手术，学习化妆、身体保养，培养着装品味和学习举手投足，使他们成为一个“看上去年轻了十岁”的新人（Featherstone 1982, 2007）。然而在美国和英国，肥胖率达到了 20%—30% 的范围，对绝大多数不太富裕的人而言，成功参与这种改造计划似乎是遥不可及的目标。同时，援引世界卫生组织的数据，法国的肥胖率不到 7%，日本的肥胖率甚至更低。显然，我们不能假设全球消费文化产生了相同结果。

与此同时，如果赖克（Reich 2006）指出的针对美国的这些趋势继续下去，那么我们可以预期，社会结构上层的财富将进一步增加，中层的财富将减少，工人阶级也将从制造业转向服务业。具体地说，他指出符号分析人员（symbol analysts，受过大学教育的专业人员，例如律师、工程师、会计师、记者等）已增加到占劳动力数量的20%。但相较于他所谓的全球性符号分析人员（全球性企业的首席执行官和首席财务官，以及全球性投资银行、律师事务所和咨询公司的合伙人和高级主管）而言，这个群体正在衰落。目前的趋势是，相比全球性符号分析人员，国内符号分析人员收入水平相对下降，西方人面临着来自中国、印度和世界其他地区不断增加的英语毕业生的更大竞争。大多数全球性符号分析人员毕业于名门高校，具备使用英语工作的能力（不同于他们的国内同行），而且可以在全球城市的各个地方自在活动。他们还促使了底层劳动力中的移民服务人员（清洁工、厨师、保姆和性工作者，其中多为女性）的壮大。由于中层和上层将服务类工作外包，移民服务人员群体扩大了，其中包括大量的女佣，她们与雇主签订短期合同，就业权利十分有限（Cheah 2007; Ehrenreich and Hochschild 2003）。

这些趋势正在产生一种更为复杂的全球消费文化。社会结构的上层达到了新的奢侈消费水平，人们对富人的生活方式
xxii 和消费模式大为推崇。但对于那些在媒体上观看名流和精英消费的下层人民而言，他们的消费更多是梦想的消费，捎带偶尔购买一点较便宜的小奢侈品。金融机构不断对美国、英国和其他国家的消费者进行频繁轰炸，诱使其申领容易获得的信用贷

款。债务早已不再具有 19 世纪道德劝诫小说中的贬义色彩。禁欲主义、配给和自我控制，并不符合消费文化对美好生活的描绘。在美国，自 1920 年代以来，随着广告商努力对抗清教徒的克制和节俭，信用贷款变得越来越容易获取（Ewen 1976）。在 1950 年代，威廉·怀特（William Whyte）在其畅销书《组织人》（1956）中提醒读者："节俭如今已不再是美国式作风"（Belk 2004: 80）。今日，国家政府和个体消费者都被鼓励过度借贷。不过，如果认为这是一个普遍的趋势，或者认为经济状况或地球资源能够长期承受一种完全的美国式消费文化，那就错了。当然，若我们审视日本的消费文化，会发现一种截然不同的模式，日本有持续的城市消费和休闲的悠久历史，百货商店、电影院、舞厅、咖啡厅、杂志和广告宣传在 1920 年代发展起来（Tamari 2006）。节俭和储蓄一直是现代日本消费文化的核心，1980 年代泡沫经济破灭后，有关机构曾屡次试图通过发放低息贷款来刺激经济，事实证明这是难以奏效的。这种对基于消费者债务和信用卡消费的美国式消费的热情的缺乏，不仅见于日本和亚洲其他地区，也见于法国、德国、意大利和其他欧洲国家（Garon and MacLachlan 2006）。

因此，今日人们更加意识到消费文化的代价，意识到将美国模式推广到世界其他地区的不可持续的影响。中国和印度经济的扩张已使人们看到这三分之一的人类之生态足迹日益增加的前景（参见世界自然基金会 2000 年度的《地球生命力报告》中关于生态足迹的讨论，而且如果世界上每个人都像美国人那样消费，需要 3.5 个地球）。不过如前所述，我们无法确保所有人都意识到这种"危机"，也无法确保能够达成任何共识或提出任何解决方案。很少有人愿意考虑控制自己的消费，为他人做出牺牲，无论是在个人层面还是国家层面。西方经济很可能染上了一种“增长癖”；但很难想象回归“静止状态”或转向“后增长社会”，如约翰·斯图尔特·密尔、梅纳德·凯恩斯等人过去倡导的那样（Hamilton 2003）。当然，这意味着舍弃对实现“丰裕之梦”的执念，这曾是20世纪美国社会的核心，因为它试图永远地摆脱“短缺时代”（Lears 1998: 453）。然而，利尔斯认为，与其舍弃丰裕这个概念，我们更应考虑培养“精神丰裕”，“通过舍弃对生产力的痴迷，寻求消除时间匮乏，创造真正的休闲”（Lears 1998: 466）。这将我们引入有关
xxiii “生活艺术”和自我照护的各种模式，道德行为和“与物的社会性”（sociality with things）的讨论中，从而为我们的大量物质消费、流动性和旅行的生活方式探索其他可能（Featherstone 1992, 1995）。

然而，并非所有的消费都需要涉及物质产品，也并非所有对新感受和新发明的迷恋都需要通过商品市场才能满足。互联网和新形式的通信技术已开始为更大的非物质产品消费开辟潜力（这是基于塔尔德和其他人提出的非物质劳动的概念；相关讨论参见 Lazzarato 2007; Terranova 2007; Toscano 2007）。当我们阅读一本书时，我们使用或“消费”的东西仍能为其他人所用，且几乎不消耗额外的能量或成本。公共图书馆是基于这种模式的机构，从互联网上免费或付费下载各种信息、图片、电影和数据亦是如此。消费文化必然会导致矛盾心理，它提供了一个超越匮乏与困苦的世界，一个丰裕之梦，但它的运作方式却是通过商品形式，即货币价值的计算。它鼓励一种精打细算

的享乐主义，一种对愉悦、时间和他人的成本效益分析。但它也鼓励对公共政策、增长后果的计算，以及对我们的行动给其他形式的生命和地球所造成的代价的计算。

后现代主义以后的生活……

过去20年中，在社会科学和人文学科领域，后现代主义不如消费文化发展得那样顺利。这并不出乎意料，正如开篇第一章“现代与后现代：定义与阐释”所指出的，从后现代主义诞生伊始，便有许多人宣称它仅是昙花一现，并已在谈论“后-后现代主义”。然而，人们对后现代性的兴趣依然存在。本书坚决地提议，有必要谨慎区分起源于后现代的词族中的各个术语之间的不同派生关系。有影响力的关键术语当然是后现代主义，它是一场具备明确社会根源的知识与艺术运动。将与后现代主义有关的各种特征放大为一种时代的转变，向来似乎都是有问题的。对后现代——当其被定义为一种经验模式或一组实践，能够归因于特定的人群，并确定于某个时间和空间——的机制，即“何地、何时、何人、多少人”的探索一直是一个挑战。尽管如此，人们还是对后现代性做出了各种定义，一些研究者认为后现代性已通过实证研究被明确地建立了，这些研究提供的证据表明，随着后匮乏（post-scarcity）价值观的传播，发达社会正经历着后现代化的过程（Ingelhart 1997）。就像现代化理论的各种变体通常有一个隐性的假设，认为研究者已经在“发达社会”发现了最前沿的文化变迁，而这些变迁将在世界其他地区被复制。

xxiv 因此，后现代被解读为问题重重的现代化理论的一种延伸的危险也是存在的。例如，约翰·阿纳森（Arnason 2001: 131）撰文支持“多重现代性”，指出“对现代性持续且创新的多元化的主张显然与后现代的立场不相容，它给后现代主义的批判带来了一个特定转折：那些把现代性视为过往的人将他们的主张建立在错误的观念之上，认为整个历史进程存在着一种统一的模式”（本书新增章节“现代性与文化问题”中对多重和另类现代性的话题进行了探讨）。阿纳森试图使现代性多元化，脱离更高层次的概念和欧洲中心的历史模式之权威，这是值得赞赏的。他接着告诉我们，多重现代性的理想排除了作为一个新时代特有的一般条件的全球性概念，随后概述了若干对现代化理论的批判，并影射了一些对后现代化理论的批判。这些批判包括：从统一的结构转向承认更大的多样性；警惕将西北欧的“先驱”（vanguard）社会建构为基本概念，而要进行更多历史探索；质疑一个统一的现代性规划的可能性；文明差异是导致现代性之间产生差异的关键因素。有趣的是，所有这些因素，可能除了最后一个，都不难纳入借助后现代主义发展所提供的机会而兴起的各种立场。当然，那些研究社会与文化理论，经常借鉴福柯、德里达、利奥塔的作品，以及查克拉巴蒂（Chakrabarty）、姆班贝（Mbembe）、萨义德、酒井（Sakai）、斯皮瓦克（Spivak）等人受后殖民主义启发的著作的人，并不会认为这些立场存在问题。相反，据我推测，他们会倾向于围绕这样一个问题，即从单一现代性向多重现代性或后现代性/后现代主义的概念转变中，什么是成败之关键。无论对后现代主义的各种“任意”变体有多大的反应都是可以理解的，重要的是要认识到由后现代引起的去分类化（declassificatory）倾向的富有成效的一面。

后现代所开辟的不稳定的概念领域的一个关键，便是对线性元叙事和有序历史发展的假设提出质疑。后现代显然有许多谱系，当人们探究其在世界各地不同社会中的运用时，会发现这个词在特定的地方背景下满足了不同的需求（关于后现代的历史，参见 Bertens 1995）。以日本为例，后现代在 1980 年代日本经济增长（泡沫经济）时期成为一个短暂的时髦术语，当时的日本看似要超越美国，日本的知识分子和学者对历史展开了深入研究，以寻找日本的与众不同之处，将日本与西方国家区别开来：德川时期日本的"一直早已"（always already）后现代（Gluck 1998；参见本书第十一章中的相关讨论）。在中国，后现代是通过 1980 年代对德里达、福柯、巴特等人的作品的兴趣从西方引进的。它被视作是对国家现代化工程和现代主义的严厉批判，这样的批判在当时被认为是合理的。1989 年后，后 xxv
现代主义可以被更公开地讨论，1992 年后，随着经济改革与消费文化的发展，后现代主义获得了新的发展空间。1990 年代中国经济的迅速扩张、上海和北京的城市化，提供了新的后现代建筑，电视和广告传媒的扩张以及消费文化整体都引发了一种新的体验感，无法再恢复为共产党对现代化的传统理解（参见 Chen 2006；另参见 Dirlik and Zhang 2000）。后现代主义在中国和日本的不同运用，说明了理解地方背景以了解后现代主义这个词的利害关系的重要性，这个词虽然被赋予了全球推动力，可显然在世界各地有多样的地方色彩。

中国的例子对后现代的接受提供了一种有趣的知识社会学

解释。该过程在早期偶然地被弗雷德里克·詹明信对北京的定期访问所推动，这激发了新一代中国知识分子阅读他的著作和他颇具影响的关于后现代主义的观点（Dirlik and Zhang 2000: 1）。值得补充的是，本书的中译本《消费文化与后现代主义》出版于2000年，恰逢其时，不仅因为其中提及的西方关于后现代主义的争论对中国的讨论会有所助益，还因为其中有关于消费文化的章节。1990年代以来，中国经济的急剧增长鼓励了消费文化在国内的发展，并向知识分子和学者提出了许多新问题，比如中国社会应该选择的方向，以及消费文化的批判潜力和社会局限性。全球化进程使我们更加了解学术著作在世界各地的接受情况，以及不断变化的全球知识经济结构。如果如酒井直树（Sakai 2001）主张，理论知识从西方中心流出，数据从世界各地流回，那么这一进程正在变得日趋复杂。这不仅是通过西方知识机构的持续扩张，例如大学、出版社和传媒集团在世界其他地方设立分支机构，授予特许经营权，以满足赖克（Reich 2006）提及的全球市场对使用英语的符号分析人员日益增长的需求。也有迹象表明，其他知识生产与形成中心在世界各地出现了，中国是最突出的例子。中国在当代的崛起无疑对以西方为中心的现代性谱系提出了许多有趣的问题，并有可能导致某些学科概念等级的去分类化。

一种新的知识社会学

这个关于塑造全球知识形成过程的各种利益和权力平衡
xxvi 的问题，是《理论、文化与社会》近几年讨论的问题之一，

2006 年，《理论、文化与社会》“新百科全书项目”的第一册作为特刊出版，主题是“把全球知识视作问题”。这是项目特刊系列的第一册，其他主题包括特大城市、媒体、食物、宗教、消费文化。该项目的目标是以百科全书的形式，重新思考全球化和数字化影响之下的知识形成。这些过程不仅提升了知识的存储、范围和获取速度，让更多的内容触手可及。它们还提供了新的机会，通过为反例、对话和批判性反思提供新的空间，对现有学科分类提出质疑。事实上，它们能够鼓励去分类化和对现有知识权威的挑战（参见 Featherstone 2006b, Featherstone and Venn 2006）。“把全球知识视作问题”特刊的有趣之处，不仅在于运用补编手法，解构了条目的权威性，并提供了来自世界不同地区的额外内容，还在于它对知识的理论反思。自后现代主义在 1980 年代掀起对知识和文化之形成的新一轮批判性反思以来，发生了许许多多的事情。后殖民主义尤其导致对欧洲中心主义知识的批判进一步深化，并试图为国家史与全球史提供另外的谱系（Chakrabarty 2000; Houtondji 2002; Mbembe 2001; Venn 2006）。《理论、文化与社会》中提及的其他重要理论倾向包括复杂性理论（Urry 2005），德里达式解构（Turner 2005; Venn 2005）；后人文主义（Gane 2006; Braidotti 2006）；受德勒兹、奈格里等人启发的新活力论，它导致了对亨利·柏格森的兴趣复苏［Fraser *et al*. 2005; Lash 2005; Lazaratto 2007; Olma 2007； 最近德兰达（De Landa 2006）试图发展一种新的受德勒兹启发的社会科学哲学，也值得一提］。“把全球知识视作问题”特刊中的一些文章，特别是那些关于集合（assemblage）、事件、不可分类的事物、翻译、知识装置、方法、媒介理论、生活、经验、全球性集合、全球性主权和档案的文章，偏好一种更加过程性与偶然的知识形成理论。这么看来，后现代主义的重要性或许大打折扣，但它所提供的理论动力却鼓励人们去寻找批判性知识形成的其他模式。

* * * * * *

鉴于《消费文化与后现代主义》的出版已经过去了一段时间，应世哲出版社之邀推出第二版是一个惊喜。本书颇为畅销，已被译成十多种文字，这表明有许多人觉得本书有所帮助。《理论、文化与社会》杂志创刊于 1982 年，我在其中的参与对于我关于后现代的观点和工作发展起到了核心作用，而本书清楚地展现了在该杂志诞生的头十年里，那场令人兴奋的“思想冒
xxvii 险”产生的影响。作为编辑，我能够满足自己的一些兴趣，有关“消费文化”（1983 年）和“现代性的命运”（1985 年）的特刊是我 1970 年代对批判理论的兴趣的直接成果，尽管因后现代主义（1988 年的双期特刊）的兴起，我的兴趣有了新的转折。对我同样重要的影响还有对身体的兴趣，这特别是通过我与迈克·赫普沃斯（Hepworth and Featherstone 1982; Featherstone and Hepworth 1982, 1991）以及布莱恩·特纳（Featherstone, Hepworth and Turner 1991）的合作发展起来的，当时我们定期在《理论、文化与社会》上发表有关该主题的文章；这促成了 1995 年《身体与社会》（*Body & Society*）杂志的诞生。全球化对本书的写作也有重要影响，1980 年代罗兰·罗伯逊在《理论、文化与社会》中就提到了全球化，在我 1990 年编辑的“全球性文化”特刊（Featherstone 1990）出版之前，刊载的一些文章也

涉及这个概念。

在和《理论、文化与社会》杂志内部和周围的广大人群的多次讨论中，我的思想才得以形成。我特别要感谢编委会成员：维基·贝尔（Vikki Bell）、瑞安·毕晓普（Ryan Bishop）、约瑟夫·布莱切尔、罗伊·博伊恩、诺曼·邓金、尼古拉斯·甘恩（Nicholas Gane）、迈克·赫普沃斯、斯科特·拉什、约翰·菲利普斯（John Phillips）、罗兰·罗伯逊、罗布·希尔德（Rob Shields）、布赖恩·S. 特纳和库兹·维恩（Couze Venn）。他们对自身才智的慷慨无私和处理新思想的意愿使我受益良多。此外，我还要特别感谢诺丁汉特伦特大学《理论、文化与社会》中心的同事们，自杂志编辑部迁往诺丁汉以来，他们为杂志以及我们在过去十年间制定的所有其他计划提供了巨大支持。我想特别提及的是：罗杰·布罗姆利（Roger Bromley）、尼尔·柯蒂斯（Neal Curtis）、奈杰尔·埃德利（Nigel Edley）、桑德拉·哈里斯（Sandra Harris）、理查德·约翰逊、尤斯特·范隆（Joost van Loon）、苏珊·曼索普（Susan Manthorpe）、约翰·马克斯（John Marks）、阿里·莫哈迈迪（Ali Mohammadi）、克里斯·罗杰克（Chris Rojek）、玉利智子、约翰·汤姆林森（John Tomlinson）、尼尔·特恩布尔（Neil Turnbull）、帕特里克·威廉姆斯（Patrick Williams）、帕特里克·赖特（Patrick Wright）、戴维·伍兹（David Woods）和库兹·维恩。我还要感谢安东尼奥·A. 阿兰蒂斯（Antonio A. Arantes）、罗杰·布罗斯（Roger Burrows）、近森高明、蔡明发、苏珊塔·古纳提拉克（Susantha Goonatilake）、约翰·胡特尼克（John Hutnyk）、金惠敏、西莉亚·卢里（Celia Lury）、川崎贤一、西山哲郎、布鲁斯·玛兹里施（Bruce Mazlish）、森川真规雄、丸山哲央、沃尔克·施密特（Volker Schmidt）、时安邦治、威尔扬·范登阿克尔（Wiljan van den Akker）、安迪·沃尼克（Andy Wernick）、凯瑟琳·伍德沃德（Kathleen Woodward）和吉见俊哉，感谢他们在知识上的鼓励和支持。新版要感谢迈克·赫普沃斯、金惠敏与库兹·维恩良多，他们为新增章节和第二版前言的改进提出了很好的建议。伦敦世哲出版社的斯蒂芬·巴尔、谢丽尔·梅里特（Cheryl Merritt）、罗伯特·罗杰克（Robert Rojek）、Katie Sayers（凯蒂·赛耶斯）与米拉·斯蒂尔（Mila Steele）为《理论、文化与社会》杂志以及《理论、文化与社会》丛书提供了极大的鼓励和支持，同时也是很好的合作伙伴。在新版付梓之际，我们得知了我的密友、《理论、文化与社会》的长期同侪迈克·赫普沃斯逝世的消息。自 1960 年代以来，我与迈克共事的项目不胜枚举。这个第二版是对迈克的纪念。

第一章

现代与后现代：定义与阐释

谁要是提起“后现代主义”这个词，谁就可能有 1
立刻招致责难的危险：你是在赶风头，追求肤浅十足、毫无意义的知识时髦。这里的一个问题便是，这个词流行起来非常快，但是要去定义它却惹人激恼得困难。如《现代流行观念词典》（Modern-day Dictionary of Received Ideas）一文就说，“这个词没有意义。尽可能地使用吧。”[《独立报》（*Independent*），1987 年 12 月 24 日] 在十多年以前的 1975 年 8 月，另一家报纸则宣称，“后现代主义已经死了”，并且说“现在已经是后-后-现代主义的时代了”（Palmer 1977: 364）。如果后现代主义是一种稍纵即逝的时尚，那么批评家们很清楚，究竟谁应对后现代主义的盛行负责：

> 今天那些在理工学院或大学里，囿于自己的研究领域作书本研究而领取薪水的理论家们，不得不去发明一些新的运动，这是他们赖以生存的职业所需——与矿工和渔夫没有什么两样。他们越是能更多地命名社会运动，他们的事业便越成功。（Pawly 1986）

另一些批评家则认为，这样的策略不只是知识和学术领域中的内部运动，而且还是“当代文化核心的病症”的一个清楚的晴雨计和指示计。因此，“不难将目前学术、建筑、音乐、电影、戏剧与小说中被称为后现代主义的文学与美学潮流，理解为当今席卷西方世界的政治反抗浪潮的一种反映”（Gott 1986）。但是，显而易见，我们并不能就此把后现代主义看成是对社会变迁的一种反应或机械映射，并谴责学者与知识分子创造了这个词作为他们命名游戏的一部分。即使某些报纸评论员和准知识分子（para-intellectuals）在用到该词的时候，总抱以调侃或轻蔑的态度，这也证实了后现代主义对一个较大的中产阶级观众群体拥有足够的吸引力。很少有其他新的学术词汇能如此受大众欢迎。它不仅仅是一个学术术语，因为它不仅从艺术“运动”中获取动力，同时可用来谈论人们正经历的文化变迁，还吸引着更广泛的公众兴趣。

在我们考察这个概念的传递与传播的方式之前，我们需要对后现代主义这一总括概念下通常包括的各种现象有一个较清楚的认识。所以，在我们确定后现代主义的政治谱系，或者把它仅仅当作一个短暂的摇摆不定的时尚之前，我们有必要认真研究学术界内外由此所产生的巨大兴趣乃至激动之情，应该去探究理
2 论家们所援引和标识为后现代的文化对象、体验和实践的范围。

首先，“后现代主义”一词所涉及的艺术、知识与学术领域的范围之广，令人惊异。有音乐［凯奇（Cage）、斯托克豪森（Stockhausen）、布列尔斯（Briers）、霍洛韦（Holloway）、特雷迪奇（Tredici）、劳里·安德森（Laurie Anderson）］；美术［劳申伯格（Rauschenberg）、巴塞利兹（Baselitz）、马赫（Mach）、施纳贝尔（Schnabel）、基弗（Kiefer）；有些人

还会算上沃霍尔和1960年代的流行艺术，有些人会算上培根（Bacon）]；小说［冯内古特的《五号屠场》，及巴思（Barth）、巴塞尔姆（Barthelme）的小说。品钦、巴勒斯（Burroughs）、巴拉德（Ballard）、多克托罗（Doctorow）的小说］；电影［《体热》（*Body Heat*）、《婚礼》（*The Wedding*）、《蓝丝绒》（*Blue Velvet*）、《陌生男子》（*Wetherby*）］、戏剧［阿尔托（Artaud）的戏剧］；摄影［舍曼（Sherman）、莱文（Levine）、普林斯（Prince）］；建筑［詹克斯（Jencks）、文丘里（Venturi）、波林（Bolin）］；文学理论与批评［斯潘诺斯（Spanos）、哈桑（Hassan）、桑塔格、费德勒（Fiedler）］；哲学（利奥塔、德里达、鲍德里亚、瓦蒂莫、罗蒂）；人类学（克利福德、泰勒、马库斯）；社会学（邓金）；地理学［苏贾（Soja）］。无疑，这里哪些人的名字该列入其中，哪些人不该列入，会引起某些争议。以小说为例，如琳达·哈钦（Hutcheon 1984: 2）所论，一些人希望将加西亚·马尔克斯，甚至塞万提斯的小说归入后现代主义旗下，而另外一些人则认为他们属于新巴洛克风格或巴洛克风格。斯科特·莱什则把达达主义看作是后现代主义的先锋（Lash 1988）。有些人在创作或写作的时候，并没有意识到"后现代主义"一词的存在，而另一些人则尽力挖掘后现代主义的题材，并积极地推广它。不过可以说，对后现代主义怀有浓厚兴趣的批评家、准知识分子、文化中介人与学者，将这一词汇扩散到不同民族、不同国家的广大的人群之中去了（这也是某种意义上的文化全球化）；他们也加快了这一词汇在各学术领域与艺术领域之间的交换和循环速度，各个领域现在希望也必须对相邻领域的发展倾以更多的关注。从这种意义上讲，当每个具体领域的评介者们觉得有必要为培养新的观众，对该术语的复杂历史及用法进行总结与解释的时候，对这个术语的意涵，可能终于能取得更大的共识。

为了对后现代主义一词的意涵有一些初步的认识，搞清派生于“后现代”一词的词族是很有帮助的，并且通过将其与派生于“现代”一词的词族进行对比，理解起来将会更容易些。

现代（modern）	**后现代（postmodern）**
现代性（modernity）	后现代性（postmodernity）
现代性（*modernité*）	后现代性（*postmodernité*）
现代化（modernization）	后现代化（postmodernization）
现代主义（modernism）	后现代主义（postmodernism）

3 如果“现代”和“后现代”是类属词，那么，很显然，前缀“后”指的是之后的事物，指的是与现代的断裂和折裂，这个概念正是通过反向定义现代来定义的。不过，“后现代主义”一词更强烈地建立在对现代的否定之上，建立在对现代的确凿无疑的特征的认知扬弃、打破和转向之上，确定地强调两者关系的分离。这使后现代成为了一个定义相对不明确的术语，因为我们还处在假想的转折的起点，无法将后现代看作一个完全成熟的积极事物来全面地定义它。记住这一点，我们就可以来仔细考察这两组词语了。

现代性－后现代性

这两个词有时代的涵义。像关于古代人与现代人之间关系的争论一样，一般说来，出现于文艺复兴时期的现代性，也是相对古代性（Antiquity）来加以定义的。从 19 世纪末 20 世纪初的德国社会学理论来看——目前，我们对现代性这个词的许多理解都是从其派生出来的——现代性是与传统秩序相对而言的，它暗示着经济与管理逐步的理性化和社会世界的分化过程（韦伯、滕尼斯、齐美尔）：即人们经常以鲜明的反现代目光来审视的现代资本主义工业国家的形成过程。

所以，说起后现代性，就意味着一个时代的转变，或者说，与现代性的断裂，它意味着具有自己独特组织原则的新的社会整体的出现。这就是鲍德里亚、利奥塔（某种程度上还包括詹明信）所叙说的一种变迁的秩序（Kellne 1988）。鲍德里亚和利奥塔都假定有一个朝向后工业时代的运动。鲍德里亚（Baudrillard 1983a）强调，从生产性（productive）社会秩序向再生产性（reproductive）社会秩序转变的过程中，新形式的技术与信息占有核心地位——在再生产性社会秩序中，由于人们更多地用虚拟、仿真的方式不断构建世界，因而消除了现实世界与表象之间的区别。利奥塔（Lyotard 1984）所谈论的后现代社会或后现代时代，就建立在向后工业社会秩序的发展的假定之上。他的特殊兴趣是“社会计算机化”（computerization of society）对知识的影响，他认为，不应该为后现代中意义的丧失而悲哀，因为它表明多种语言游戏代替了叙述性知识，地方主义代替了普遍主义。然而，利奥塔像其他许多使用此一词族的人一样，有时会从一个词换到另一个词，并且置换其用法，最近他喜欢强调后现代是现代的一部分。例如，在《规则和悖论及简短附录》（Rules and Paradoxes and Svelte Appendix）中，他写道："'后现代'也许是一个很坏的词，因为它传递了历史'时段化'（periodization）的观念。然而'时段化'至今仍然是
4 一个'经典的'或'现代的'理念。'后现代'只简单的指一种情绪，或更准确地说，指一种心灵状态"（Lyotard 1986–7: 209）。在《后现代状况》（*The Postmodern Condition*）一书中，利奥塔对后现代性一词的使用还有一点值得注意，当他谈到伴随后工业社会运动的知识变迁时，他一直认为，这一变迁发生在资本主义内部，这为批评者的论点增加了分量，即利奥塔的著作没有充分对向后现代社会的转变作出论证（参见 Kellner 1988）。尽管利奥塔某种程度上假定了向后现代性的转变的存在，可如果他持有更为松散的"情绪"或"心灵状态"的观念，就更容易避免对这种转变进行宏大叙事，并因宏大叙事的盲区招致指责。弗里德里克·詹明信（Jameson 1984a）对后现代有一个更为明确的时段化概念。可他不愿意视后现代为一个时代的转变；而愿意将后现代主义视为起源于"二战"以后的资本主义第三大阶段，即晚期资本主义的一个文化领域或文化逻辑。

利奥塔关于后现代情绪或心灵状态的说法，把我们引入了对现代性–后现代性的第二层涵义的探讨。法语现代性的用法，指的是现代性体验，在这里，现代性被看成是现代生活的一种性质，是一种时间的不连续感，是与传统的断裂，是新奇感以及对现在的短暂性、易逝性和偶然性的敏锐感受（参见 Frisby 1985a）。这就是波德莱尔的现代的涵义，如福柯（Foucault 1986: 40）所说，它是一种对现在的反讽的英雄化：现代人乃是持续不断地努力创造他自己的人。戴维·弗里斯比（Frisby

1985b）在《现代性的碎片》中认为，正是这种在19世纪后半期发展出的新的城市空间和初生的消费文化中理解生活体验的尝试，为齐美尔、克拉考尔（Kracauer）和本雅明的著作中现代的日常生活理论的形成提供了动力。现代性体验也是马歇尔·伯曼（Marshall Berman）1982年的著作《一切坚固的东西都烟消云散了》（*All That is Solid Melts into Air*）的主题，在书中，他考察了伴随现代化过程产生的图景和风格，把它们都归在“现代主义”这个术语之下。伯曼讨论了现代的感受性问题，他认为，从18世纪的卢梭和歌德，到19世纪的马克思、波德莱尔、普希金和陀思妥耶夫斯基，这种感受性在这些文学与智识领域的典型人物那里，都是明显存在的。

除了把现代主义当作现代化过程中的全部经验与文化，令人困惑地使用现代主义一词外，伯曼及许多试图勾勒后现代性的相应体验的人，还都注重一种多表现在知识分子写作的文学材料之中的、特别局限的经验观念。但是，文学知识分子在阐释日常生活，或提供普通人的日常生活的证据的时候，我们必须发出社会学的反对之声。当然，某些知识分子也许很好地表达了现代性的震撼与冲击的体验。但是，（相对局限的）现代性或后现代性的主观体验，与呈现不同群体的日常生活中的真实实践和活动之间，还是有很大的不同。当然，主观体验的描述 5
也许在知识的实践中，在受过教育、可以解释这些敏锐感觉的观众的实践方面是有意义的，但是，就此推测出的任何更宽泛的论断，都需要仔细证实。

为举出一个假想的后现代性（或后现代性）体验的例子，我们可参考一下詹明信（Jameson 1984a）对洛杉矶波纳凡杜拉宾馆的描述。在此，詹明信对后现代建筑新的超空间（hyperspace）的体验，给出了一个极精彩的解释，认为其迫使我们的感官和身体得到了扩张。可问题是，我们并不知道不同背景的个体实际上是如何体验这个宾馆的，或者说，他们是如何把这种体验与日常生活的实践整合在一起的。也许，如果要他们用后现代来解释这些体验，就需要为他们提供一些指导，使他们厘清自己可能尚未完全意识到的，或者通过并非恰当的符码来观察的东西。因此，如果我们要去理解产生后现代性体验的社会原由，理解有关后现代性体验的解释，就得为那些有志于创造后现代学说来教育大众的文化企业家及文化中介人留出空间。与此相同的是，詹明信识别的另外两个后现代文化特征：真实的实在转化为了各种图像，时间碎化成了一系列永恒的现在。这里，我们可以举出一个兼具这两种特征的例子：媒体。在众多关于后现代感受性问题的讨论中，媒体往往是焦点（比如鲍德里亚关于仿真世界的例子，“电视就是世界”）。不过，一些理论家们在讨论关于“他者”（the Other）的所有所谓多元主义和感受性时，很少涉及不同情景中不同群体观看电视的实际体验与实践。相反，后现代的理论家们所经常谈论的，却是一种不断换台、收看 MTV（音乐电视）的理想类型的观众。他们快速地切换图像，以至于难以把能指连结成为一个有意义的叙事，她 / 他仅仅陶醉于图像表面的多重紧张与感官刺激。然而对于这些实践是如何进一步展开，又是如何整合或者影响具体个人之间的日常生活际遇，还明显缺乏论证。因此，尽管关于典型的后现代性体验的学术材料非常重要，但我们更需要借助较为系统的实证数据开展研究，而不能仅依赖于知识分子的解读。事实上，我们应该关注真实的文化实践，关注那些从事后现代文化产品的生产、分类、流通及消费的群体之间不断变化着的权力平衡，这是我们下文对后现代主义的讨论的核心。

现代化-后现代化

表面看来，这两个词都似乎不幸地介于现代性-后现代性、现代主义-后现代主义的讨论之间。发展社会学经常用现代化 6
来表示经济发展对传统社会结构与价值的影响。现代化理论也常常用来指涉以工业化、科技进步、现代民族国家、资本主义世界市场、城市化和其他基本结构要素为基础的社会发展的各阶段。（这个用法与我们上文讨论的现代性之第一层涵义非常相近。）普遍认为，通过一个松散的基础-上层建筑模型，现代化进程将产生特定的文化变迁（世俗化和以自我发展为中心的现代性认同的出现）。如果我们来看后现代化，很显然对社会过程与制度变迁相应的具体论证工作还没有展开。我们只可能从上文提到的指代新的社会秩序与时代转变的后现代性一词的用法中，派生出后现代化的涵义。例如，鲍德里亚（Baudrillard 1983a）对后现代仿真世界的描述，就是基于这样一种假定：信息技术与商品生产的发展导致了后来扭转决定论方向的“意指文化（signifying culture）的胜利”。这样，不断变化的文化符号渗透进社会关系之中，以至于我们不能再谈论阶级和规范性，面临着“社会的终结”。不过，这里鲍德里亚并未使用“后现代化”一词。

然而，后现代化这个词确实有它的长处，它指明的是进展程度不一的过程，而不是一个完全羽翼丰满的新社会秩序或社会总体。城市研究领域是“后现代化”一词的一个重要语境，在此我们可以菲利普·库克（Cooke 1988）和莎伦·佐金（Zukin 1988a）的研究为例。对库克来说，后现代化是一种意识形态和一系列能够影响空间的实践，这在 1976 年以来的英国经济中是引人注目的。佐金也想用后现代化这个词来集中分析工业、服务、劳力市场和电信领域中，投资与生产的新模式所导致的社会-空间关系的重构。然而，虽然佐金把后现代化看成是相对现代化而言的一个动态过程，但她和库克一样，把后现代化当成资本主义内部所发生的事情，因而两人都不愿认为后现代化指向一个新的社会阶段。这种分析的优点在于，既关注生产和消费的过程，又关注随之而来的特定文化实践的空间维度（城镇与口岸的再开发、城市艺术与文化中心的发展、服务阶层及市绅化的扩展）。

现代主义-后现代主义

像现代性-后现代性这组词一样，现代主义-后现代主义这组词也意涵丰富。它们的相同之处是文化的中心性。从最为严格的意义上讲，现代主义指的是，与出现于世纪之交，至今仍主宰多种艺术的艺术运动相关的艺术风格。在这里，经常被引
7 用的人物有：文学领域的乔伊斯、叶芝、纪德、普鲁斯特、里
尔克、卡夫卡、曼、穆齐尔（Musil）、劳伦斯、弗吉尼亚·伍尔夫和福克纳；诗歌领域的里尔克、庞德、艾略特、洛尔迦

（Lorca）和瓦雷里（Valery）；戏剧领域的斯特林堡和皮兰德娄（Pirandllo）；绘画领域的马蒂斯、毕加索、布拉克（Braque）、塞尚及未来主义、表现主义、达达主义和超现实主义运动；音乐领域的斯特拉文斯基、勋伯格和伯格（Berg）（参见 Bradbury and McFarlane 1976）。对于现代主义的源头应该追溯到 19 世纪的哪个年代，有大量的争论（有人想追溯到 1830 年代的波西米亚先锋派）。现代主义的基本特征可以总结为：审美的自我意识与反思；拒斥叙事结构，追求同步和蒙太奇；* 对实在的矛盾、模糊和不确定的开放性的探索；拒斥整合人格观念，追求去结构、去人格化的主体（参见 Lunn 1985: 34 及以下诸页）。试图理解艺术中的后现代主义时的一个问题是，这些特征大都被种种后现代主义的定义挪用了。这个术语的问题，连同上述相关术语的问题，在于：一个相对既定术语定义的，从中汲取成分的术语，什么时候开始指涉某种实质上不同的东西？

根据科勒（Kohler 1977）和哈桑（Hassan 1985）的考证，“后现代主义”一词最早出现于 1930 年代，当时费德里科·德·奥尼斯（Federico de Onis）用它作为对现代主义的微弱反动。这个词的流行是在 1960 年代的纽约，当时，一些年轻的艺术家、作家和批评家，如劳申伯格、凯奇、巴勒斯、巴塞尔姆、费德勒、哈桑和桑塔格等人，用这个词来表示超越“枯竭的”极端现代主义（high modernism）的运动，他们反对极端现代主义，是因为其在博物馆和学院中被制度化了。在 1970 和 1980 年代，“后现代主义”一词在建筑、视觉和表演艺术及音乐当中更为广

* 同步（simultaniety）是法国现代诗歌运动中同步主义（simultanism）的一个重要特征，讲究文字的声像同步效果。——译者

泛地使用，并在欧美之间迅速地来回传播，因为对艺术后现代主义的理论解释和辩护，转向了更宽泛的对现代性的讨论，一些理论家如贝尔、克里斯蒂娃、利奥塔、瓦蒂莫，德里达、福柯、哈贝马斯、鲍德里亚和詹明信等，对此也产生了浓厚兴趣（参见 Huyssen 1984）。艺术中后现代主义的关键特征是：艺术与日常生活之间的界限被消除了；高雅文化与大众 / 流行文化之间的层级性区隔坍塌了；折中主义与符码混合的繁杂风格；戏仿、模仿、反讽、戏谑充斥于市，对文化表面的“无深度”感到欢欣鼓舞；艺术生产者的原创性 / 天才衰微了；以及艺术只能是重复的假设。

“现代主义”和“后现代主义”两词也更广泛地用来指广义的文化复合体：也就是说，现代主义指现代性文化，后现代主义指新出现的后现代性文化。丹尼尔·贝尔（Bell 1976）就接受了这种观点，他认为，现代性的基本文化假设及个体自主自
8 决的理想，在经济领域产生了资产阶级企业家，在文化领域引发了对无拘无束之自我（untrammelled self，其在现代主义中找到了表达方式）的艺术探索。对贝尔来说，现代主义是一种腐蚀性力量，释放出一种对抗性的文化，它与大众消费的享乐主义文化一起，颠覆着传统的资产阶级价值与新教伦理。贝尔的分析是以政治、文化与经济三个领域相互分离的观念为基础的，因此在他的著作中，去寻找一种“基础-上层建筑模型”，认为在该模式下，经济或社会经济秩序的转变（如日后工业社会的转变）可能产生新的后现代主义文化，是毫无意义的事情。相反，后现代主义被认为是现代主义中反规范倾向的加强，欲望、本能与享乐被释放出来，将现代主义逻辑一泻千里地带到尽可

能远的地方，加剧着社会的结构性紧张，促使三个领域的进一步分离（Bell 1980）。詹明信（Jameson 1984a）也用后现代主义一词来意指较为宽泛意义上的文化，并把后现代主义作为一种文化逻辑或文化支配来讨论，认为后现代主义导致了当代社会中文化领域的转型。尽管詹明信不太情愿采用时段化的概念，即认为文化的所有方面会出现突然转向和转型，但他还是循着曼德尔（Mandel 1975）的路子，将现代主义阶段与垄断资本主义相联系，将后现代主义与“二战”后的晚期资本主义相联系。这意味着他套用了一种基础-上层建筑模型。尽管詹明信没有提到鲍德里亚，但他还是部分地步了鲍氏后尘，认为后现代主义的基础是在当今多国资本主义“非中心化全球网络”（decentred global network）中起核心作用的再生产，它导致了“遍及社会领域的惊人的文化扩张，我们社会生活中的一切……可以说都已变成了‘文化的’”（Jameson 1984a: 86-87）。

在我们进而把后现代主义当作西方社会中根本性文化变迁的密码，同时也是可能的文化意义之扩张来探讨之前，还有一种观点需要从贝尔和詹明信的著作中吸取。约翰·奥尼尔（O'Neill 1988）认为，贝尔和詹明信两人都对后现代主义有一种怀旧式的反动。他们因为“秩序意志”（will to order），因为渴望通过宗教（贝尔）或马克思主义的乌托邦（詹明信）来重建受到威胁的社会纽带，联合起来反对后现代主义。他们二人从与当代社会秩序的联系与断裂的程度来描述后现代主义，这样一种总体化思维的努力既有优点又有缺点，如何判断取决于读者的立场。他们还想把后现代主义作为一种消极的东西来评价；他们讨厌它，这种反应没有逃脱那些为后现代主义的戏谑、多元主义、“民主”精神

而感到高兴的批评家们的注意，他们认为，詹明信（相关地，还有贝尔）是在怀旧地哀叹知识贵族失去了对民众的权威（参见
9 Hutcheon 1986－7; During 1987）。

对那些乐于把后现代主义当作开启反讽、文本间性与悖论的一种批判分析模式的人来说，试图创建关于后现代社会或后现代性的理论，或划定后现代主义在社会秩序中的作用，都是一种有本质性错误的总体化或系统化尝试。事实上，这种理论是权威性的宏大叙事，戏谑性地解构它们的时机已经成熟。例如，批评者们很快指出了利奥塔《后现代状况》中明显的前后不一致。例如科尔纳（Kellner 1988）认为，利奥塔的后现代性概念本身就包含了一个宏大叙事，如果没有它，我们就不能得到一种关于后现代的理论。需要补充的是，利奥塔（Lyotard 1988）本人最近强调，不要错误地把他的书当作总体化思辨的例子来援用。对把后现代主义作为批判理论或文化分析模式来认真对待的人来说，由于无法避免由诸如科学、人本主义、马克思主义、女性主义等有严重缺陷的现代性宏大叙事所带来的总体化、系统化和合法化等方面的问题，要建立一种社会学解释的企图必将失败。为了戏谑性解构和审美模式的优先权，必须放弃社会学综合。依此构想的后现代社会学，可能会放弃其总括一切的社会科学野心，取而代之的是寄生在社会学著作的讥诮嘲讽、语无伦次、前后矛盾和互文性之上。当然，后现代社会学也有值得学习的东西：其关注理论建构的方式、理论隐含的假设，以及理论家代表"他者"言说的权威，许多研究者发现，这些"他者"现在经常积极地向学界理论家的理论叙述和权威发难。不过，如果我们要弄懂后现代主义的形成及当代

西方社会文化中发生的变迁的话，就必须要超越基础论与相对论、一元认识论与多元本体论的错误对立，去研究具体的社会和文化过程，去研究特殊知识积累的生产动态。的确，我们必须弃绝后现代社会学的诱惑，为发展一种关于后现代主义的社会学解释而努力（见第三章）。

采取这样一种研究取向，就必然把研究重点放在后现代主义文化的三个方面或三种涵义之间的关系上。首先，我们可以认为后现代主义有艺术、学术和知识场域（fields）。这里，我们可以很好地运用布尔迪厄（Bourdieu 1971, 1979）的场域分析方法，重点研究符号商品经济：这些商品的供求状况、竞争与垄断过程、占主导地位的群体与外围群体之间的斗争。举例来说，我们可以把注意力集中于**命名**（naming）行为，这是群体之间相互争斗的一种重要策略；外围群体为了动摇既定的符号等级，在与自己利益更为一致的基础上重新划分场域，从而积极使用新术语；打破艺术和学术次级场域之间障碍的条件；影 10
响各类国家机构、消费者、观众和公众对特定类型的文化商品之需求变化的条件。

然而，要恰当地分析其中最后一个方面，实际上也是为了恰当地概念化以上各方面，就需要从对特定艺术与知识场域及其相互关系的具体分析中走出来。因此，我们需要从文化的第二个“层次”，即从所谓文化领域来思考后现代主义，并去考察其向观众和公众传播、流通的方式，考察观众反馈怎样引发了知识分子进一步的兴趣。侧重于文化的第二个层次，就需要考察在符号生产中的艺术家、知识分子、学者等专家群体，同时也需要考察他们与媒介中的其他符号专家之间的关系，与消费文化、流行文化及时尚行业参与者的关系。这里，我们应该注意布尔迪厄（1984）称为“新的文化中介人”群体的出现，正是这些新的文化中介人，使信息在以前相互封闭的文化领域之间迅速流通开来；我们还应该关注在激烈竞争情况下出现的新的沟通渠道（Crane 1987）。伴随战后时期西方国家中大众与高等教育的增长，作为生产者与消费者的符号文化专家群体的权力潜能也得到了增长，为此，我们还需要认真考察符号生产专家与经济专家之间的竞争、权力平衡的变化及其相互依赖关系（参照 Elias 1987b）。我们需要考察早已建立的合法文化飞地（enclaves）的一些去垄断和去等级过程，正是它们消解了西方世界中的文化分类（DiMaggio 1987）。最后，除了要在社会内（intrasocietal）层次上考察这些变迁，我们还需要在社会间（intersocietal）层次上考察加剧的竞争过程，它正转移着权力平衡的砝码，使西方知识分子失去代表全人类发言的权力和资格。还有通过罗兰·罗伯逊（Robertson 1990）所说的“全球化”，考察正在出现的真正的全球性文化问题。这些过程指向更大的文化领域中的变迁，这些变迁本身就值得研究；可以说，后现代主义概念已经使我们对这些过程有了更多的了解。

然而，后现代主义概念不仅仅是由艺术家、知识分子和学者在他们各自的场域中，作为权力斗争或相互依赖的一部分所操纵的一个空洞的符号。它的部分吸引力在于它讨论了上述变迁，并且意在阐明日常经验与广大社会群体的文化实践的变化。然而这里的论据却是最薄弱的，很可能只是将从前不重视的体
11 验重新贴上后现代的标签。也是在这里，我们面临给后现代主义一个恰当定义的难题，并且发现有大量松散的概念混乱，诸

如“过去历史意义的丧失”“裂变（schizoid）文化”“糟粕文化”“图像对现实的替代”“仿真”“无拘束的能指”，如此等等，不一而足。斯科特·莱什（Lash 1988）试图对后现代主义进行更严格的定义，认为其涵括了去差异化和作为后现代意指体系核心的喻象（the figural）；然而在这里，我们也缺少系统性的关于日常实践的论据，如果我们想让同仁们认可后现代主义不只是一个短暂的时髦的话，那么我们需要回答“谁？什么时候？哪里？有多少？”等常见的社会学问题。不过，在某种意义上，随着我们上面提到的文化领域中的变迁，后现代主义也顺着它自己的势头发展，从而形成了一个对后现代主义感兴趣的新的观众与公众群体。这些观众与公众也许最终开始了后现代实践，在文化中介人和准知识分子制造的学说指导下，使自己适应后现代体验。这样一种“反馈”能使后现代主义转变为现实。

总之，目前“后现代”一词还没有公认的含义——它的派生词，后现代性、后现代性、后现代化及后现代主义等词族，经常被混乱地或可替换地使用。我试着概述和讨论了其中一些含义。后现代主义是广泛的艺术实践、社会科学和人文科学都感兴趣的问题，因为它使我们注意到当代文化中所发生的变迁。这可以根据如下几个方面来加以理解：（1）艺术的、知识的、学术的场域（作品的理论化、呈现与传播模式的变化，不能脱离特定场域中发生的具体的竞争性斗争的变化）；（2）广泛文化领域中涉及符号商品的生产、消费及流通模式的变迁。在社会间及社会内这两个层次上，这种变迁与群体和阶级集团之间广泛的权力平衡、相互依赖关系的转变联系在一起；（3）不同群

体的日常生活实践与体验的变迁，由于上述某些过程，这些群
体也许以不同的方式使用着意指体系，发展新的导向手段和认
同结构。近些年来，我们明显目睹了对文化问题的兴趣的急剧
高涨。文化曾经处在社会科学，尤其是社会学的学科边缘，而
现在它已急速地向社会学科中心靠近，社会科学与人文科学之
间的一些藩篱也正在被拆除（Featherstone 1988）。我们可以根
据两个肯定相关的过程来理解这一点：首先，在社会科学概念
12 中，文化从基本上可以用其他因素解释的东西，变成了与社会
文化基础或社会“深层”文化符码（参见 Robertson 1988）相关
的更大的元文化问题；第二，当代西方社会的文化似乎正经历
着一系列重大变化，这些变化必须根据社会内、社会间及全球
范围的变迁过程来予以研究。显然，这是人们对后现代主义之
兴趣上升的原因之一，也是我们作为文化理论家和研究者应该
对它发生更进一步的兴趣的理由。

第二章

消费文化理论

本章区分了关于消费文化的三种主要视角。第一种视角认为，消费文化以资本主义商品生产扩张为前提，这种扩张带来了消费商品、购买及消费场所等物质文化的巨大积累。其结果便是当代西方社会中闲暇及消费活动的显著增长，尽管有些人为之欢呼，认为它带来了更大程度的平等与个人自由，但是另一些人却认为，它增强了意识形态的操纵能力，“引诱”人们远离另一套“更好的”社会关系。第二种视角是一种更为严格的社会学观点，认为从商品中获得的满足感与零和博弈中对商品的社会结构性获取有关，满足感和地位是在考虑到通货膨胀的情况下，通过表现和维持差异来实现的。这里的关键是人们为了建立社会联结或区隔，使用商品的不同方式。第三种视角是消费的情感愉悦问题，消费文化影像颂扬梦想和欲望，而特定消费场所直接产生身体兴奋与审美愉悦。

本章认为，关注日益显著的消费文化是重要的，不应仅仅将消费看作是生产的顺理成章的结果。现阶段当代西方社会中符号产品的过剩、文化失序与去分类的倾向（有人将此标示为后现代主义），将文化问题推上了前台，为我们对文化、经济与社会之间的联系进行概念化产生了广泛影响。这也激发了对欲望与愉悦以及从消费体验中获得的情感和审美的满足加以概念化的兴趣。这不仅仅是根据一些心理操纵的逻辑，相反，社会学应当超越来自大众文化理论的对消费愉悦的消极评价。我们应该以一种更为超脱的社会学方式来研究这些新兴趋势，而这不应该仅仅意味着对大众愉悦与文化失序的反向的民粹式欢呼。

消费的生产

从古典经济学的观点来看，所有生产的目的是消费，个人
14 从日益扩大的商品范围中购买商品，以最大程度地满足他们的需要；而从 20 世纪一些新马克思主义者的观点来看，这种发展表明控制和操纵消费的机会大大增加了。资本主义生产的扩张，尤其是在世纪之交科学管理与“福特主义”对生产的促进之后，创造新的市场，通过广告及其他媒介宣传来“培养”大众成为消费者，就成了极为必要的事情（Ewen 1976）。这种观点可追溯到卢卡奇（Lukács 1971）对马克思－韦伯进行综合的物象化理论，在霍克海默和阿多诺（Horkheimer and Adorno 1972）、马尔库塞（Marcuse 1964）与列菲伏尔（Lefebvre 1971）的著作中，它有了最为显著的发展。举例来说，霍克海默和阿多诺认为，在生产领域表现出来的商品逻辑和工具理性，在消费领域同样明显。闲暇消遣、艺术与一般意义上的文化，为文化产业所过滤；随着文化的更高目标与价值屈从于生产过程与市场的逻辑，交换价值开始主宰人们对文化的接受。高雅文化的优秀产品所奋力追求的——家庭与私人生活中传统的职责形式、幸

福与满足的允诺、“对完全不同的他者的渴望”，让位于原子化的、受人操纵的大众，这样的大众参与的是具有最低共同标准的批量生产的可替代性商品文化。*

从这种观点来看，也许可以这样认为，商品的积累导致了交换价值的胜利，工具理性计算在生活之各方面是可能的了，所有本质差异、文化传统与质的问题，都转化为了量的问题。然而，尽管运用这种资本逻辑能够解释不断增加的算计，与遗留的传统文化以及高雅文化的毁灭——在资本主义现代化的逻辑让“一切坚固的东西都烟消云散了”的意义上——但是，仍然会有“新”的文化的问题，资本主义现代性文化的问题。这难道仅仅是一种交换价值和工具理性算计的文化——一种可以认为是“非文化”或“后文化”的东西吗？① 这是法兰克福学派中的一种研究取向。可还有一种研究取向，如阿多诺认为，一旦占有支配地位的交换价值设法使人们忘记商品最初的使用价值，商品的使用价值就变得次要或可替代了（Rose 1978: 25）。商品由此可以生发很多的文化联系与幻觉。广告尤其能够利用这一点，把浪漫、异域风情、欲望、美、满足、共同体、

---

* 批量生产的可替代性商品文化（*ertatz* mass-produced commodity culture），是作者对大众文化中商品意象（image）的功能的看法。作者认为，在大众文化中，由于人们对商品的消费不仅是消费其使用价值，而主要是消费它们的意象，即从意象中获取各种各样的（也是后现代主义的）情感体验，因此，意象就代替了使用价值，即成为使用价值的代用品。详见本书第四章。——译者

① 这种方法在德国社会学中有悠久的历史，它表达了对理性化法理社会（*Gesellschaft*）的厌恶和对礼俗社会（*Gemeinschaft*）的怀旧（参见 Libersohn 1988; B. S. Turner 1987; Stauth and Turner 1988）。在批判理论直至哈贝马斯（Habermas 1984, 1987）的著作中，也继承了这种观点，哈贝马斯区分了系统与生活世界，他认为，技术-经济-管理系统的商品化和工具理性化的要求，威胁着生活世界中的非强制性沟通行动，因此使文化领域变得贫乏。

科学进步与舒适生活等意象，附着于肥皂、洗衣机、摩托车及酒精饮品等平庸的消费品之上。

让·鲍德里亚利用卢卡奇（Lukács 1971）和列菲伏尔
15（Lefebvre 1971）的商品化理论，也同样强调了商品的残酷逻辑，并得出了与阿多诺相似的结论。所不同的是，鲍德里亚（Baudrillard 1970）的理论应用了符号学，他认为消费必然导致对符号进行积极的操纵。这是晚期资本主义社会的核心，其中符号与商品联合生产出“商品-符号”。能指的自主性意味着通过诸如媒体与广告中对符号的操纵，使符号自由地游离物体本身，并可用于多种多样的相关联系之中。有人认为鲍德里亚所发展的商品逻辑的符号学，使他对马克思的理论发生了唯心论的偏离，从对唯物主义的强调转向了对文化的强调（Preteceille and Terrail 1985）。这在鲍德里亚（Baudrillard 1983a, 1983b）后来的论著中表现得更为明显，从对生产的强调转向了对再生产的强调，也即转向了由消除意象与实在之间区别的媒体无止境地一再复制出来的符号、图像和仿真的强调。因此，随着社会生活规律的消解，社会关系更趋多变，更少被稳定的规范塑造，消费社会本质上也变成文化的了。符号的过度生产和图像与仿真的再生产，导致了稳定意义的丧失和现实的审美化，大众就在这一系列无穷无尽、连篇累牍的符号、图像的万花筒面前，被搞得神魂颠倒，找不出其中任何稳定的意义联系。

这就是詹明信（Jameson 1984a, 1984b）所说的后现代“无深度文化”。詹明信的后现代文化概念受到了鲍德里亚作品的强烈影响（参见 Jameson 1979），他也把后现代文化看作是“二战”后晚期资本主义的消费社会文化。在这个社会中，由于到处都渗透着符号与讯息，文化前所未有的重要，以至于“社会生活中的一切都可以说是文化的”（Jameson 1984a: 87）。这种“符号与意象的溶解（liquefaction）”，也被认为消除了高雅文化与大众文化的区别（Jameson 1984b: 112）：与“严肃”的高雅文化一样，赌城大道流行文化也为人们所接受。在这一点上，我们应该注意到这样一种假设，即消费资本主义社会的一般逻辑引出了后现代主义。后面我们将回到这个问题上来，去讨论意象、欲望以及消费文化中的审美维度。

很显然，消费生产的理论方法在阐释实际的消费实践与体验的时候，遇到了困难。法兰克福学派认为，文化产业产生了一种威胁个性与创造性的同质性大众文化，[②] 但这种精英主义的论调遭到了人们的批评，在考察能够展现复杂各异的观众反应的实际消费过程时，在揭示商品的使用时，他们的方法无能为力（Swingewood 1977; Bennett *et al*. 1977; Gellner 1979; B. S. Turner 1988; Stauth and Turner 1988）。

消 费 方 式

如果说，“资本逻辑”的运作起源于生产这个论断是成立
的话，那么也可以说“消费逻辑”是一种社会性的结构化方式，16
它通过商品来界定社会关系。当购买商品的行为占据了越来越

② 不是所有的法兰克福派都持有这种观点。劳温斯昂（Lowenthal 1961）强调了 18 世纪大众图书市场的民主潜力。斯温吉伍德（Swingewood 1977）发展了这种观点，使之成为对大众文化理论的一个强有力的批判。

多的自由时间（包括每天生活的日常维持及闲暇时间），说及商品消费，就会掩盖所消费和购买的商品的广度。这也掩盖了我们需要在耐用消费品（维持日常生活及闲暇使用的商品，如冰箱、汽车、音响设备、照相机）与非耐用消费品（如食物、饮料、服装、洗漱用品等）之间做出区分，掩盖了花费在每种物品上的收入比例的不断变化（Hirshman 1982: 第二章；Leiss, Kline and Jhally 1986: 260）。我们也需要注意一些物品获得和失去商品地位的方式，关注其从生产进入消费后不同的使用时限。食品与饮料通常只有很短的使用时限，尽管不是所有都是如此；例如，一瓶陈年波特酒也许被认为很高级、稀罕，这意味着它从来没有被实际消费过（指开瓶饮用），但它或许被象征性地以不同的方式消费着（被人长久凝视、梦寐以求、评头论足、照相和拿在手里摆弄），从而使人获得极大的满足。正是在这种意义上，当代西方社会中的商品有双重象征面向：象征不仅见于生产和销售过程的设计与意象之中，而且为强调通过生活方式差异来界定社会关系时，商品的象征联系也会被利用和重新调整（Leiss 1978: 19）。

在某种情况下，对某种物品的购买也许是为了通过高额的交换价值（这瓶波特酒的价格经常被提起）来取得声望，这种情况在贵族和旧富者被迫向新富者交出权力的社会中尤为明显（例如凡勃伦的“炫耀性消费”）。相反，也有一些物品过去是商品，现在失去了商品地位的情况。例如，礼品和遗物一被接受，可能就去商品化并变成了字面意义上的“无价之宝”（考虑将其变卖或试图对其估价是极其不好的行为），因为它们可以象征亲密的人际关系，唤起对所爱的人的回忆（Rochberg-Halton

1986: 176）。艺术品，或为仪式而生产因而被赋予独特的象征意义的物品，经常被排斥在交换之外，或者不允许长久地保持商品地位。与此同时，它们又被视为神圣之物，拒绝进入世俗市场和商品交换反倒提高了它们的价值。它们的稀缺性及“无法标价性”，抬高了其价格，激起了人们的占有欲。如威利斯（Willis 1978）就描述了“车仔”（bikeboys）对巴迪·霍利与猫
王 78 转初版唱片的神圣化，他们拒绝听可能质量更好的重制合 17
辑，这展示了一个大众商品的去商品化过程。

因此，商品既有破除社会障碍，消除人与物之间长期建立的联系的能力，相应地也有一种相反的倾向，一种去商品化的运动，限制、控制和引导着商品的交换。一些社会中，由于限制了新商品的交换或供应，稳定的地位体系得到了保护和再生产。而另一些社会中，商品供应不断变化，给人一种商品完全可变、人们可以不受限制的获得商品的假象；然而这些社会中，正当**品味**，即有关分类原则、等级制度与得体行为的知识却被限制，时尚体系就是一个例子。这两种社会之间的可能是禁奢法（sumptuary laws），它作为调节消费的手段，当商品大量涌现并随处可得，对一个稳定的地位体系造成严重威胁的时候，禁奢法规定了何种群体能够消费何种的商品，穿戴何种式样的服饰——这正是欧洲前现代晚期的一种情况（Appadurai 1986: 25）。

当代西方社会倾向于上面提到的第二种社会，其中一个不断变化的商品流使得判断商品持有者的地位或级别的问题变得更为复杂。在这种情形下，品味、独特敏锐的判断力、知识或文化资本变得重要了，有了它们，特定的群体或不同类别的人

群才能恰当地理解和分类新商品，并懂得如何去使用它们。这里我们可以考察布尔迪厄（Bourdieu 1984）、道格拉斯和伊舍伍德（Douglas and Isherwood 1980）的工作，他们都曾经考察过商品是如何被用来标识人们的社会差异，如何扮演沟通者的角色的。

特别重要的是，道格拉斯和伊舍伍德（1980）强调通过人们对商品的使用来划分社会关系。他们认为，我们对商品的享用只是部分地与其物质消费有关，关键的还有将其用作一种标记物（marker）；例如，我们喜欢与他人分享商品的名字（运动迷或品酒行家）。此外，文化人对商品的把握，不仅是对信息看似自然而然的掌握（自我教育的“记忆人”），还是在任何场合都能自如得体地使用商品。在这种意义上，高雅文化商品的消费（如艺术、小说、戏剧、哲学）一定与其他更多的平庸文化
18 商品（衣物、食物、饮料、闲暇消遣）的持有和消费相关，高雅文化必定与日常文化消费镌刻在相同的社会空间中。在道格拉斯和伊舍伍德（1980: 176 及以下诸页）的讨论中，消费的阶级可根据三类商品的消费划分：与第一产业相关的必需消费（如食物）；与第二产业相关的技术类消费（如旅游与消费者的资本设备）；与第三产业相关的信息类消费（如信息商品、教育、艺术、文化与闲暇消遣）。在社会结构底层，穷人局限于必需消费，有更多的时间，而上层消费阶级中的人不仅要有较高的收入水平，而且还要有一种判断信息产品和服务的能力，以为消费和就业提供必要的反馈，这种能力也是他们自身就业的一种资格。这就要求上层消费阶级必须终生投资于文化与符号资本，并且为了维持消费活动而投入更多的时间。道格拉斯和

伊舍伍德（1980: 180）还提醒我们，民族志证据表明，为竞争以获得信息类商品，产生了准入的高门槛和有效的排他方法。

正如哈布瓦赫提醒的那样，为提高掌握信息、获得商品和服务的能力，并在日常生活中实践、保存和维持这些能力，就需要时间上的投入，而投入的长度、持续性和强度，是判断社会阶级的有用标准。我们在消费实践中对时间的使用，与我们的阶级习念（habitus）* 相一致，因此可以精确显示我们的阶级地位（参见 Preteceille and Terrail 1985: 23 中对哈布瓦赫的讨论）。这样，我们就需要对时间预算进行详细研究了（例如参见 Gershuny and Jones 1987）。然而，这样的研究很少纳入或被纳入全生命历程投资模式的理论框架，而这个框架让我们可以分析与阶级相关的时间使用的差异。举例来说，与一部戈达尔电影、一堆泰特美术馆里的砖块、一本品钦或德里达的书发生际遇并能够理解它们（即知道如何去欣赏它们和 / 或在谈话实践中使用这些信息）的机会差异，反映了在获取信息与文化资本方面所进行的长期性时间投资差异。

不过，皮埃尔 · 布尔迪厄及其追随者就此曾进行过详细的研究（Bourdieu *et al.* 1965; Bourdieu and Passeron 1990; Bourdieu 1984），对布尔迪厄（1984）来说，“品味具有分类作用，并把

* habitus 有两种含义。一指引发结构性的、客观统一的社会实践的一个持续的、可转化的禀性（dispositions）系统（Bourdieu 1979）。根据布尔迪厄的说法，禀性指每个人长期处在其社会位置上所习得的、一种应付该客观位置上各种活动的生活经验和自我调节方式。habitus 作为禀性系统，在意识和言语层次之下，自我反省的监控或意志控制之上（Bourdieu 1984: 466）。二是包含了一个人所拥有的知识和对世界的理解。habitus 英文原意为“习俗、习惯”，在此译为“习念”，以表明 habitus 首先是一种意识结构式实践意识状态。——译者

分类者也分了类”。消费及生活方式偏好具有鉴别性的判断力，它同时使我们根据自身特定的对品味的判断力，识别他人的品味并对其进行分类。品味、消费偏好和生活方式实践的特定组合，与具体的职业和阶级成分相关，这使我们有可能描绘出特定社会在历史特定时间点上的，具有结构性对立和严格等级差异的品味和生活方式的全貌。在资本主义社会中，影响标记物商品使用的一个重要因素是新商品的出现率，它意味着为获得“地位性商品”（positional goods）（Hirsch 1976）——表明上流社会地位的商品——的竞争是相对的。新的、时髦得令人垂涎的商品的不断供应，或者下层群体对原有标记物商品的僭用，产生了一种犬兔追逐（paperchase）的效果，为了重新确立原来的社会距离，上层群体不得不投资于新的（信息化）商品。

在这种情形下，知识变得重要了：关于新商品及其社会和
19 文化价值的知识，以及如何恰如其分地去使用它们的知识。这对采纳了面向消费的学习模式，培养自己的生活方式的有抱负者来说，尤其如此。正是对诸如新中产阶级、新工人阶级和新富或新上层阶级而言，强调自我提高、自我发展、个人改造、如何管理财产、关系和如何构建充实的生活方式的消费文化杂志、报纸、书籍、电视和广播节目是最相关的。这里，人们最常见到的也许是这些“自学者”的自我意识，他们关注于通过自己的消费活动，传达得体和正当的信号。布尔迪厄（Bourdieu 1984）所指的“新文化中介人”群体可能尤其如此，他们从事媒体、设计、时尚、广告及“准”知识分子的信息职业，因工作需要进行符号商品的服务、生产、贩售和传播。鉴于符号商品的供给不断增长（Touraine 1985），对文化专家与文

化中介人的需求也在增长，他们有能力掳掠各种传统与文化，以生产新的符号商品，并对这些商品的使用提供必要的解释。他们的习念、禀性（disposition）和生活方式的偏好使他们认同艺术家和知识分子，不过，在艺术与知识商品飞地去垄断化的情况下，他们的利益显然是矛盾的：既要维持这些飞地的声望和文化资本，又要将其普及化，使其拥有更多的观众。

很明显，符号商品和消费商品的过度供应和快速流通所产生的通货膨胀问题，有可能威胁到作为社会地位标识的商品的可读性（readability）。作为市场和文化全球化过程的一部分，有边界的国家-社会被侵蚀，在这种情况下，要使适当的标记物商品稳定下来，也许更为困难了。这会威胁差异的文化逻辑，在这种逻辑中，文化商品、消费商品及生活方式行为中的品味被对立地建构起来（参见 Bourdieu 1984: 128－129 中的图表）。即使人们接受从结构主义得出的前提，即文化本身服从于对立的差异逻辑，这种场域或系统失序之威胁也仍将存在。因此在一个相对稳定、封闭和整合的社会中，考察和确定这种令群体使用符号商品来确立其差异的结构性对立是最有成效的，因为在这样的社会中，通过不恰当的符码解读商品所导致的渗漏和潜在的失序较为有限。进一步的问题是，是否存在相对稳定的分类原则和禀性，即习念，一个可以被社会性的识别，并用来确定群体间界限的东西。文化失序的例子，即鲍德里亚
（Baudrillard 1983a）认为正推动我们超越社会的符号与意象的 20
过度泛滥，通常来自电视、摇滚视频和 MTV（音乐电视）等媒体，它们常常作为违背了意义与可读性的模仿、折中的符码混合、怪异的并置和没有规则的能指的例子引用。

另一方面，如果一个人“回降”到被与他人的相互依赖和权力平衡之网维持的具体的人的日常实践中，那么可以说，通过解读他人的行为举止，以收集有关他人的潜在权力、身份与社会位置的线索与信息的需要将继续存在。流行服装与商品的不同风格和标签，无论如何变化、模仿和复制，都是一系列用于给他人分类的线索。然而，诚如布尔迪厄（Bourdieu 1984）的符号资本概念所提醒，透露一个人出身与生活经历的禀性和分类图式的标识，也表现于体形、身材、体重、姿态、行走、举止、语气、说话的风格、对自己身体感到自在还是不适，等等。因此，文化是面面俱到的，它不单是穿什么衣服的问题，还是怎样穿的问题。从伊拉斯谟到南茜·米特福德（Nancy Mitford）的“U”或“非U”*，关于举止、品味、礼仪的参考书只是让读者自然化禀性和举止，将其作为第二天性完全泰然处之，同时也可以由此发现伪装者。在这个意义上，那些新来者、自学者，将无法避免地暴露出习得这些禀性和举止的吃力和文化能力上的不足。因此在社会空间中，我们可以辨认出那些采取炫耀性消费策略的新贵，并确定他们的地位等级。他们的文化实践常常有被既有上层阶级、贵族和“富有文化资本”的人鄙夷，视为粗俗和毫无品味的危险。

所以我们必须考虑这些有可能造成过度生产文化商品与消费商品的压力，并将其与更普遍的文化去分类过程相联系（DiMaggio 1987）。我们也必须考虑可能解构习念、品味和分类性选择的压力。可能有不同的身份及习念的形塑与解构的模式

* “U”代表上层阶级（upper class）。——译者

出现，使品味和生活方式选择的意义更为模糊——如果不是在整个社会结构中，至少在某个领域中是这样，如在年轻人和一部分中产阶级中间。我们还必须考虑到，那些广为谈论的、经常被贴上后现代主义标签的文化骚乱和失序，也许并非是完全的失控、真正的失序的结果，而仅仅指向一个更深层的整合原则。因此，也许存在“失序的规则”（rules of disorder），其允许更容易控制的摇摆——在有序与失序，地位意识与戏谑性幻想和渴望，情感控制与解控制（de-control），工具性计算与享乐主义之间的摇摆——这种摇摆从前对维护连续性身份结构和拒绝越轨行为来说是一种威胁。

消费梦想、意象与愉悦

正如雷蒙·威廉斯（Williams 1976: 68）指出的，消费（consume）一词最早的用法之一是指“摧毁、用光、浪费、耗尽”。就此意义而言，作为浪费、过剩与花费的消费（consumption），代表了资本主义和国家社会主义社会的生产主义所强调的一种矛盾存在，必须以某种方式加以控制和疏导。与短缺相关的经济价值观念，以及生产过程中积累所必需的纪律以及牺牲最终会克服短缺，满足消费者的需求和愉悦的承诺，在资本主义和社会主义社会中一直都是一种强烈的文化意象和内驱力。与此同时，中产阶级尤其是传统的经济专家，一直有纪律性的勤奋工作的观念，这种“入世苦修”被19世纪的“自助”个人主义及后来20世纪的撒切尔主义推崇。在他们看来，消费附属于工作，并且保留了许多置换自生产的取向。它被呈现为有秩 21

序的、可敬的和保守的：旧的或传统的小资产阶级传统价值，局促不安地与新的小资产阶级闲暇观念并存，这种闲暇观念诸如创造性游戏、“自恋”的情感探索和关系建立（可参考贝尔 1976 年对现代消费社会之悖论的论述：“白天是清教徒，晚上是花花公子”）。新中产阶级中的这部分，即我们已经提到的文化专家和中介人（其中还包括 1960 年代遗留下来的反文化者，以及那些从不同社会背景中吸取多种文化意象要素的人），代表着一个对旧的小资产阶级美德与撒切尔主义的文化使命进行干扰的群体。他们有能力扩大和质疑流行的消费观念，有能力将表达另类愉悦和欲望，以及过度、浪费和失序的消费意象传播开来。[③] 诚如我们所强调的，这发生在一个大量的生产以消费、闲暇和服务为目标，符号商品、意象和信息的生产越来越突出的社会中。因此，要想迫使这个日益扩大的文化专家与中介人群体，致力于生产传统小资产阶级美德与文化秩序传递的特定的片面信息，更为困难了。

就这种角度而言，我们应该注意作为浪费、挥霍与过剩的文化观念的持续、替代与转化。根据巴塔耶（Bataille 1988; Millot 1988: 681 及以下诸页）的普遍经济观念，经济生产不应该与短缺而应该与过剩（excess）相联系。实际上，生产的目的

③ 这在一些著作的标题中可以注意到，如《欲望的对象》（Forty 1986）、《欲望的通道》（Ewen and Ewen 1982）、《消费激情》（Williamson 1986）、《梦想世界》（R. H. Williams 1982）。坎贝尔（Campbell 1987）还深入挖掘了对消费商品的欲望的历史根源。对他采取心理学而非社会学研究立场的批评，见本书第八章的讨论。应该补充的是，最近涌现出来的对情感社会学的兴趣（参见 Denzin 1984; Hochschild 1983; Elias 1987d; Wouters 1989）可能表示，我们终于在向理解情感的社会学框架迈进。

变成了破坏，关键的问题变成了怎样去应对那部分受到诅咒的内容（*la part maudite*）：能量的过剩转化为产品和商品的过剩，增长的过程同时又是熵和失范达到极限的过程。为有效地控制增长和管理剩余，唯一的解决办法是以游戏、宗教、艺术、战 22
争、死亡的形式，摧毁和挥霍这些过剩的东西。这是通过礼物、夸富宴（potlatch）、消费竞赛、狂欢节和炫耀性消费完成的。根据巴塔耶的观点，资本主义社会试图将被诅咒的部分引导至全面的经济增长之中，以产生无止境的增长。然而可以说，在许多层面上一直存在损失和渗漏，并且就上述论点而言，资本主义也生产（有人想按照后现代主义的修辞，使用"过度生产"这个词）过剩愉悦的消费意象和场所。这些意象和场所还喜欢模糊艺术与日常生活的边界。因此，我们需要研究：（1）消费文化中前工业时期狂欢节（carnivalesque）传统要素的持续存在；（2）狂欢节被转化或取代为媒体形象、设计、广告、摇滚视频、电影院；（3）在某些消费场所中（如度假胜地、体育场馆、主题乐园、百货商店和购物中心）狂欢节要素的持续存在与转化；（4）国家与企业通过广大公众观赏的"魅力"奇观，和/或以特权上层管理者与官僚的形式，把狂欢节要素置换或纳入炫耀性消费。

那些主要是19世纪后期的理论受文化理性化、商业化、现代化观念的激发，表现出一种怀旧情绪的文化悲观主义（*Kulturepessimismus*），与之相对照，强调流行文化中的越轨、反抗、狂欢节和阈限过剩的传统是重要的（Easton *et al.* 1988）。狂欢节、集市和节日的大众传统，是对官方"文明"文化的象征性颠覆和僭越，倾向于兴奋、不受控制的情感和直接、粗俗、怪异的肉体愉悦，如膏腴的食物、烈性酒精和淫乱

（Bakhtin 1968; Stallybrass and White 1986）。这就是**阈限**（liminal）空间，在这里日常生活世界被颠覆，禁忌和幻想有了实现的可能，不可能的梦想也可以得到表达。按照维克多·特纳的解释（Turner 1969; 另参见 Martin 1981: 第三章），阈限指向在这些本质上划定的转折或临界阶段中，对**反结构**（anti-structure）与**交融**（communitas）的强调，一种非中介性共同体（unmediated community）意识、情感融合及狂喜统一体的生成。非常明显，这些被官方文化包围的有序的失序（ordered disorder）的阈限时刻，并未被国家或新兴的消费文化产业以及 18、19 世纪英国的“文明化进程”所完全整合。

以集市为例：长期以来，集市一直扮演着当地市场和娱乐场所的双重角色。它们不仅仅是商品交换的场所；它们还要在节日的气氛中，展示来自世界各地的具有异国情调的、离奇古怪的商品（参见 Stallybrass and White 1986 和本书第五章的讨论）。像城市的体验那样，集市提供了场面壮观的景象、光怪陆
23 离的并置、含混不清的边界，以及在奇异的声音、动作、图像、人、动物与物品的混杂中的沉浸。对于正在发展身体和情感控制的人——作为文明化进程（Elias 1978b, 1982）的一部分——特别是中产阶级来说，文化失序的场所，如集市、城市、贫民窟、海滨胜地，成为了迷恋、渴望与怀旧之情的源泉（Mercer 1983; Shields 1990）。它们以一种转换了的形式，成为了艺术、文学和大众娱乐（如音乐厅）的中心主题（Bailey 1986a）。也可以说，那些主宰城市市场的机构，如在 19 世纪后半叶发展起来的百货商店（Chaney 1983; R. H. Williams 1982）和新的国际国内展览会（Bennett 1988），以及主题乐园等其他 20 世纪的场

所（Urry 1988），是提供有序的失序的场所，它们的展示、景象与对异域风光和奢华景观的仿真，唤起了狂欢节传统的要素。

对沃尔特·本雅明（Benjamin 1982b）来说，从19世纪中期开始在巴黎及其他大城市出现的新的百货商店和拱廊商店街，其实就是“梦想世界”。作为资本主义和现代主义对新奇的寻求的一部分，展示的巨大商品幻象不断被更新，成为了汇串起联想和快被遗忘的幻觉的梦幻意象的源泉——本雅明称其为寓言（allegories）。在这里，本雅明使用寓言这个术语，并非指被堵隔的双重编码信息的整合性或一致性，像《天路历程》之类的传统寓言那样，而是指稳定的等级秩序的意义被消解的方式，寓言指的仅仅是万花筒般的碎片，抗拒所有关于其所代表的一致观念（参见 Wolin 1982; Spencer 1985）。在这个审美化的商品世界中，百货商店、拱廊商店街、有轨电车、火车、街道、林立的建筑物及陈列的商品，还有穿梭于这些空间的熙攘人群，都唤起了多半已被遗忘的梦想，因为漫游者的好奇与记忆被不断变化的景观所满足，在这些景观中，物体似乎脱离了其背景，解读其表面易于产生神秘的联想。大城市的日常生活被审美化了。新的工业化进程为艺术转向工业提供了机会，广告、营销、工业设计和商业展示等职业不断扩张，产生了一种新的审美化的城市景观（Buck-Morss 1983）。20世纪大众传媒的发展和摄影图像的激增加剧了本雅明所谈到的这些趋势。事实上，在一些后现代主义理论中可以发现本雅明的理论未被承认的影响，如鲍德里亚（Baudrillard 1983a）和詹明信（Jameson 1984a, 1984b）的理论。这里强调的是后现代“无深度”消费文化的直接性、强度、感官过载、无方向性、符号与图像的混杂或流动、

符码的混合及无拘束的或飘浮的能指，在一种“对现实的审美幻觉”中，艺术与现实交换了位置。显然这些特质不能说是后
24 现代主义独有的，它们有一个更长的谱系，表明现代与后现代，甚至前现代之间的连续性（参见第四章和第五章）。

在本雅明的作品中有一种非常强烈的民粹主义倾向，常常被人拿来与霍克海默和阿多诺的所谓的精英主义相对比。本雅明强调批量生产的消费商品中的乌托邦或积极面，认为创造性得以从艺术中解放出来，并转移到多样化的批量生产的日常物品之中（这里可以明显看出本雅明的理论框架受到了超现实主义的影响）。这种对大众文化的审美潜力和大城市的城市空间中的熙攘人群的审美化感知的赞美，被那些强调后现代主义的越轨与戏谑潜能的批评家接纳（Hebdige 1988; Chambers 1986, 1987）。在这里，本雅明与鲍德里亚的观点被接受，用来指出当代西方城市中文化的作用得到了加强，这些城市不仅是日常消费的中心，还是文化产业（艺术、娱乐、旅游、文化遗产）生产的广泛的符号商品和体验的中心。在这些“后现代城市”（Harvey 1988）中，人们参与复杂的符号游戏，这也反映了城市建筑和环境中符号的激增。在城市的时尚和流行文化中有虚构和奇特价值的美妙混杂，当代的城市浪荡子（*flâneurs*）玩味和赞美着其人造性、随机性和肤浅性（Chambers 1987; Calefato 1988）。也有人认为，这代表了一种通过更强调情感与同理心来超越个人主义的运动，代表了一种新的“审美范式”，在这种范式之下，大众暂时地聚集在流动的“后现代部落”之中（Maffesoli 1988a）。

尽管这些著作突出地强调感官过载、审美沉浸、对去中心

主体的梦幻感知（在其中人们向更广泛的感官体验和情感体验敞开），但这并不意味着控制的消失，强调这一点是十分重要的。漫步于陈列的商品之间，观看而不抢夺，随意地移动又不阻碍人流，以有节制的热情和淡然的态度注视，观察他人而不被发现，容忍身体的接近又不感觉受到威胁，凡此种种都需要纪律和控制。此处还需要在密切参与和远距离审美之间来回转换的能力。简言之，流淌于城市空间，或体验主题乐园与历史博物馆的景观，需要一种“受控的情感解控”（controlled de-control of emotions）（Wouters 1986）。这些图景可能会唤起愉悦、兴奋、狂欢与失序，但体验它们需要自我控制，而对那些缺乏自控的人，背景中潜藏的负责监督的保安人员及遥控摄像机就会起作用。

这些日常生活审美化的趋势，与高雅文化和大众文化之间的区分有关。艺术与日常生活之间的部分边界坍塌了，艺术作 25
为飞地商品的特殊保护地位也受到侵蚀，这是一个双向运动。首先是我们已经提到过的，艺术向工业设计、广告、相关的符号和图像生产工业的迁移。其次，艺术内部的先锋派试图表明任何日常物品都可被审美化，这在 1920 年代的形式是达达主义和超现实主义（Bürger 1984），在 1960 年代是后现代主义（请见下文第三章和第四章的讨论）。1960 年代的波普艺术和后现代主义包括把日常商品作为艺术品关注（如沃霍尔的金宝汤罐头），对消费文化本身的反讽，以及关于表演和人体艺术的反博物馆和反学院立场。艺术市场的扩张和职业艺术家及辅助从业者的增加，特别是在大都会中心的扩张和增加，加上大公司和国家以艺术作为公共关系的工具，导致了艺术家角色的显著变化（参见 Zukin 1982a）。

有人认为，在拒斥流行文化和中产阶级生活方式的艺术家群体的意义上，谈论艺术先锋派已经没有用处了（Crane 1987）。尽管艺术家的生活方式，对参与内城地区士绅化（gentrification）的人员，和越发重视文化在生活方式打造中作用的一般中产阶级成员来说，可能还具有吸引人的浪漫氛围（Zukin 1988b），但是许多艺术家已经放弃了对高雅文化和先锋艺术的献身，对消费文化采取日益开放的态度，表示出乐于与其他文化中介人、影像制作人、观众以及公众打交道的意愿。因此，随着消费文化中艺术作用的扩大，以及具有独立声望结构和生活方式的飞地艺术的变形，艺术流派开始模糊化，符号等级结构出现了解构趋势。这需要对品味的多变性采取多元化的立场，需要一个文化的去分类过程，而这正瓦解了区分高雅文化与大众文化的基础。正是在这种情形下，我们不仅仅对广告的有效性——即广告说服人们购买新产品的能力，或灌输的能力——产生怀疑（Schudson 1986），还对它的美学性进行赞美。因此，设计与广告不仅与艺术混同，而且也受到人们的普遍欢迎，并作为艺术被陈列进博物馆。正如斯蒂芬·贝利（Bayley 1979:10）所论，“工业设计是 20 世纪的艺术”（Forty 1986: 7 中也引用了此句）。

在战后的英国，浪漫波西米亚生活方式的吸引力，连同艺术家作为富于表现力的反叛者和风格英雄的形象，是一个鲜明的主题，特别是在流行音乐和摇滚音乐方面。弗里斯和霍恩（Frith and Horne 1987）记录了这种将艺术注入流行文化的独特方式，这也有助于解构高雅文化与大众文化之间的区分。此

外，它可以说进一步地促进了我们提到过的受控的情感解控的 26
过程，爵士、蓝调、摇滚和黑人音乐作为直接的情感表达形式，主要被年轻听众认为是更愉悦、更投入和更真实的音乐，而年长和成年听众因为习惯更受控和正式的公开场合的行为和情感克制，多认为其是危险的、失控的、“魔鬼的音乐”（Stratton 1989）。然而还有一种观念认为，尽管艺术的生活方式和将生活过成艺术的种种新纨绔主义（neo-dandyist）改造很受欢迎，但这样做意味着某种程度的整合和目的的统一，而这正变得越来越过时，即使这些生活方式的某些符号具有吸引力。比起建构一种一致的艺术风格，人们对玩味和扩大熟悉风格的范围的兴趣要大得多。风格（style）这个词暗示了要素的一致性和等级秩序，一些内在形式和表现形式（Schapiro 1961）。20 世纪的评论家经常认为，我们这个时代缺少一种独特的风格。例如齐美尔（Simmel 1978）称这个时代为“没有风格”的时代，马尔罗（Malraux 1967）则认为，我们的文化是一个“没有围墙的博物馆”（参见 Roberts 1988），这些观点在后现代主义中更为凸显，强调模仿、“复古”、符号秩序的崩溃和文化的回放（playback）。

关于“生活方式”一词，也可以进行相似的讨论，消费文化中的趋势是生活方式不再需要任何内在的一致性。因此，新的文化中介人——新中产阶级中不断扩大的部分——虽然对艺术家与文化专家的生活方式很有好感，却不寻求推广一种单一的生活方式，而是向观众和消费者扩展风格的范围与生活方式的可得性（参见本书第六章的讨论）。

结　论

在《所有的消费图像》一书中，斯图尔特·埃文（Ewen 1988）讨论了为美国时尚百货商店尼曼·马库斯所作的一则广告，这则广告似乎结合了对立的统一。这个广告并置了同一位妇女的两张照片。第一张照片展示了一位穿着巴黎高级时装的上层阶级妇女的形象；照片下面的文字强调：态度（attitude）是“对待他人的禀性”“在正确的时间穿正确的服装”“正好合身”“一种模式”“为取悦别人而穿”“评价”“大道漫步”。第二张照片展示了一位身着巴勒斯坦围巾和沙漠长袍的忧郁的闪米特妇女的形象。下面的文字采用涂鸦风格的字体，强调：自由（latitude）是“摆脱狭隘的限制”“随心改变服装的结构”“任何感觉舒适的东西”“一种心情”“为取悦自己而穿”“进化”“热爱街头生活”。在当代文化中，人们不是被要求选择其一，而是
27 结合这两种选择。把服装和消费商品当作沟通工具，当作“阶级地位的象征”（Goffman 1951）来看待，就要求穿着者 / 使用者有得体的行为和举止，以便进一步地将社会世界进行可视化的分类，分为一组组的人。从这种意义上讲，消费文化中仍然存在声望经济（prestige economies），需要投入大量的时间、金钱和知识来获取并恰当地使用短缺商品。这样的商品可以被解读，用来对其持有者的地位进行分类。与此同时，消费文化使用图像、符号和象征商品，以唤起梦想、欲望和幻想，由此暗示浪漫的真实性，在孤芳自赏地取悦自己而非他人过程中获得情感的满足。当代消费文化似乎正在扩大此类行为适当和可接

受的情境和条件的范围。所以，这不是一个两者只能择其一的问题，而是两者皆择的问题。今天的消费文化既不代表失去控制，也不代表更严厉的控制制度，而是以一种灵活的基本生成结构为基础，既能处理正式的控制和解控，又能在两者之间轻松转换。

第 三 章

通向后现代文化的社会学

社会学中的后现代主义

28 在《社会理论与现代社会学》一书中，安东尼·吉登斯概括了“社会学的未来的九个命题”。其中，第一个命题就是“社会学将不断地摆脱 19 世纪及 20 世纪早期的社会思想的阴影”（Giddens 1987a: 26）。这里，吉登斯发展了一种目前流行的观点，即认为社会学现在是也仍将是与“现代性规划”密切联系在一起。他这样做是为了摆脱作为 19 世纪普遍思想遗产的经济还原论，而将重点放在现代性的另外三个主要参数上：管理权力的发展、军事力量的发展和战争。最后，他声称：

> 现代性的文化维度是存在的——其本身明显是一种高度复杂的东西。在某些方面，对文化维度的分析长期以来一直是社会学的关注点。社会学家对他们自己学科的起源的理解，是以“理性主义”的兴起和伴随世俗化过程的“世界的祛魅”为背景的。但是再一次，现代性文化大都被理解成对资本主义或工业主义的反应。甚至马克斯·韦伯为使“观念”（ideas）获得独立地位的著名尝试，也集中在资本

> 主义兴起的条件方面，而不是提出一个特定的自主性现代文化具有一种持续性地位。传统世界越来越彻底地解体，目前许多人所谓的“后现代性”的争论，也许应该被看成是雄心勃勃地勾勒解体后文化世界的真正的第一步。至少，这种争论确实表达了一种强烈的意识：起先确立的文化分析模式存在根本性的缺陷（Giddens 1987a: 28–29）。

尽管这段引用中有趣的问题很多，但我这里只想简单地指明两点。首先，吉登斯强调了后现代性，或许我们应该说是后现代主义，作为勾勒当代文化的优秀模式的潜力。遗憾的是，这个观点没有得到发展，在吉登斯之前提到后现代主义的唯一一篇文章《现代主义和后现代主义》（这篇文章是对 Habermas 1981a 的评论）中，据我所知，他没有在文中讨论后现代主义（Giddens 1981a）。吉登斯对后现代文化分析的潜力的强调，也许可以与他对“中间策略”（middle strategy）的偏好联系起来，这种策略是他结构化理论的一部分，试图通过发展一种“潜在的本体论”来超越客观主义与相对主义的二元性（Cohen 1986, 1987）。其次，这段引文是他为数不多的直接 29
把文化当作现代性或社会的实质性维度来提及的一段。吉登斯（Giddens 1987b）现在终于转向发展一种文化生产的理论，这也许为他讨论现代性和后现代性文化打下了基础，在他的文章《结构主义、后结构主义和文化生产》中这点是很明显的。

在更广泛的意义上，我们不能不注意到 1988 年在不来梅召开的“社会结构与文化”会议，其聚集了来自欧洲各国的各种社会学理论团体的代表，而这只不过是近年来文化被普遍抬升为社会学理论研究核心的另一种表现。我们还可以指出，1986 年在新德里召开的国际社会学会大会上，有一个关于文化的重要研讨会，举办了五场，而美国社会学会最近也成立了一个文化分会，并在 1987 年召开了第一次会议。唐纳森·朗格尔（Langer 1984: 9）指出，最近对更广泛的文化问题的兴趣的激增，和文化社会学被当作一个正当研究领域，代表了社会学内部的一个重要转向。直到 1970 年代中期，社会学对文化和艺术的兴趣往往被认为是离经叛道、浅尝辄止，充其量是边缘的。在这种传统中，对艺术有一些兴趣的社会学家，与认为社会学对理解文化这一神圣领域无甚关联的文学评论家、艺术史家之间，学科界限相对较强。可从 1970 年代以来，英语学界出现了一系列期刊，它们对文化理论敞开大门，吸引了来自各个学科的读者，表明学科间的壁垒已被推倒。有些期刊专门讨论文化问题，这里我们可以列举:《文化研究工作论文》（*Working Papers in Cultural Studies*）;《意识形态与意识》（*Ideology and Consciousness*）;《牛津文学评论》（*Oxford Literary Review*）;《板块》（*Block*）;《符号文本》[*Semiotext(e)*];《摘要》（*Tabloid*）;《实体》（*Substance*）;《新德意志批评》;《辩证批评》（*Diacritics*）;《理论与社会》（*Theory and Society*）;《社会中的人文》（*Humanities in Society*）;《泰勒斯》;《主题十一》（*Thesis Eleven*）;《实践国际》（*Praxis International*）;《加拿大政治与社会理论杂志》（*Canadian Journal of Political and Social Theory*）;《哲学与社会批评》（*Philosophy and Social Criticism*）;《媒体、文化与社会》（*Media, Culture and Society*）;《政治、文化与社会》（*Politics, Culture and Society*）;《社会文本》（*Social*

Text)；《理论、文化与社会》；《表征》(*Representations*)；《话语》(*Discourse*)；《文化人类学》(*Cultural Anthropology*)；《人类学批评》(*Critique of Anthropology*)；《文化与历史》(*Culture and History*)；《新形式》(*New Formations*)；《文化研究》(*Cultural Studies*) 及《文本实践》(*Textual Practice*)。对女性主义、马克思主义、结构主义、后结构主义、符号学、批判理论以及精神分析的兴趣的增长，也有助于提高文化问题的地位。此外，那些有志于对文化进行理论概括的人——文化与社会的关系，以及意识形态、语言、知识、话语、主体性和能动性等问题，已经与对艺术与文化领域的变迁的解释交织在一起——现在也许不得不仔细审阅社会学之外的许多期刊，除了文化研究和艺术期刊，还有政治、历史、地理、建筑、哲学和规划类期刊。(关于这些变化与法国社会理论关系的简单讨论，参见 Featherstone 1986。)

这些变化，需要根据在学术与知识领域的机制，以及它 30
们回应和主题化社会文化变迁方面的能力，予以仔细的记录和解释。我们不应仅仅将这些变化视为范式转变，或是一套更出色的方法论的胜利，虽然这些变化往往是如此呈现给学术公众的，但对文化理论家奉上的令人眼花缭乱的东西，他们感到有一定程度的迷惑，是情有可原的。直到最近，社会学理论家还相信有一系列确定的中心论题与争论，其最大的雄心是为社会学提供一个基础，进而使社会学成为其他社会科学学科的基础；现在他们不得不后撤一步，因为解构主义、后结构主义和后现代主义出现了，它们甚至可能会使原有的议程成为明日黄花。最近，英国社会学会理论组的会议上，提交了论及福柯、德勒兹、利奥塔、德里达及鲍德里亚的论文，会议现在考察如“现代性与后现代性”“身体”等强调文化的广泛议题，并与其他欧洲社会学理论团体建立起更紧密的联系，以加速信息的交流。

在许多社会学家看来，“后现代性”与“后现代主义”这两个词可能是在1980年代早期，被哈贝马斯与福柯的“争论”首次推到了理论前台。当然，这两个词的历史要长得多：“后现代主义”首次使用是在1943年，当时费德里科·德·奥尼斯将它描述为对现代主义的一种微弱反动；“后现代性”是汤因比在1947年创造的，用来指西方文明的一个新周期（参见Hassan 1985）。“后现代主义”一词在艺术领域的使用要早于在其他领域的使用，1960年代这个词在美国流行开来，劳申伯格、凯奇、巴勒斯、巴塞尔姆等年轻艺术家以及费德勒、哈桑、桑塔格等批评家，用“后现代主义”指代一场超越“枯竭的”极端现代主义的运动，他们认为其已经在博物馆和学院中被制度化了。1970年代，这个词在建筑、视觉和表演艺术及音乐领域中得到更广泛的运用，1970年代后期又输出到法国，被克里斯蒂娃和利奥塔等批评家采用，使它的用法发生了一系列快速变化。后来通过德里达的后结构主义解构主义，“后现代主义”一词又流回了美国。在1970年代后期，这个词也被输出到了德国，被哈贝马斯（Habermas 1981a）使用，而且哈贝马斯在1980年获阿多诺奖的论文中，把现代性当作未竟的规划来讨论，称福柯和德里达为“年青的保守主义者”（参见Huyssen 1984）。哈贝马斯与福柯、利奥塔之间的争论，又主要被第三方表述为批判理论与后现代性的争论（参见Bernstein

1985; Hoy 1986）。这场争论是从许多方面展开的，提出了两个
突出的观点。首先，哈贝马斯（Habermas 1981a）对福柯和
德里达（相关的对德勒兹和利奥塔）的不满，主要是因为他
们赞同一种去中心的无边界主体性，满足于体验表现的强度 31
（expressive intensities），而他们的观点实际上承袭后现代主义先锋派，先锋派试图打破艺术与日常生活的界限，因此把审美体验和姿态优先于真实的道德和沟通模式。自《技术、科学与意识形态》（1971）等早期文章开始，哈贝马斯就试图找方法扭转他眼中社会文化生活世界的沟通结构被工具理性和策略理性所入侵的局面，并对之加以理论概括。从这个角度看，不得不处理来自审美领域的对社会文化生活世界的沟通能力的新威胁，是不受欢迎的对已有议题的进一步复杂化。其次，我们可以预料，由于存在跨越两种不同文化模态的难题，哈贝马斯（1985a: 203）自己利用审美体验的批判潜能彰显沟通性真实的尝试，只能取得有限的成功。

伴随着哈贝马斯（1984）对文化现代性的不同部门、科学、道德和艺术的轨迹及关系的研究，人们对后结构主义、解构与后现代主义的兴趣的增长，需要在对更广泛的文化问题所产生的更为一般的兴趣的情境中，从多个层面来加以理解。这一切既指向知识模式的元理论基础，也指向能够最好地提供某种善的、有意义的或令人满意的生活的文化综合体。实际上，后现代主义把审美问题推向了社会学理论的中心：它为文本（文本的愉悦、文本间性、作者性文本）的阅读与批判提供了审美模式和判断标准，也为生活提供了审美模式（生活的审美化表现，艺术作为生活的善）。

那么，这种过于简单化的叙述，也许可以帮助我们说明近来社会学界对文化兴趣的增长，其最近的一个例证是吉登斯（Giddens 1987a）把文化作为现代性的第四个维度，认为后现代性也许能提供一个勾勒现代文化世界的优秀分析模式。然而，在我们能够展开并试图评价后现代库存——强调非连续性、作者性文本、悖论、反讽、其戏谑的反思性、对差异的赞许、对普遍化与总体化的批评，还有元叙事的终结和历史的终结——中的概念和反概念装置之前，我们必须简要地回到对吉登斯的讨论。他提出的社会学的未来的第六个命题是："社会学家将重新发展对大规模的、长时段的社会转型过程的关注"（1987a: 41）。从表面上看，这一说法似乎直接违背了后现代分析模式优越的假设。吉登斯也意识到，这还与他的第一个命题，即社会学需要摆脱 19 世纪思想的说法相悖。吉登斯认为，我们需要关注长时段的过程，以把握 20 世纪正在加速的大规模社会变迁。

32 近些年来，研究大规模、长时段过程的社会学经历了复兴。这里可以列举沃勒斯坦（Wallerstein 1974, 1980）、哈贝马斯（Habermas 1984）、吉登斯本人（Giddens 1985），以及最近的曼恩（Mann 1986）和霍尔（Hall 1985）的著作。不过，最能让人立刻想到的应该是埃利亚斯及其文明化进程论（Elias 1978b, 1982）、社会学的社会发生论（sociogenesis）（1984a）和性别之间的权力平衡变化理论（1987a）。埃利亚斯（1971）认为社会学家应该超越社会学与历史学普遍持有的历史观，这种历史观认为社会变迁是无结构的。不要把历史看作是来来去去的群体（这些群体的知识看似同等有效）的一个无止境的朝圣之旅，而

"要研究……知识在人类生产者与传承者之间代际组合的长时段变化结构"（1972: 125）。我们要意识到，存在专家群体生产的知识获得自身动量（momentum）的情况，而且知识生产专家群体，相对于其他相互依赖的群体，可能获得有限的、相对的自主性（1971: 250）。因此，根据埃利亚斯的观点，当我们拒绝了解知识的机制，就可以摆脱绝对相对主义的泥沼及其强制的平等性与夸大的两极性。相反，我们可以研究带来相对自主性的具体知识的累积发展，这与库恩、巴舍拉等人强调断裂和非连续性的知识理论形成鲜明对照（1972）。①

① 诺伯特·埃利亚斯在研究文明、经济等概念的长时段发展时，关注它们如何从日常用语中衍生出来，并随着相互依赖的群体之间的权力平衡结构的变化而变化，最终被理论化和经典化为普遍的或科学的观念。可是，用这个方法分析"后现代性"一词的发展却极端困难。这不仅仅是因为我们正在搜寻一个过程的早期阶段的蛛丝马迹，而这个过程本身可能会向许多不同的方向发展，甚至过早地消逝。实际上，当我们试图搜寻后现代主义的先锋（如1920年代的先锋艺术）的痕迹时，我们应该意识到这个词本身还没有稳定下来，也许会走上近来许多学术潮流与时髦的老路。当然，这并不意味着这个过程将会终止，也不是说"后现代主义"一词的使用者会转用其他的描述性术语。还有一点是，文明与经济的概念与特定群体的兴起相关，这些群体通过垄断知识和导向手段，收获了重大的权力和一定程度的成功。实际上，他们有能力将自己的关切呈现为对"事物本性"的关切，也就是呈现为基础性的关切。试图构想"后现代"概念的发展轨迹，势必存在许多困难——不仅仅因为这相当于设想一个前魁奈、重农主义的经济学发展阶段。我们现在还不知道符号生产与传播过程中专家的权力潜能是什么。在过去，知识专家（就是神职人员）获得了改变权力平衡的支配权；而在将来，其他知识专家也许同样会获得这种支配权。（埃利亚斯对暴力、知识、经济生产、导向手段的各种专家之间的关系的讨论，参见 Elias 1987b。）然而，目前的迹象表明，在后现代主义理论的生产与后现代文化产品的生产中，都有去垄断化的趋势。简言之，后现代理论和实践中的超反思性、反基础论以及多元文化的"宽容"，与当前学术、知识、艺术与消费商品的市场中的风格和时尚要求相联系，这正有赖于受过寻求新奇教育的大众，由此可能会抵抗垄断的趋势和一个新的稳定的符号等级秩序的确立。那么，在埃利亚斯的论述中，一方面发展相对自主的知识类型（如科学）的能力，另一方面与一个群体在社会层面上垄断一系列权力资源的能力相

因此，对长时段过程的讨论提出了一个问题：我们是否应该致力于一种后现代主义的社会学，而不是倡导一种后现代社会学？如果我们力图理解后现代主义，是否应该放弃社会学方法论，而运用后现代的分析模式对后现代主义进行后现代的思考？实际上，这会指向对社会学的扬弃，指向一种新的后现代社会学，或者说反社会学。让我们设想一下它可能导致的后果吧。对后现代主义的后现代思考，就是拒绝考察知识的发展，拒绝考察符号生产专家与其他群体的相互联系，以提供一种寄生式的思考——寄生虫的寄生虫——这种寄生式的思考运用后现代策略玩味后现代主义中的统一性与差异性，及其矛盾、反讽、非一致性、文本间性及精神多重性（multiphrenic qualities）。或者，它可能使用策略，潜入一个一致性元叙事，潜入一个讲述这种没落的故事版本，以宣告元叙事的终结（Hutcheon 1987 及其他人指责利奥塔使用这种策略）。然而，另一种可能性是假设某些发展，长时段过程，已经累积到产生一个最终的断裂，它撕裂了历史过程，产生了一种新的后社会型构（postsocietal configuration）：后现代文化。由于这种观点认为我们已经处在后现代文化之中了，任何用旧的技术和方法论对后现代主义进行理论概括的企图都必然失败。鲍德里

关的相对稳定的知识体系，在这种情况下可能不会发生。埃利亚斯方法的另一个值得参考的要素（参见 Elias 1987b）是他的“功能性民主化”（functional democratization）概念，它指向知识的扩散和大众权力潜能的增长。照此发展，这将进一步趋向某种开放性和对知识垄断的抵抗。这不是说再垄断不会发生，稳定的教学模式会发展起来；然而，在信息过度生产，多个竞争性的文化品味中心发展的条件下，文化专家们之间缺少一致的共同原则，这也许会减少知识与文化的稳定再中心化或再等级化的可能性。实际上，我们应该根据垄断和去垄断过程以及权力平衡的变化，来认真思考这些趋势。

亚（Baudrillard 1983a, 1983b）所讨论的后现代仿真世界即属此类。其强调，媒体过度生产信息导致了文化过载，从而引起意 33
义的内爆，产生了一个仿真世界；在这个超空间中，人们超越规范性与分类，生活在对现实的审美幻觉中。鲍德里亚无疑是后现代主义学者中最极端的一个，他将后现代主义逻辑推演到了极限，陶醉于超出社会学解释范围的后现代语言修辞和后社会（即社会的终结）的意象（北美对后现代“糟粕文化”的论述就大量来自鲍德里亚，参见 Kroker and Cook 1987）。对于鲍德里亚来说，任何以规范性或者布尔迪厄式的阶级分析讨论聚合在一起的大众（glutinous masses）的做法都注定要失败，因为这种分析形式只适于系统发展的前一个阶段，而现在这一阶段已被取代了。

后现代社会学进一步的含义是，不仅强调社会的终结，还强调历史的终结。瓦蒂莫（Vattimo 1985）对后现代主义的论述强调，后现代不仅仅被用来标志指向超越现代性的一种历史断裂。后现代主义包含后形而上学（post-metaphyisical）和后现代时代的观念，它拒斥现代主义者的历史发展观，或者说拒斥把统一的观点强加在历史身上。实际上，历史的终结一直存在；只是到现在我们才认识它和接受它而已。后现代主义对现代性的元叙事（科学、宗教、哲学、人本主义、社会主义、女性主义等，它们都力图把某种意义上的一致性和说服力强加给历史）的批判和拒斥，引导我们从普遍化转向地方知识的特殊性。这种理论层面上的转变，建立在尼采、海德格尔和德里达著作的基础上；然而，这种被提倡的理论转变本身很可能是在某个特定的时间点上出现的，因此应该被认为与当代消费文化中发生的更普遍的去历史化体验共生，这也通过对多维的和不断变化的当下的强调，削弱了普遍化和日常生活层面的有序叙事。

所以，试图从社会学的角度来理解后现代文化时所面临的问题，围绕着如何理解下面两个相互联系的方面而展开：后现代理论（许多都包含历史终结之意义，尽管是一种非悲剧性的终结）的生产与传播，以及更广泛的日常后现代文化体验与实践的生产与传播。这里我们不必去赞成或反对后现代主义，而必须从社会学解释后现代主义是如何可能的，人们又是怎样对与之相关的一系列松散观念产生兴趣的。不过后现代主义倡导者显然会谴责这样做有致命的缺陷，代表了对现代主义元理论过时的依恋。简而言之，我们寻求理解并指出有必要对迈向后
34 现代的运动中的理论和日常两个方面进行解释。这样，在知识和艺术实践中被理论化和表达的**后现代主义**，可以被看作是更广泛的**后现代文化**——文化商品和实践的生产、消费、流通中更广泛的变化——的指示或先兆。最终这些趋势可能呈现出前所未有的程度，从而标志着向**后现代性**的运动。

如果我们拒绝后现代社会学的观念，赞成对后现代主义进行社会学式的论述，将其当作大规模、长时段过程的一部分，我们就会面临一个超出本章范围的艰巨任务。本章所要做的只是勾勒这种方法可能的大概方向：**第一**，如果我们认同后现代主义的（尽管常常是隐含的）主张，即其是一种卓越的方法论，已经发现历史过程中一个重要的断裂，使我们已经进入或处于后现代文化和后现代性的新纪元或反纪元的边缘，那么我们希望对这样一些结论予以讨论。**第二**，我们试图尝试性

地提出，后现代主义应该被理解为群体间动态关系中发生的过程。[②] 更具体地说，我们需要问谁是后现代符号商品的生产者和承载者。我们需要考察实际的后现代主义实践，以发现在各领域（艺术、建筑、音乐、文学）以及知识分子和学者之中起作用的动力和过程，还需要考察加速这些领域的生产者与传播者之间的流通和交流的新方式。这里我们可以列举外围群体对主导群体的策略、垄断与篡夺过程、通胀（inflation）的影响，等等。这些变化自身应与长时段的过程相关，这些过程导致了符号生产、传播及再生产领域的专家人数的普遍增加，改变了这些专家与其他社会群体的关系，提高了社会对他们的普遍评价，以及他们自己论证和展示其社会影响的能力。这并不是说这些专家群体在中产阶级（以及最近被称为新中产阶级）中的出现、人数增加、权力潜能的提高，等同于一个基于文化资本的新阶层的崛起，可以挑战旧的资产阶级及其被认为越来越过时的基于经济资本的权力基础。知识分子和从事符号生产的专

② 这不是说后现代理论（这里我想到的是利奥塔、德勒兹、福柯、德里达、鲍德里亚、瓦蒂莫与罗蒂，我知道他们中的某些人并不认为自己属于这个类别）应被视为一个是麻烦的、捣蛋式地被发明出来的问题，仅仅代表向早期形式的非理性主义的倒退，一旦被解释了，社会学就可以一切照旧。相反，后现代理论是对当代西方社会中知识与文化结构的变化环境的反动，这些变化具有重要的元理论和方法论意义。对存在的形而上学的关注，对文本与修辞结构隐含元叙事的合法性的关注，对历史学家在不同历史时期的框架中可以甄别的反复出现的修辞格与修辞手法（隐喻、提喻、回环等）的关注，表明了知识的明确增益（参见 White 1973; Bann 1984）。我们必须准备好面对不在客观性与相对主义之间做选择而产生的一些问题——吉登斯就没有做选择，他希望保留后现代文化分析模式的洞察力，并提倡对长时段、大规模的社会过程进行研究。实际上，我们必须小心不被歪曲，要强调反基础论的立场，这种立场可以建立在长时段、大规模社会过程的理论中，埃利亚斯和吉登斯的著作都以各自不同的方式证明了这一点。

家，远远没有成为古尔德纳（Gouldner 1979）所说的那种新的霸权阶层。不过即使如此，我们也不应低估经济专家与符号专家之间的相互依赖和平衡关系的变化。新中产阶级中的这部分，或者说服务阶层（service class）（Lash and Urry 1987）的出现与扩张，不仅产生了符号生产与传播专家，也创造了一批可能对被标签为后现代的文化、符号产品及其体验更为敏锐和适应的潜在受众。

35 更具体地说，关于后现代主义在 1960 年代的艺术领域及 1970 年代某些学术与知识领域的出现，我们应该把重点放在一个特别大的世代群体的出现上，即“1960 一代”，这代人接受高等教育的人数比从前要多得多，他们形成的取向、品味和禀性，一直持续到成年时期。也可以说，艺术家和知识分子发现、阐述并向各界公众和市场传播了一代人意识的特定定义。在这种意义上讲，他们所详细阐述的“1960 一代”的感受，并没有充分纳入商业、工业、科学等背景或职业的成员的更稳定和传统的取向，过分渲染了生活的审美化、情感的解控和非正式化。人们经常注意到，在“1960 一代”与一系列反文化运动之间存在连续性，最早可追溯到浪漫主义时期（Abrams and McCulloch 1975; Martin 1981; Weiss 1986; Sayre and Löwy 1984）。

这里值得关注的是，通过专业从事符号商品特定职业的群体（他们既是文化商品的生产者 / 传播者，也是消费者 / 受众）的扩大，这种生活的审美化计划，将艺术家举为英雄，以及将生活风格化为艺术品——艺术家工作的表现力和生活方式——在知识界和艺术界之外的更多受众中找到了共鸣。布尔迪厄（Bourdieu 1984）所谓“新文化中介人”群体的扩大，包括合法文化商品范围的扩大，和一些旧的符号等级秩序的破除。新品味创造者（tastemakers）不断寻找新文化商品和体验，也参与了大众教育和生活与生活方式指南的生产。他们鼓励文化商品的通胀，不断从艺术和知识潮流中获取灵感，并与其共谋来创造艺术与知识生产的新条件。新的文化中介人从事市场导向的消费文化职业——媒体、广告、设计、时尚等，也从事国有与私营的助人职业——咨询、教育和心理治疗。因此，要理解对后现代商品和实践的接受程度，我们需要考察社会中符号生产专家的地位越发显赫的过程，特别是艺术家、知识分子、学者和文化中介人之间不断变化的关系，以及他们在商人、政客、管理者等众多形象之间不断变化的相互依赖关系。当然，所谓新小资产阶级（Bourdieu 1984）与旧小资产阶级之间的斗争仍在继续，英国的撒切尔主义以维多利亚时期的价值观为名义，对艺术家和知识分子进行了强烈的攻击。不过，值得注意符号生产与传播专家们的韧性，以及他们在不利情况下采用新策略的能力。或许我们应该用埃利亚斯式的平衡隐喻来看待这个过 36
程：在 1960 和 1970 年代向符号生产中心倾斜，而在 1980 年代则向经济生产中心倾斜（Wouters 1987）。我们不应被符号专家和经济专家之间的斗争遮蔽，忽视他们之间基本的相互依赖关系，忽视 1980 年代过剩的金融资本也许为后现代建筑的修建出资，并使艺术市场水涨船高，忽视城市鼓励符号专家移居到重建的城市区域（例如 Zukin 1982a, 1982b 描述的纽约苏活区），以加速士绅化和城市名望、符号资本的普遍提升。因此，也许存在一些特定的场所，所谓“后现代化”（Cooke 1988）过程在其中发生。

文化与知识场域中后现代主义的发展

如果我们要更详细地考察其中的一些变化，那么最好首先关注具体的艺术、知识和学术领域中后现代主义的位置。首先，在建筑、文学、音乐、艺术、摄影、表演艺术、哲学和批评领域中，对后现代主义还没有一个统一的观念。例如，詹明信（Jameson 1984c: 62）就区分了利奥塔的亲现代主义（promodernist）后现代主义与詹克斯的反现代主义（antimodernist）后现代主义。詹克斯在《后现代建筑语言》（Jencks 1984: 6）中回顾了他对这个概念的首次使用，他写道：

> 当我在 1975 年和 1976 年开始写作这本书时，后现代主义这个词和概念只在文学批评中偶尔使用。最使人不安的是，我后来才意识到它被用来指“超现代”（Ultra-Modern），指威廉·巴勒斯的极端主义小说和一种虚无主义、反传统的哲学。虽然我知道伊哈布·哈桑及其他人的这些著作，但我用这个词来表示下面所有这些的反面：先锋派极端主义的终结，向传统的部分回归，与大众沟通的核心作用，以及建筑是公共艺术。

在文学批评领域，斯潘诺斯使用后现代这个词也有些年头了，但他也许不知道哈桑等其他文学批评家在 1960 年代已经使用过这个词。像詹克斯一样，斯潘诺斯（Spanos 1987: 2）回顾了他在创办《边界 2》（*boundary 2*）期刊时对这个词的首次使用。

> 在1970年秋天……我说服我的同事、小说家罗伯特·科罗斯奇（Robert Kroetsch），是时候（或者我现在会说，是场合）创办我们曾经讨论过的“后现代文学期刊”《边界2》了……事实证明，在给《边界2》加上副标题“后现代文学期刊”时，我们引入了一个已经成为当代美国文学史批评话语基础的术语。然而，在当时，我完全不确定我们对**后现代**这个词的理解。促使我使用这个词的是一种强烈的感觉，即文学现代主义，尤其是作为一种批评话语，已经走到了尽头，它在19世纪后几十年和20世纪前几十年中 37
> 跨越的边界所开辟的差异空间，已经被另一个边界封住并彻底殖民，圈在另一个边界之中。

这两个例子似乎表明，他们非常关注自己特定领域的问题，并创造了一个他们希望用来探索、指明、建立和合法化某种断裂的术语，同时他们还希望用这个术语来推广一种新的分析模式，区别于他们领域中已有的，尤其是现代主义分析模式：因此，**后现代主义**。1970年代中期以来，评论家、艺术家和学者之间的信息流通越来越频繁，他们抓住了这个词，并试图探索它的含义，这进一步推动了为后现代主义提供一个更被普遍接受的含义范围的可能性。

命名的艺术，对于参与与其他群体斗争的群体来说，本身就是一种重要的策略。当外来者或新来者通过现有的合法等级结构上升的机会受到限制时，就会出现后现代主义这样的新术语的使用。这种先锋策略旨在营造一个超越原有的空间，这将最终导致对该领域的重新分类，宣告原有的已经过时。

我们很想把后现代主义视作最初兴起于艺术领域的一种先锋策略，并把它置于先锋运动的漫长历史中考察，这场运动不仅可以追溯到1850和1870年代的巴黎，还可以追溯到未来主义、达达主义、超现实主义运动，以及1920年代的俄国和德国先锋左派。这种方法的问题是，它倾向于关注外围群体策略的相似性，关注符号生产专家和经济专家不稳定的相互依赖关系中周期性爆发的对抗与冲突，或者所有这类运动都要经历的行动主义、对抗主义、军国主义和争胜主义的“永恒”循环（Poggioli 1973）。它没能充分区分1850年代以来先锋派在大都会中心出现的一般条件，即获得宣传和交流的机会、一批专业和有闲阶级受众的必要性，与具体运动的特定条件（Tagg 1985/6）。就后现代主义而言，我们可以想到要去考察1960年代纽约（当时后现代艺术出现了）的艺术家、批评家、知识分子、经销商及艺术机构之间的具体关系。我们需要意识到，那些活跃在后现代的文本/对象、反文本/反对象的生产和指定（designation）中的人，可能会拒绝所有在他们的工作模式和以前的先锋派之间找到相似性的企图，事实上，尽管批评家、经销商和那些活跃在艺术机构中的人为促进一个明显的断裂和新先锋派已经尽了自己的努力，但情势可能使他们无法凝聚成一个先锋派运动。

事实上，1960年代后现代艺术的一个特点就是对制度化艺术的攻击：对博物馆和画廊、品味的严格学术等级化、将艺
38 术品神圣化为泾渭分明的展示对象的攻击。这种对自主的、制度化的艺术的攻击本身并不新鲜：如伯格（Bürger 1984）所说，在1920年代就有过拒绝审美主义的历史先锋派。在这种

情况下，有趣的是，人们在1960年代对达达主义、超现实主义运动，尤其是马塞尔·杜尚的作品又产生了兴趣（Huyssen 1984）。也有人认为，后现代主义源于1920年代的历史先锋派，他们实际上在后现代主义出现以前就实践了后现代主义（Lash and Urry 1987）。在1960年代，我们有过相似的，也许是更极端的尝试，打破艺术与日常生活之间的藩篱，拒绝艺术成为博物馆的商品对象。这里我们想到了保加利亚裔美国艺术家克雷斯托（Christo）的偶发（happenings）艺术和景观艺术，他的“项目”（events）包括包裹澳大利亚的部分海岸线，和在科罗拉多州的山谷上垂下一块巨大的幕布。然而，即使是这种反艺术的尝试，通过强调不能被物化和商品化的即时性体验来否定永久性的艺术对象，也很快通过摄影师、电影、书籍及克雷斯托的作品展览回到了艺术机构中（Martin 1981: 110）。

1960年代领先的后现代批评家之一苏珊·桑塔格（Sontag 1967）以这种方式认为，艺术对象不应该是一个文本，而是世界上另一个可感对象。这种新感觉对音乐、舞蹈、绘画、雕塑和建筑的钟爱，要甚于小说。这种对感觉和形象的最初直觉的强调，而不是对话语的强调，使得后现代美学被描述为一种身体美学（Lash and Urry 1987）。用两个简单的例子可以说明这一点。第一个例子是奥本海姆（Oppenheim）的身体艺术。* 一盘标题为《我失败了》的录像带展示了奥本海姆试图将自己淹死在一个水箱中的情景（也许这是对萨尔瓦多·达利早年《倒置

* 这里，身体艺术与古典或现代艺术领域中的人体素描有很大差别，它表现的是人们对身体及其各部位的感知或动作表现，因此有人将 body art 中 body 一词，直接译为“肉身”。——译者

的潜水艇》的戏仿，达利在《倒置的潜水艇》中险些淹死了自己，这在他的自传中有所描述）。另一个录像以慢动作展示石头被丢在奥本海姆的腹部。他的多媒体演示《扰乱性艺术》很有意思，展示奥本海姆吃下十个姜饼人，然后含有姜饼人的排泄物的显微镜彩色照片在画廊里投放（可以误解为仅仅是抽象绘画），同时展示整个消化和排泄过程的录像带也循环播放（Wall 1987）。第二个例子是澳大利亚身体艺术家斯特拉克（Stelarc）的作品，他用医疗仪器拍摄自己身体的内部——血液流动、肌肉、心跳——他自身的内部性和“声学景观”，将身体表现得既恶心又迷人（Kroker and Kroker 1987: vi）。

显然，很难想象这样一些身体艺术、偶发艺术或玩味重复和偶然的艺术，可以再次跻身于既有的品味等级与审美体系之中［在音乐方面，我们可以想到布莱尔斯（Briers）的《泰坦尼克号的沉没》，这部作品试图模仿水下弹奏的音乐，可以用任何方式演奏，以达到与一些视觉作品或艺术相似的开放性，或者劳里·安德森的音乐，其中所有的乐器都是她自己声音的合成
39 片段，歌词是随机连缀的被分割的声音片段］。当然，这就是重点：推翻高雅文化与大众文化的旧区分，挑战现代主义要求的自主创作的艺术家的观念和工匠式的艺术定义，以表明艺术无处不在，在身体内部，也在大众文化的堕落景观之中。因此，1960 年代波普艺术兴起了，并被定义为与反文化相关的一种文化断裂（参见 Hebdige 1983; Huyssen 1981; Martin 1981）。

只有通过与批评家和知识分子的关系，艺术家才能阐明对他们的后现代作品 / 反作品的自我理解，这一点意义重大。人们常说，对于后现代主义来说，批评家的角色比从前更具影响

力，“后现代主义在某些方面已经成为一个批评家的术语，而没有完全形成一个艺术运动”（Bradbury 1983: 325）。虽然自1960年代末以来，艺术家-理论家的数量有所增长（伴随艺术机构的普遍增加、艺术理论与文化批评书籍的出版与杂志的发行，以及将在后文讨论的各种观众），但我们不应忽视此与18世纪以来符号生产专家的数量与权力潜能的长时段扩张过程相关。18世纪以来，美学与艺术史作为独立学科发展，文学期刊壮大，批评家作为独立职业出现，学院、展览以及艺术生产与传播的具体场所——工作室、画廊、艺术学校、大学、博物馆等不断增加（Burglin 1985/6）。如果人们认为现在的批评家或哲学家不仅更积极地介入艺术实践，而且更积极地促进艺术家随后试图阐明的特定理论的形成的话，那么应该强调的是，这种情况绝非独一无二。正如我们所提到的，在第一次世界大战末期兴起的达达主义运动的成员，关注的是对所有艺术的亵渎，强调“为艺术而艺术”的审美主义的荒谬性，拆除所有符码，特别是他们认为荒谬的战争文化。对蒙太奇的强烈偏好，和为展示其多义性对每个文本虚幻的统一性的攻击，都表明他们受到了尼采哲学的影响，有趣的是，达达主义的创造者之一雨果·鲍尔（Hugo Ball）写过一篇关于尼采的论文（Kuenzli 1987）。

在1970年代的美国，人们发现了一种相似的过程，德里达和解构取代了尼采，成为后现代理论的一个重要参照点，并通过次级文本、杂志及新闻评论的更密集的网络传播。举例来说，在摄影领域，道格拉斯·克里普（Douglas Crimp）等纽约批评家提倡解构理论，认为摄影不能再以产生原创性为目标，因为

照片永远是重复或“已经看见的”。因此，照片应该模拟和表现
40 常见的图像（辛迪·舍曼），翻拍公认的高雅艺术摄影家的未修
改的图像（莱文），或翻拍广告图像（Andre 1984）。

当然可以说，后现代主义并不代表更大的社会过程的一种断裂或危机，而只不过是知识分子自己领域中一种更具体的危机症候而已。事实上，后现代主义代表知识分子对其工作的普遍潜能失去了信心。与知识产品货币的自我贬值同时的，是一种更普遍的社会贬值。因此，后现代理论所强调的是哈桑（Hassan 1985）所发现和归纳的一些趋势：**不确定性**（indeterminacies），承认开放性、多元主义、随机性、折中主义、非连贯性、谬误、文本间性、“多”对“一”的优越性；以及**内向性**（immenances），承认我们的内在性（innerworldliness）、我们自己晦涩的符号性自我建构，承认我们被困在传播和扩散的符号中，这些符号虚无化历史和其他所有的元叙事。在后现代主义的旗帜下出现的反哲学的、反基础论的哲学，反映了西方知识分子对自身工作的优越性，对确立促进人类向其进步的真理、道德及品味普遍标准的权威和能力，都失去了信心。鲍曼（Bauman 1988）把这种对多元文化主义的承认与知识分子社会角色的变化联系起来，与当今国家在再生产支配结构时对合法性的缺乏联系起来。知识分子的地位由于文化商品生产的大规模扩张而进一步被削弱，他们再也不能控制这些商品，再也不被征求意见，因为“画廊老板、出版商、电视台管理者”和其他“资本家”或“官僚”、“市场代理人”破坏了这一切（1988: 224）。之后我会更多地谈及我更愿意描述为“新文化中介人”或“新知识分子”或“准知识分子”的崛起，以及符号商品生

产通胀的一般条件。

如果我们来考察知识分子场域（请记住，“知识分子”绝不是一个毫无问题的概念，这个词包含了一系列符号生产专家，今天他们中的绝大多数人都以学术机构为基地），我们会因他们的实践与艺术家的实践如此相似而惊诧不已。如布尔迪厄（Bourdieu 1983b: 4）所论：“与艺术家相似……哲学家自居为一个并未受惠于任何制度的未经创造的创造者（uncreated creator）”。知识分子的“知识中心主义”有碍于他们把自己的实践当作实践，虽然后现代理论所依赖的反基础主义对哲学的普遍主义进行了必要的批判，但人们往往无法在二元对立之外看到这种转变，这种转变如同乌云一样掩盖了普遍主义与相对主义的差异，忽略了这种概念的出现本身与人类知识基础的发展相联系的可能性。因此，普遍主义的衰落势必被视为导向多 41
元主义与相对主义，在这种情况下，知识分子仍倾向于把自己看作是“未经创造的创造者”——如果现在无法作为普遍公理的创造者，那么也是在选择性的意义上，他们会强调在假定的有限位置范围内，选择的随机性和相对性。对普遍主义的批判（常常被夸张为一个脆弱的假想敌，很难相信有人会相信）漠视了普遍主义与多元主义、绝对主义与相对主义、参与和疏离之间可能出现的种种调和与平衡。历史的车轮已经固定于这一组特定的意义死角（aporias）之上，或者我们终于有了令人振奋的勇气，洞穿欺骗性的表征性符号图式，直面永恒的人类状况——无休止，可最终毫无意义、毫无内容的文字编造，以上这种假设也潜藏普遍主义的论调。事实上，我们能做的就是加入意指游戏。艺术成为了知识的主导范式（Kauffmann 1986），在科学、社会科学、人文学科中都是如此。这也许是后现代理论家把历史写“薄”或哲学化论证观点的一种理由，比如阿拉克（Arac 1986）认为利奥塔和罗蒂就是这样的作者。

昔日的知识分子在普遍性图式方面显露出了明显的天真，可紧紧盯在这一点上，却也携挟着我们自己的知识比他们的进步的观念，并且我们也由此抨击他们对进步的错误信念。它还忽视了知识分子内部的多样性，忽视了后现代主义与实质性的、反对基本原则的反文化潜流之间的关系，这种潜流至少从浪漫主义时期开始就在西方知识生活中泛滥。这一传统力图发展艺术与知识理论化模式之间的关系，把审美趣味当作一种知识标准，把生活的审美化当作生活的指南：人们不得不将尼采置于这一传统中，他被后现代、后结构主义和解构主义理论家如德里达、福柯、德勒兹、鲍德里亚等人所推崇（参见 Megill 1985; Rajchman 1985）。

用阿拉克（Arac 1986）的比喻，对那些采用经验材料来考察后现代主义之兴起，将历史写“厚”的知识分子——这里阿拉克引用的是安德森、贝尔与詹明信——有时会有一种倾向，即以知识分子的经验为证据来论证广泛的后现代文化之存在。这里我们尤其可以想到詹明信（Jameson 1984a, 1984b）与伯曼（Berman 1982）的著作。例如，詹明信（Jameson 1984b）认为后现代主义的两个基本特征是:（1）现实向图像的转化;（2）时间精神裂变式地片断化为一系列永远的现在。问题是，很少有证据说明参与日常实践的男人和女人实际上是如何形成这些经验的。所以，我们需要将知识分子、建筑师、批评家及
42 文化中介人的企业家角色与策略纳入我们的分析，他们有兴趣

为后现代主义扬名，并发展一种教学法以教育各种公众。此外，尽管一些后现代批评家强调的是文本的文本间性及多维可读性（multireadability），但还有另外一些批评家相反于假定的片断化与差异，预设了一种先于话语的经验统一性，其与资本逻辑或现代化的全球化过程相对应，并产生了一系列可以由批评家作为经验统一性的呈现来回读（read back）的表达（Tagg 1985/6）。这种整体感导致了“后现代时代”这样的总体化，也导致了“后现代文化”和“文化领域”这样的次总体化，它们预设了一种整合和统一的文化，这常常是从一些主系统命令（master system imperative）或过程中推导出来的，如“资本逻辑”“文化逻辑”或“轴心原则”（如 Jameson 1984a; Bell 1976）。参与各种斗争、权力平衡与相互依赖的特定群体的真实实践被巧妙地回避了，出现了一种从经验到整合概念的“更高”层次的跳跃，反之亦然。

实际上，一种后现代主义的社会学必须考虑到竞争、垄断、去垄断及篡夺的过程，以及在符号生产中不同专家群体之间产生的外围群体与主导群体的种种斗争策略，其中“后现代主义”一词成了群体间斗争的一个利害。这会指引我们去收集证据，以便回答这些问题：谁在使用后现代主义这个术语？它被用于哪些具体实践中？哪个群体抵制它的使用？具体来说，这个术语在哪里使用？存在特定的后现代主义场所吗？我们所举的这些问题的部分答案，应该从特定的知识、学术和艺术场域中该术语的出现、发展及使用方面去寻找，从导致场域之间更大程度交流的那些实践的变化中去寻找。不过我们也意识到，这些变化本身也许依赖于正在发生的、使越来越多的文化中介人崭露头角的那些变化，并由此而被加强。那么，既有符号等级秩序的松动，可能不仅仅是因为外围艺术家与知识分子的篡夺式或先锋式的策略行动，还是因为对各种类型的符号与文化产品（包括消费文化产品，而非仅仅艺术与知识产品）的需求与供应都在增加。在中产阶级内部，新的文化中介人及符号产品的新受众的增加，也必须根据国家、经济、商业专家与符号生产专家之间更为广泛的相互依赖关系的变化来理解，这是艺术增值的长时段过程的一部分。这个过程可能会继续下去，尽管目前有一轮中断，而且由于权力平衡更多地向经济专家倾斜，对符号专家的评价更加负面。现在，我们就来看看这些变化中的一部分吧。

新文化中介人与后现代主义的中心

43 社会学中关于新中产阶级的论著已经有许多了。实际上，有人认为社会学的兴起本身与这个阶级对霸权的渴求相联系，他们试图提高知识、符号产品和文化资本的社会价值，而不是经济资本的社会价值（Gouldner 1979）。尽管这种观点有时候忽略了经济与符号专家之间的相互依赖关系，忽略了经济专家及其理论家日益增长的自主性的重要意义（他们发展了经济学科的自主性，并使之有效地成为了对社会的第一种科学分析）（参见 Elias 1984a），但是这种观点确实使我们注意到中产阶级内部符号生产与传播专家的权力潜能的发展。关于新中产阶级的兴起与形成，以及试图在马克思主义阶级理论中解释他们的作用的问题，存在着长期的争论，它太复杂了，在此我们不便探讨（参见 Bruce-Briggs 1979; Burris 1986; Carter 1985; Barbalet 1986）。一些人也许会对这个术语提出异议，更愿将之称为“新小资产阶级”（Bourdieu 1984），或者“知识阶级”，或者像吉拉斯（Djilas）、加尔布雷斯（Galbraith）和其他人一样，将之称为“新阶级”（Bruce-Briggs 1979）。又有人（Lash and Urry 1987）最近提到了“服务阶层”（雇主、经理和专业人员）的扩张，在1971 年至 1981 年间，在英国实际上增加了 50 万个这种工作岗位，1971 年他们占全部劳动力的 11%，1981 年占 13.2%（参见 Cooke 1988）。

关于“雅皮士”（Yuppies，年轻的城市专业人员）的出现也存在大量的争论（其中大多数是媒体记者不怀好意的推测），他们被认为是美国婴儿潮一代中的精英，有人认为，这个阶层的快速增长是因为有“心理特质上的”（psychographic）雅皮士，这些人虽然不能算作是真正的雅皮士，但表现出相似的态度。伯内特与布什（Burnett and Bush 1986: 27）指出，虽然婴儿潮一代（1946 年至 1964 年间出生的人）中有 14% 可以算作雅皮士，但有近 50% 可算作“心理特质上的雅皮士”，在美国他们大约有三千万之众。虽然需要对他们的生活方式与禀性进行大量的系统研究，以了解雅皮士在多大程度上是自私的“完美消费者”和自恋的、精于计算的享乐主义者，但雅皮士这一概念的表述确实把我们的注意力引向战后的那一代人，他们中许多人有相对富有的童年，达到了很高的教育水平，在 1960 年代度过了青少年和青年时期，在 1970 年代和 1980 年代大量涌进了竞争日益激烈的就业市场。在这一代人中可能已经形成了一套独特的品味和分类图式，当他们中的一些人步入中年并在各种组织中获得权力地位后，这可能产生越来越大的社会影响。

44 尽管新中产阶级的定义通常包括管理者、雇主、科学家和技术人员，但我想重点关注的部分是正在扩张的“新文化中介人”群体（参见 Bourdieu 1984）。这些人提供前文提到的符号产品的生产与服务——营销、广告、公共关系、广播和电视制作人、主持人、杂志记者、时尚撰稿人及助人专业（社会工作者、婚姻咨询师、性治疗师、营养师、游戏导领等）。如果我们观察这个群体的习念、分类图式与禀性，应该注意到布尔迪厄将他们称为“新知识分子”（1984: 370），他们对生活采取一种学习模式。他们神迷于身份、展示、外表、生活方式及新体验的无尽追求（见第四、六章）。的确，他们对自己可及的体验范围的意识，他们通常不锚定于特定的场所和社区，再加上他们那种自学者的自我意识（总是希望成为比现在的自己更多的），导致他们拒绝被分类，抗拒固定的符码，因为他们认为生活本质上是无限的。布尔迪厄（1984: 371）认为，他们通过培养生活方式来追求与众不同，一种风格化的、有表现力的生活，“使得几乎每一个人都能获得与众不同的姿态、与众不同的游戏和其他内在财富的外在标志，这在以前为知识分子所独有”。他们积极推广知识分子的生活方式，将其传播给更广大的受众，并与知识分子共谋，使体育、时尚、流行音乐、流行文化等新领域合法化为知识分析的有效领域。这些在媒体、学术和知识生活之间运作的文化中介人，有助于推动媒体中大众流行知识节目的播出，如英国第四频道的系列节目《现代性及其不满》、英国广播公司关于现代艺术的系列节目《新艺术的震撼》，这些节目帮助打造出一类新的明星知识分子，他们对大众流行少有厌恶之感，事实上，他们拥抱大众流行。他们有效地帮助瓦解了部分围绕流行文化/高雅文化轴心的旧区分与符号等级。这种对知识产品与艺术家和知识分子生活方式的普遍推崇，进而有助于在新中产阶级内部和潜在的更大范围内，为新的符号产品与体验、知识分子与艺术家的生活方式创造一个受众群体，他们可以接受一些融汇、传播于后现代主义之中的感受性（sensibilities）。

当然，这些感受性的起源可以追溯到很久之前，并应被视为一个长时段过程的一部分，在这个过程中，浪漫主义运动以来的符号生产专家投身于更多的情感探索和非正式性（informality），喜欢无拘无束以实现艺术的目的，喜欢艺术的、波希米亚的生活方式（这可以与经济生产专家相对照）。显然，1960 年代是一个以“反文化”著称的时期，“反文化”攻击情感约束，赞成放宽着装、表现和举止的惯有标准。与当时的主 45
流看法相反，乌泰（Wouters 1986）遵循埃利亚斯的路径，认为这种非正式性的表现并非意味着控制的缺失和崩溃，相反它们需要更强的自我控制。有效地面对危险的、痛苦的、从前被压抑的情感的能力，既需要放松，又需要高度的控制：一种“解控的情感控制”。伴随非正式化过程出现的不太严格的行为准则及守则的放松，要求个人对彼此表现出更多的尊重和体谅，有能力认同与欣赏彼此的观点。它也促使组织结构的变化，由命令式的管理变化为协商式的管理，促使层级化组织结构具有更强的流动性和履行角色的灵活性（de Swaan 1981; Haferkamp 1987）。可以说，尽管非正式化过程在 1970 年代后期及 1980 年代有所放缓（Wouters 1986, 1987），但是由此产生的“非正式化的正式化”（formalization of informalization）并未将1960年代的“成果”完全侵蚀。也可以说，新中产阶级、文化中介人及助人专业（后者被Martin 1981称为“表达性”专业）具有必要的秉性及感受性，使他们更为开放地面对情感探索、审美体验及生活的审美化。事实上，身体的审美化被认为是后现代艺术的一个要素，其创作和欣赏必然需要情感的解控。同样，那些发现或提高精神分裂或多重化强度的后现代理论，或者那些是一种对体验身体强度的解码的前俄狄浦斯状态“回归”的后现代理论，也要求更强的情感解控。还可以说，由于外围群体要求并使用更多的非正式程序和风格来展示艺术品与自我，协商式的管理风格已经渗透进学术机构。[关于这种情况，Pollock 1985/6提供了一个有趣的讨论，从前由艺术学院讲师（大多是男性）所把持的审美趣味与作品展示模式，受到了新一代年轻女学生的挑战。]

新中产阶级内部，对美学、风格、生活风格、生活的风格化及情感探索的感受性不断增强，与此同时，艺术家和艺术中介职业从业者的人数也在增加，社会对这些职业的尊重程度也普遍提高。实际上，随着艺术家的波希米亚、局外人和与众不同的特质变得更加可理解和可接受，已经出现了一种“反差的减弱”（diminution of contrasts）。在某些中心，艺术职位的数量急剧增加。佐金（Zukin 1982a, 1982b）在她关于纽约苏活区的研究中指出，1960年代在纽约工作的艺术家估计有1000—35000人，而1970年代初的人口普查数据显示在纽约工作的艺术家已有大约10万。职位的增加部分是由于国家对艺术的赞助

增加了（参见 DiMaggio and Useem 1978），以及一些企业领导 46
人对艺术的态度发生了改变。1965 年以来，在美国国家资助的教育与文化机构中，艺术职位也急速增加。其后果之一就是，艺术与其他职业之间的距离缩小了，在艺术领域中可以发展相对稳定的职业生涯，“艺术梦想”对普通中产阶级更加可及。佐金（Zukin 1982a: 436）写道，“艺术远没有‘让资产阶级感到震惊’，而是成为了资产阶级的审美标准”。这种强调催生了一代实践者，而不是梦想家或创新者。艺术变得不那么精英主义，更加“专业化”与“民主化”。作为这个过程的一部分，纽约曼哈顿下城的苏活区士绅化了，把新中产阶级和上层阶级成员吸引入衰落的内城地区，将其重新开发为文化消费中心：如一本杂志所称，“美学家的迪士尼乐园”（引自 Jackson 1985）。在其他主要的西方城市，地方和国家政客的策略，以及商人和金融家采取的新资本投资策略，共同推动了国家对艺术的支持，因而产生了类似的过程。在这些艺术中心，艺术家、知识分子、各类文化中介人与各式各样的观众、公众等型构之间的相互依赖越发明显。尽管商界的代表，尤其是那些自视为旧小资产阶级价值观卫道士的职业政客，如玛格丽特·撒切尔，可能强烈厌恶这些新的符号专家，并试图削减政府在艺术方面的财政支出，但新一代艺术投资者的崛起所导致的市场通货膨胀仍有增无减。事实上，在新资金的压力下，据纽约苏富比的一位发言人说：“艺术市场已几乎成为了另一种生意”（《独立报》，1987 年 5 月 28 日）。

因此，将职业政客、政府行政人员、地方政治家、商人、金融家、经销商、投资者、艺术家、知识分子、教育工作者、文化中介人以及公众聚合在一起的更广泛的型构，导致了新的相互依赖关系与策略，改变了权力平衡，并在从前那些可能认为其利益相互对立的群体之间结成了联盟。

从更为一般的意义上讲，在1980年代，权力平衡可能已经从有大批学者、艺术家、助人专业人员及文化中介人就业的文化中心，向商业与管理中心转移，这些中心是在与其更弱小的竞争者的张力和对抗的情况下长期发展起来的（Wouters 1987）。当然，此类张力的平衡及其产生的特殊策略、相互依赖关系、竞争与冲突，今天发生在一个延展的、包摄更广的型构中，这可能使它更难被描述。然而，它值得更为详细和系统的社会学研究，这可以借鉴对某些类似过程的研究。如乌泰（1987: 424）所说，在某种意义上

47 学术、艺术或社会照护的中心与商业或管理中心之间的张力平衡关系，与埃利亚斯描述的18世纪德国的贵族与资产阶级知识分子的张力平衡关系类似。那时，在（资产阶级知识分子的）“深刻（感觉）”、“真正的美德”和“诚实”，与（贵族的）“肤浅”“虚假”“仪式”“表面礼貌”之间存在类似的差异。

当然，如上所论，与18世纪德国的资产阶级知识阶层（*Bildüngsburgertum*）和贵族之间的情况相比，我们今天处在更广泛的型构和权力平衡之中，涉及更多的群体，不过，这个例子对帮助我们发展后现代主义的社会学来说，可能具有指导意义。

后现代主义与生活的审美化

在一本关于后现代文化的有影响力的论文集中（Foster 1984），有一篇乌尔默（Ulmer）的论文，题为《后批评主义对象》，文中大量借鉴了德里达的观点，认为批评者不应试图遵循旧模式，试图对文本或其意义进行真实或正确的表述；相反，批评者应该自由地参与寄生式的、戏谑的非线性写作，颠覆文本的核心概念与策略。正如考夫曼（Kauffmann 1986: 187）所说，这样的建议和对一种"后现代教学法"的要求，挑战了"艺术与批评之间的区分，认为批评性写作也必须是艺术的"。在福柯的著作中也有对艺术的类似评价，认为"艺术家是英雄"，他们通过探索我们语言的"来源"和界限，阐明我们世界的界限（Rajchman 1985；另见 Wolin 1986; Megill 1985）。这种越界策略的一个问题是，它的矛头指向不宽容的小资产阶级消费者，说他们无法想象"他者"，他们重视言语甚于文字，等等。然而，如果我们考察使符号生产与传播专家声望显著的长时段变化，现在这种姿态可能会引起更多受众的共鸣——并不是说我们已经见到了会被震惊的传统小资产阶级的终结，远非如此。事实上，在新中产阶级内部，可能有越来越多的人认为美的生活是伦理上善的生活，不存在人类本性或真实的自我，我们只是一些"准自我"（quasi-selves）的集合，而生活可以任意地按审美方式塑造（Shusterman 1988）。不断学习与充实自我的渴望、追求常新的价值与词汇，永无止境的好奇心，将艺术家和知识分子举为英雄，这些被一些后现代主义者（舒斯特曼特别提到罗蒂）倡导，而其有一个悠久的历史，可追溯到浪漫主义时期。它还与对风格的关注、生活的风格化、不断花样翻新的生活方式“没有规则，只有选择”的口号产生了共鸣，这些可以在新中产阶级内部和更多的群体中发现，因为文化中介人试图将之传播到更广的人群中去。

48 在我们的文化中，对生活审美的合理化的强调成为了一种广泛的潮流，一些人（如 Bell 1976）发出了怀旧的哀叹，呼吁宗教复兴，另一些人（例如 Jameson 1984a；关于这些立场的讨论，见 O’Neill 1988）同样发出了怀旧的哀叹，期待马克思主义乌托邦或真正的“理性社会”。詹明信自己（Jameson 1984c）处理过在后现代主义中筛选进步与倒退倾向这样棘手的问题，然而他也没能逃脱被哈钦（Hutcheon 1987: 23）讽刺地指出，他以前（与伊格尔顿一起）自认为持进步的现代主义立场，将卢卡奇的现实主义立场贬为明日黄花，而现在他对后现代主义反动的敌意使他自己的立场站不住脚了。这些就是那些希望评估和评价后现代主义的人的意义死角。它们来自试图理解一个可能的新运动肇始的困难，我们沉浸并参与其中。它们指出，需要把后现代主义的兴起作为一个长时段过程的一部分来理解，这个过程导致符号生产与传播专家的权力潜能的增长：事实上，需要发展的是后现代主义的社会学，而不是后现代社会学。

第四章

文化变迁与社会实践

越来越醒目的“后现代主义”一词，引起了学术 50
界及知识分子们的极大兴趣。一些人认为它只是一阵短暂而肤浅的知识热潮，另一些人却认为它不仅表示与艺术的现代主义的深刻断裂，而且也是与一个更大的现代性时代的深刻断裂。这导致了将现代性的所有文化现象当作明日黄花来加以拒斥，这里的“文化”一词扩展到包括更广泛的文化生产，不仅在艺术领域，还在科学、法律与道德领域，韦伯认为这些都是现代性分化过程中的一部分。这种分化过程的逆转，或者某些人所说的去分化（de-differentiation），也表明文化生产和意指体系（regimes of signification）的性质发生了深远的转变（参见 Lash 1988）。因此，所谓向后现代的转变的含义，是强调文化在以下两方面的重要性：（1）改变日常经验与实践的文化生产与再生产之新技术的出现；（2）对现代性的深层文化编码的质疑，其中知识被赋予了基础性的地位，如科学、人本主义、马克思主义或女性主义声称或渴望为人类提供关于世界的知识，和实际行动的权威性指导。所以，后现代主义提出了关于文化变迁的性质，以及我们试图分析的基础元理论联系的深远问题。

诚如许多批评者所指出，利奥塔等把后现代表述为主导叙事（master narratives）之终结的人所面临的一个问题就是，他们也需要一个元叙事来解释后现代的出现，而这必然包括一些导致所谓断裂的社会理论与社会发展理论（例如参见 Kellner 1988）。迄今为止，许多理论化后现代的人都是从哲学、文学或者人文学科的背景出发的，再加上他们理论的反实体主义和反证据逻辑，这意味着从前被当作事实并在社会科学界受到一定程度谨慎对待的东西，现在可以一种更轻率的方式对待，在其最坏的意义上讲，把历史写薄、“什么都可以”或者别具一格地使用证据都可以被后现代主义正当化，以支撑证据
51 被吞噬消隐的论断。有时候这还伴随着一种倾向，即从分析文学和艺术文本中收集到的证据，可以用来概括和解读社会过程和社会实践的转型，这些文本被认为是新的“失序”社会秩序的预兆。

弗雷德里克·詹明信研究的一个长处是，他试图走一条特殊的钢丝：既严肃认真地对待后现代，将它理解为重大文化转型的标志，又试图根据社会过程来解释它，并评估其实际意义。詹明信关于后现代主义的著作（Jameson 1985a, 1984b, 1984c, 1987）影响很大，因为他不仅试图发现和理解被指认为后现代的文化经验的特质，而且试图将其置于一个社会框架之内。詹明信的社会和发展理论来源于马克思主义，他将后现代主义定位为与“二战”后社会向晚期资本主义发展有关的文化主导。本章中，我将考察詹明信对后现代主义特性论述的某些方面，尤其是他对文化的使用。我将论证，詹明信将我们引向社会过程与结构，后现代主义应该在其中被理解和解释。从这种意义上讲，他的总体化努力——这正是后现代主义者及其他人批判

的靶子——是值得赞许的（参见 During 1987; O'Neill 1988）。不过我还将论证，詹明信通过对文化经验而非文化实践的关注，将文化置于晚期资本主义中的方式存在问题。

晚期资本主义与社会实践

詹明信（Jameson 1984: 125）坚持把后现代主义看作是晚期资本主义的文化逻辑，并分析了后现代主义等文化变迁，如何“表达了晚期消费，或多国资本主义社会系统的更深层逻辑”。他将资本主义的第三阶段分期化为“二战”后的多国资本主义，遵循了曼德尔在《晚期资本主义》（Mandel 1975）中的图式。除了把历史变迁当作资本积累、技术变革的逻辑结果的还原主义外，他的分析还伴随着一个清晰的文化分期化。因此，对詹明信（Jameson 1984a: 78）来说，现实主义与市场资本主义相对应，现代主义与垄断资本主义相对应，而后现代主义与晚期/多国/消费资本主义相对应。从这个角度看，文化似乎被看作是发生在“超结构层面”（Jameson 1984d: xv）。尽管詹明信试图回避这一立场的经济主义内涵，但很明显，他的文化观点主要是在“基础-上层建筑”模型中展开的，这就带来了我将在此讨论的一系列问题。

除了曼德尔将极端现代主义、国际风格（而非后现代主义）与晚期资本主义联系起来（参见 Cooke 1988），我们并没有发现现代主义在垄断资本主义社会中假定的均匀传播。事实上，值得注意的是，现代主义的地理分布很不均匀，西方发达国家 52
中的英国、斯堪的纳维亚诸国几乎没有产生持续的现代主义运动，而德国、意大利、法国、俄罗斯、美国和荷兰却有。所以，很难把艺术运动与资本主义发展的特定阶段联系起来。

此外，詹明信这样的理论取向，倾向于把历史看作一种特定而残酷的发展逻辑的结果，低估了阶级、社会运动和群体在其各种权力平衡、相互依赖及争夺霸权中，为这种逻辑创造的前提条件。实际上，我们关注的重点不应该只是更高层次的、相对抽象的资本理论化，而应该是特定群体、阶级与阶级中的部分实践资本主义的方式。这里，我们可以参考 E. P. 汤普森（E. P. Thompson）与佩里·安德森（Perry Anderson）在 1960 年代进行的关于“英格兰人特殊性”的论辩，以及安德森（Anderson 1987）对这场论辩的回顾。安德森捍卫了自己早年的立场，强调了 19 世纪有地贵族对控制英格兰社会的作用。实际上，封建主义并未退却，让资产阶级统治一切；相反，与既定理论的原则相左，土地主仍然是维多利亚时代英国的霸权阶级（Wiener 1981）。因此，承认不同资本主义社会中的不同权力平衡与支配轨迹，用那些对文化差异更开放的解读，或者理查德·约翰逊（Johnson 1976，1979）所谓的“文化主义”（culturalism）来对抗经济主义的倾向，似乎是很重要的。

关于詹明信对文化的一般性描述，可以提出一些观点。首先，詹明信将晚期资本主义中的文化，定为由商品形式的逻辑产生的一种文化泛滥。例如，詹明信（Jameson 1979：131）写到，文化是“消费社会自身的要素；从没有任何社会像这样被符号和图像饱和”。这一论断近来被整合进詹明信关于后现代文化的著作，他提到“文化领域的半自主性”被破坏，取而代之的是“文化在整个社会领域的惊人扩张，以至于我们社会生活中的一切……都可以说都是‘文化的’”（1984a: 87）。

关于这个论断，我想指出的第一点是，其暗含文化饱和的晚期资本主义社会与其他社会的对比。如果它基于这样一种假设，即19世纪的资本主义更纯粹是经济的，交易和社会互动基于纯粹的交换价值，产品被当作使用工具，而非商品符号，那么一些人类学家和社会学家会持反对意见。可以像爱尔维特（Elwert 1984）一样，设想一种“经济的文化”，或者经济行为的文化基础，他追寻涂尔干，提出了“嵌入文化的经济”（the culturally embedded economy）。萨林斯（Sahlins 1974, 1976）、道格拉斯与伊舍伍德（Douglas and Isherwood 1980）和莱斯（Leiss 1983）都指出，在“原始”和现代社会中，商品都 53
扮演了“沟通者”和文化符号的角色。所以，我们需要认真考虑生产文化的概念，而不是仅仅关注文化的生产。经济交易本身发生在一个想当然地假定的文化矩阵之中，不应该被自然化。雷迪（Reddy 1984）在研究法国市场文化的兴起时认为，资本主义社会已转型为一种竞争性市场社会的观念，很大程度上是一种幻觉。与其说19世纪的英格兰与法兰西有一个有效的劳动力市场在起作用（事实并非如此），不如说我们必须重新表述这个工业革命的经济神话，以将对无管制竞争的呼吁和人们受利益驱动的假设视为一种新文化——市场文化——的要素，这种文化逐渐渗透进话语之中。此外，我们需要问的问题是，这种话语是如何传播与维持的？这就需要考察经济专家的权力潜能的提升，考察他们与其他群体的关系的变化。例如，埃利亚斯（Elias 1984a）让我们注意到，市场等社会现象自主性的增长，必须与商业、贸易及工业中实际的经济专家的权力潜能的增长相联系，与对这些现象的思考的自主性的增长（经济学科学的出现）相联系。因此，我们需要探究经济学与经济领域的社会生成，探究文化在这个过程中的关键作用。

此外，如果我们看看其他作者，如鲍德里亚，我们就会看到一些非常不同的结论，他们探索了商品形式的逻辑，研究了图像的泛滥和一个仿真社会的发展，其与詹明信论及的后现代文化类似。在《生产之镜》（Baudrillard 1975）与《符号政治经济学批判》（1981）中，鲍德里亚将商品的逻辑理论化，指出在资本主义社会中，商品已经成为索绪尔意义上的一种符号，其意义由其在能指的自我指涉系统中的位置任意决定。因此，我们就可以讨论商品-符号和符号消费了，在早期论文《大众文化中的物化与乌托邦》（Jameson 1979）中，詹明信一直追随鲍德里亚，同意鲍德里亚的描述，即消费文化与电视产生了过量的图像和符号，从而产生了一个仿真世界，其中现实的和想象的界限被消除：一个无深度的审美化的现实的幻象。然而，对鲍德里亚来说，这种对资本主义商品形式逻辑核心的虚无主义——尼采的，作为对马克思的完成（Kroker 1985）——的发现，就是这样打破了所有的“指涉性幻觉”（referential illusions）。用鲍德里亚（Baudrillard 1983a）最喜欢的一个隐喻来说：所有终极因（finalities）的特权领域——劳动、使用价值、性、科学、社会、人类解放及其理论化［利奥塔（Lyotard 1984）所指的元叙事］——都被吸入一个“黑洞”。对鲍德里亚
54 亚来说，商品生产的逻辑产生了一种特殊的逆转，曾经被确定的文化现在成了自由飘浮、确定其他事物的事物，以至于今天我们可以谈论意指文化的胜利。这意味着我们也不能再谈论阶

级或规范性了，它们属于这个系统的前一阶段，现在人们已变成了一种粘合性（glutinous）大众，他们对媒体图像加以吸收、思考和戏谑的模仿，拒绝稳定下来。根据鲍德里亚（Baudrillard 1983b）的说法，这既没有被操纵，也不可能被操纵。

詹明信明确地追随鲍德里亚，将消费社会描述为充满了符号、信息与图像，并补充说，“真实的优先次序被颠倒了，文化是一切的媒介，甚至政治与意识形态的‘层次’也要开始与其主要表现模式——文化——分离开来”（Jameson 1979: 139）。从上述讨论中可以看出，文化饱和社会和非文化饱和社会的区分，需要更高程度的具体事实。在下文中我们将看到，这种区分将文化的两种含义混为一谈：人类学或日常意义上的文化，即所有社会都涉及符号化的实践，以及高雅文化意义上的文化，即符号生产专家的产品，18 世纪以来，这些专家权力潜能的增加产生了存在一个自主文化领域的感觉，其自诩为社会提供了普遍的文化准则。这个享有特权的文化领域已经被大量大众消费文化形象和符号所侵蚀的假设，掩盖了市场载体、消费者或大众文化和专家的高雅文化之间的长期竞争和相互依赖的过程。我们可以通过进一步探究两个方面来讨论这个问题。

许多评论家都会同意詹明信的论断，即后现代主义 / 晚期资本主义 / 后工业社会的文化，不如早期资本主义的文化统一（参见 Bell 1976; Touraine 1985; Habermas 1975）。然而，我们早先讨论过的危险又出现了，这种观点伴随着一种错误的二分法，它隐含着传统社会的文化是整合的、统一的假设。这种观点曾遭到诺伯特·埃利亚斯（Elias 1978b, 1982）、年鉴学派（参见 D. Smith 1988）及阿伯克隆比、希尔和特纳（Abercrombie, Hill

and Turner 1980）的系统批评，他们的许多研究指出，不能简单地把 15、16 世纪和 17 世纪的流行文化，表述为后来发展的相对不成熟的先驱。遗憾的是，许多批评者屈从于“薄历史”（thin histories）的写作，他们试图从 19 世纪资本主义的急剧兴起，倒推到某个稳定和前工业时期的有机统一点，通常追溯到 1750 年以前，而遗漏了大众文化的复杂与层级分化的性质，忽略了其仪式颠覆（ritual inversions），如狂欢节、节日和集市（参见 Easton *et al*. 1988: 20）。因此，声称秩序参数和失序参数分别适用于现代性与后现代性，是值得怀疑的。利奥塔还认为，这种怀旧的痕迹可以在鲍德里亚的论述中找到，鲍氏认为后现
55 代主义导致了社会的终结，社会纽带的瓦解使社会成了一个无定形的大众聚合。对利奥塔（Lyotard 1984: 15）来说，这种观点“被一个消逝了的‘有机社会’的乐园般的表象所困扰”——它表明“上帝的死亡”和主导叙事的破坏，可能是知识分子及其对确然（apodictic）知识寻求的一个更大的问题，也就是说，认知观念在知识分子的实践中的中心地位，与普通男女的认知观念的对比。与其屈服于斯塔特和特纳（Stauth and Turner 1988）指出的知识分子的怀旧情绪，我们应该承认，特定形式的文化是由不同的群体传载和操纵的，群体斗争以占有符号，并根据自己的特殊利益使用符号。

人们经常注意到，高雅文化与大众文化的区分被知识分子如此利用，他们对大众文化的厌恶和对精英主义高雅文化的偏爱也流露了他们的怀旧之情（B. S. Turner 1987）。一些评论家们得出结论说，随着大众文化与高雅文化之间区分的消弭，向后现代文化的转轨对知识分子的威胁特别大。例如，詹明信写

道（Jameson 1984b: 112）：

> 从学术角度来看，这也许是最令人沮丧的一种发展，因为传统上学术有一种既定的兴趣，要守护高雅文化或精英文化的领地，以对抗周围的庸俗主义、低劣和刻奇*、电视剧和《读者文摘》的文化，并向其入门者传授深奥复杂的阅读、聆听和观察技能。

当然，学界人士重新申明自己在积累文化资本方面所进行的投资确实有利可图，而在整个学术机构的教学、考试、评审程序和“严谨”中，都可以看到反对流行文化和对神圣的“深奥”学术文本的非特权解读的防御堡垒。不过，也许詹明信在这里对知识分子的看法过于同质化了。并不是所有的知识分子都端坐着，惊惶失措地思考高雅文化的消蚀。相反，我们可以想到一些群体，如外围知识分子（outsider intellectuals），他们对既存秩序的威胁也许并不担心，而且实际上，他们自己也可能通过宣扬流行文化、大众文化和后现代文化的优点加速这一进程。紧随这种以平等与民主的名义对原有分类体系的攻击其后的，可能是试图重建有利于外围群体的符号等级制度。当然，我们现在还没有处于被重新垄断的情势下，而且这在今天很可能不再是一种现实的可能性，但可以说，文化类别的开放创造了一个空间，在这个空间里，对现在可以接受的大众/流行文

* 低劣（schlock）和刻奇（kitsch）是两种艺术风格。Schlock 的原意是“便宜的、粗制滥造的、低劣的”，指批量生产、以低价出售的作品。Kitsch 的原意是“俗丽、垃圾”，指迎合大众、流于表面的作品。刻奇艺术的代表人物是杰夫·昆斯（Jeff Koons）。——译者

化商品的新解释、解读和翻译有所需求，而在学术领域，有各种迹象表明，这将导致新的指导入门者的教学的制度化。在本章结尾，我们还将回到知识分子和后现代主义这个主题；在此只需说，目前学术界内外的文化去分类阶段，产生了对流行文
56 化和后现代主义的兴趣，这可能会削弱一些符号专家的权力，同时为其他符号专家和文化中介人提供大量的机会。

体验与实践

关于詹明信的研究取向，我想谈的下一点是他关注后现代主义的体验，忽视了后现代主义的实践。区分评论家的后现代主义体验与在特定实践中使用后现代文化商品的群体和阶级部分的具体体验，似乎很重要。就后者而言，可能需要分析符号生产专家（艺术家、知识分子、学者）如何在他们自己的实践中使用后现代主义，具体群体的成员（观众和公众）如何使用具体指定的后现代商品和体验，以及特定日常实践中被批评者认为是后现代的体验（但可能仍然不被体验者认为是后现代的）。举例来说，珍妮特·沃尔夫参考马歇尔·伯曼关于现代性的著作（Berman 1982），写了一篇题为《看不见的浪荡女郎》（Wolff 1985）的论文，反对伯曼将现代性体验限制在公共生活中。步波德莱尔的后尘，伯曼认为现代城市空间中的浪荡子、漫步者，体验着在人群中获得的那种非个人刺激的冲击与震荡。然而伯曼的论述中并没有给浪荡女郎留出位置，也缺少对妇女的现代性体验的论述，这很难用妇女在公共生活中的受限能力来辩解。相反，妇女在私人领域的现代性体验，是任何关于现

代性体验的论述中一个重要而又缺失的相关元素。

相同的论述，可以参考詹明信（Jameson 1984b: 15）所确认的两个后现代主义的基本特征：现实向图像的转化，以及时间片断化为一系列永远的现在。就第一个特征而言，与鲍德里亚关于后现代影像文化的讨论相似，詹明信提到了模仿和仿真、风格的多样性和异质性，这导致了指涉物（referent）的丧失，“主体的死亡”与个人主义的终结。我们必须再次发问，谁在经历这样的丧失？我们是否有屈服于对一种指涉物的怀旧的危险，而这种指涉物长期以来在下层阶级群体具体的日常实践中可能并不被关注？此外，对看电视的实践的研究表明，不同群体中发生了一大堆不同的活动——进食、说话、工作、性，等等。而且，对节目的实际接受与解读被特定的阶级习念过滤（Mullin and Taylor 1986; Leal and Oliven 1988）。看电视和阶级、年龄相关联，也是要注意到的重要一点。资本最少的人、57
老人和下层阶级的人看电视的时间最长，而看电视的时间随着阶级的上升和年龄的下降而递减。对中产阶级群体来说，电视提供了一种用于社会交往的资源，并与他们在闲暇活动中产生和维持社会联系的重要需求相关。因此，看电视是各不相同的。电视不是世界，我们需要探究电视的不同社会使用（参照 DiMaggio 1987）。

就第二个特征，即时间片断化为一系列永远的现在而言，詹明信所运用的范式就是精神分裂（schizophrenia）。[顺便说一句，鲍德里亚（Baudrillard 1983）也讨论了不停换台的电视观众对世界的碎片化感知，认为其诱发了后现代主义的一个要素：精神分裂。] 精神分裂被认为是能指之间关系的断裂，是时间性、记忆和一种历史感的断裂。精神分裂者的体验是“孤立的、不相关的、不连续的物质能指，无法连接成一个连贯的序列”（Jameson 1984b: 119）。尽管他 / 她因此不知道自己的个人身份，没有计划，但是对世界存在的直接的、无差别的体验，导致了一种强烈的感觉：生动的、强大的体验，带有“一种神秘的、压迫性的情感刺激”（1984b: 120）。这种个人生活的叙述的丧失，以及体验的不连续性（disconnectedness），与詹明信说的第一个特征很好地联系了起来：现实向图像的转化。要恰当地对后现代主义所谓的诱发精神分裂的强烈情感做出评论是困难的，所以我这里只简单地讲两点。

第一，历代的各种宗教和艺术亚文化，在多大程度上通过群体宣泄、毒品和其他手段，来欢庆这种生动的强烈情感的观念？这种阈限性（liminal）实验一般来说得到了较好的限制，并作为与日常生活的序列性划清界限的过度区域发挥作用。在这里，我们也会想到巴赫金、拉杜里等人关于中世纪狂欢节的讨论（Stallybrass and White 1986; 本章下文）。在这些亚文化之外的个人，或者某些明确界定的场景之外的群体，是否正经历着更大的强烈情感和历史感的丧失，这是需要考察的。因此，詹明信犯了过度概括的毛病，对历史的具体性缺乏敏感。他对总体化以及把文化变迁与明确界定的时期联系起来的兴趣，表明他低估了前资本主义社会中的文化的差异性，进而认为后现代元素具有独特性。詹明信为了阐明他的理论，提供了许多十分生动、富于启发性的例子，不过它们只是例子，只是说明性的。读者几乎感觉不到对反趋势的兴趣，以及对历史的实际结构的开放性和偶然性的兴趣，而历史是由一群在日常生活中陷

入竞争性斗争和相互依赖的个人生产和再生产出来的，即使他们这样做时是盲目的。这可能是一个社会科学家对人文学科中 58
常见的更具探索性、更为开放的意象写作模式的反对意见。但是这也是后现代主义的出现和问题的核心，后现代主义将人文学科及社会科学的学者聚集在一个共同的领域之中。然而，詹明信的总体化兴趣和他勾勒后现代主义的社会理论的尝试，确实将他稳稳地推进了社会科学的轨道，也必然使他接受社会科学的评判标准和严谨。尤其是，詹明信显然不愿意成为新方法的倡导者，也不愿意在其作品中实践后现代主义，这是因为他希望站在后现代主义之外来解释和评价它。

第二，诺伯特·埃利亚斯的《文明化进程》(Elias 1978b, 1982) 的理论，描述了伴随国家形成过程的外部控制的内化和越来越多的情感约束，最近曾经与埃利亚斯密切合作的卡斯·乌泰 (Wouters 1986) 对这个理论作了修改，以将似乎与这一趋势相反的倾向纳入分析，例如发生在 1960 年代的情感控制的放松。由此产生的非正式化进程，是文明进程螺旋式发展中的一个反运动，强调在某些时候，平衡可能会转向“受控的情感解控”，其中 (我想特别是就新的中产阶级而言)，从前被禁止的、会在人际关系和心理上被严厉制裁的行为形式和情感探索模式，现在是允许的，甚至是强制的了。接下来，我们应该可以更详细地揭示新中产阶级越来越有能力展示出一种算计的享乐主义，参与更多不同的 (而且往往是危险的) 审美与情感探索，这些探索本身并不等同于一种对控制的拒绝，而是一种更谨慎的、对人际关系负责的情感的“受控的解控”，这必然会带来一些算计和对他人的相互期许的尊重。因此，我们应该超越理性-情感的二分法，研究新中产阶级内部为放松对审美和情感体验的控制创造了可能性的条件和实践，它们可能会使被标榜为“后现代”的符号商品和体验更容易为人们所接受。

举一个例子，梅洛维茨（Meyrowitz 1985）的著作探讨了成人似的儿童和儿童似的成人；他认为，今天的成年人获得了更多的情感探索的许可，“即兴地”行动，偏离了从前更严厉控制的父母的角色。迪士尼世界和主题乐园的激增显然是关于场所的好例子，在这些场所中，有情感的解控和对感官愉悦的享受，每个人都可以进行从前只局限于儿童的行为。詹明信（Jameson 1987: 48）把迪士尼乐园当作后现代超空间和仿真的典范。有人认为，当代旅游者（或“后旅游者”）越来越多地到访度假村、主题乐园等度假胜地，越来越多地到访博物馆，他们知道这些场所提供的景象是仿真，如其所是地接受这个蒙太奇式的世界和超现实（Urry 1988）。也就是说，他们并不探
59 求一个真实的、前仿真的现实，而是有必要的禀性参与“真实的游戏”，并有能力向表面的感觉、壮观的图景、阈限的体验和情感强度开放，没有对真实的怀旧。

如果人们试图从这个角度探索后现代文化，那么就有可能摆脱对后现代主义的一些比较抽象和实体化的讨论，并就经典的证据问题“谁，什么时候，为什么，有多少？”（who, when, why, and how many）来提供社会学证据。从这个角度研究后现代主义的文化实践和场所，可以从考察佐金（Zukin 1988a）和库克（Cooke 1988）所谓的“后现代化”开始，“后现代化”指的是空间的重构、城市艺术和文化中心的发展，以及随之而来的士绅化（参见第一章、第七章的讨论）。此外，需要调查

这个过程与提供符号商品和服务的新文化中介人的新小资产阶级之间的联系。这些对生活采取学习模式的“新知识分子”（Bourdieu 1984: 370），对身份、呈现、外表和生活方式非常着迷（参见第六章）。实际上，他们对艺术家的和知识分子的生活方式的推崇，使他们有意识地发明了一种生活的艺术，其中他们的身体、家庭和汽车都被视为他们人格（persona）的延伸，必须被风格化，以表达其持有者的个性。布尔迪厄诙谐地告诉我们，这种通过生活方式的培养来追求与众不同的做法，“使得几乎每一个人都能获得与众不同的姿态、与众不同的游戏和其他内在财富的外在标志，这在以前为知识分子所独有”（1984: 371）。所以，新的文化中介人助使知识分子的文化商品和知识分子的生活方式传播给更多的人。

因此可以指出，后现代文化商品的受众、公众及消费者的形成，是符号生产者权力潜能和文化领域的重要性的增长的长期过程的一部分。这些变迁必然导致艺术、知识和学术机构中，长久确立的符号等级制度的维护者的权力的去分类化和去垄断化。既定经典的权威，或者先锋者成为主导者的愿望，由此成为挑战、批评和攻击的对象。以艺术为例，它是商业领袖、国家和地方政治家之间相互依赖关系的一系列复杂变迁的结果，这些变迁增加了商业和国家对艺术的赞助，并使艺术本身成为一个主要市场。佐金（Zukin 1988b）指出，自 1970 年代以来，在纽约工作的艺术家大量增加，以及辅助职业的增加、苏活区和其他地区的士绅化，使艺术成为更容易被接受、更有利可图的职业，艺术本身也显得更为民主化了。尽管有回归维多利亚时代价值观的呼声，以及撒切尔和里根对 1960 年代文化的抹杀，但有趣的是，要移除符号专家和文化中心，恢复旧的小资产阶级道德，是多么的困难。

60 由于篇幅的限制，我不能探讨与后现代主义相关的各个艺术和知识场域中的变迁，下面只是简要地说几点（另见第一章、第三章的讨论）。为了理解后现代主义，我们需要关注每个特定艺术领域中的权力平衡和斗争，它们开启了一个文化去分类的空间，使这个术语的出现和新的外围群体对抗主导群体以倡导后现代主义成为可能。在这里，对那些力图合法化旧传统的终结和耗尽，并在主导群体面前创造一个新空间的群体来说，命名的策略非常重要。因此，“后现代”成为1960、1970年代艺术界和知识界使用的术语，以使年轻的艺术家和批评家与他们所认为的枯竭的、制度化的现代主义拉开距离。

同样，对于知识分子来说，其特定场域结构的变迁可能在两个层面上起作用:（1）试图颠覆原有符号等级制度的外围群体，对主导群体施加自下至上的压力;（2）由于国家机构对知识商品总体的需求变化，以及被卷入更广阔的文化消费市场的民主化效应，知识分子被引导对其努力的价值、目的和目标进行重新思考。鲍曼（Bauman 1988）论证了后一个层面，他认为后现代主义是对知识分子体验的一种直接表述，由于对知识分子的产品需求减少，他们面临地位和身份的危机，使得他们的角色从普遍性工作的立法者降为更不重要的解释者，他们必须为扩大了的、普通的、“转瞬即逝的”观众，把玩和翻译人类文化档案中多种多样的生活词汇和语言游戏。利奥塔（Lyotard 1988）同其他人都指出了知识分子的普遍性权威的没落。一些人认为这是一种积极的变化，乐于接受知识分子必须更公开地承认他们的利益，欢迎特定的而不是普遍的知识分子的出现（参见 Bourdieu 1986）。对另一些人，如雅各比（Jacoby 1987）来说，“最后的知识分子”的普遍性知识工作的摧毁是令人担忧的，因为他们没有继任者。

权威与文化实践

从詹明信的视角来看，知识分子肯定需要抵制后现代主义的民主化、民粹主义精神，保留代表人类发声的权威。例如，他从他的马克思主义观点出发，认为必须抵制社会主义概念的衰落，“这是重新发明这个概念，作为一个强有力的文化和社会愿景的问题”（Jameson 1987: 5）。正是对马克思主义乌托邦方面的保留，使詹明信遭到了诸如奥尼尔（O’Neill 1988）的指 61
责，认为詹明信的观点是一种怀旧式的新涂尔干主义对后现代主义的反动。在这里，詹明信对文化的看法可能过于知识分子化了，他高估了文化形象在产生社会变迁方面的权力潜能，以及整合（integrative）观念对维持和产生社会变迁的必要性，而忽略了文化在日常实践中以一种“较低的”、理所当然的方式被使用和制定。许多人欢呼宗教的世俗化，也许同样会有人欢呼科学的世俗化（Douglas 1982）。事实上，要理解这两种形式的世俗化，以及知识分子的一般知识的世俗化，就不要将其看作一套观念或世界观被另一套观念或世界观取代，而要看作是有关的符号专家——神职人员、科学家和知识分子——的相对权力潜能的下降，这表现为他们没有能力在涉及人的型构的日常权力平衡中维持其知识的权威。当然，在所涉及的知识类型的性质和社会效果方面，差异是明显存在的。本迪克斯（Bendix 1970）追随韦伯，指出宗教专家为普通人提供了具有世俗意义的、实用的信仰。不过，艺术家和知识分子的知识并没有提供类似的实际利益，尽管他们的倡导者确信如此。虽然艺术家和知识分子拥有强大的技能，但是这些技能不能提供宗教意义上的权力，而没有明显目的的神秘知识使文化精英被民众所怀疑。

所以，詹明信（Jameson 1987: 53）把文化的民主化当作后现代主义的一个方面是恰当的，不过他这样做时带着某种矛盾心理，因为他对后现代主义的评价是消极的，并想发展出一种分析和艺术生产的模式，以消解后现代的模仿，提供某种更新了的社会或全球的总体性和历史感。在这个意义上，对詹明信（1984a: 89–90）来说，知识和艺术必须保留一些教导的功能。虽然这可能是对接受后现代主义的失序和游戏性作为未来社会生活和文化生产的范式的一种可以理解的反应，但这确实让他有可能遭到后现代主义者的反驳，认为他在怀旧地哀叹知识贵族对民众权威的丧失（参见 Hutcheon 1986–7; During 1987）。

这样，要理解后现代主义，我们就需要从多个层面上探讨。第一，它涉及艺术、知识和学术场域中的变迁，表现为特定场域内对何为经典的竞争性斗争。第二，它涉及更广泛的文化领域的变迁，即符号商品的生产、流通和传播模式的变迁，这可以根据社会内和社会间的层面上，群体和阶级部分的权力平衡与相互依赖关系的变迁来理解。第三，它涉及不同群体的日常实践和体验的变迁，这些群体作为第一和第二层面的变迁的结果，开始以不同的方式使用意指体系，并发展出新的导向手段

和身份结构。在许多方面，后现代主义是当代文化变迁的标志，它会引导我们注意上述文化领域或“层面”之间的相互关系，62
使我们进行必要的反思性研究，这需要将学术界的知识分子作为社会利益团体纳入这一过程。

像许多其他评论家一样，詹明信关注这些变迁的经验维度，这通常是从文本和其他意指模式中破译出来的。然而，他的长处是超越了单一的文化分析，试图将后现代文化生产定位在晚期资本主义第三个“更纯粹的”阶段，在这个阶段社会已经全球化了。这里，他正确地注意到了国家-社会的消亡，以及民族国家被扩大的国际市场和其快速的资本和信息流所破坏。不过，虽然我们可以在社会学的指涉物是国家-社会形式的意义上谈论社会的终结，但这并不意味着社会关系的消亡。更大的人的型构之间更广泛的相互依赖关系和更复杂的权力平衡，依旧可以社会学的方式理解。詹明信研究取向的问题在于，他由经济转向文化，忽略了社会（这里指的是社会关系）的调和作用。也就是说，要理解后现代文化，我们不仅需要解读符号，还必须考察这些符号如何被人们在日常实践中使用。当然，像发生在18世纪的英国或19世纪中期的巴黎的那种符号激增、新文化产品和商品的泛滥，具有文化上的民主化效应，使通过“解读符号”来确定特定文化产品和实践的承载者的特定地位和社会位置，变得更为困难了。不过可以说，人们将不断尝试重新分配和解读文化产品的属性。

简言之，社会群体的趋势是寻求对其社会环境进行分类和排序，并把文化产品作为划分界限的工具，作为在一些人之间确立边界、与其他人建立桥梁的沟通者。对文化产品的社会使用的关注，牢牢地将我们的注意力引向了具体的人的实践，他们通过解码他人实践、展示和消费的文化符号，解读他人，并在需要时对他人做出判断。后现代主义预示了这种社会游戏的结束，预示了对社会的一种超越。不过，尽管我们生活在一个文化去分类阶段，我们决不能低估文化秩序重新确立的可能性，也不能落入将文化失序的阈限飞地视为与文化本身共存的诱惑。

总之，对后现代主义的理解不应该仅仅停留在资本主义逻辑展开的层面；需要具体地研究各类符号生产专家群体与经济专家群体之间的权力平衡的变化、竞争性斗争和相互依赖关系。这意味着，我们需要探究学术界内外所谓新的文化生产和消费
63 形式的生产者、传递者和传播者的角色。如果后现代主义是社会或全球的向文化去分类转变的一种征兆（DiMaggio 1987），而这表现在其他一些领域，比如长期以来建立的符号等级制度的不稳定，为流行文化研究的普及和合法化开辟了空间，我们就需要在社会内和社会间两个层面上，在不断变化的群体内部斗争和相互依赖关系中对其进行定位。所以，为了理解后现代，需要大量的反思。我们需要关注后现代主义的承载者和传递者，这些人对这个术语的成功及其在学术界和既定符号等级制度的守护者的斗争中所表示的一切感兴趣，也对创造和教育能够在实践中认识和使用后现代文化产品的受众和公众感兴趣。

最后，我们不能忽视学者、艺术家和知识分子在发现文化变迁的痕迹——他们将这些痕迹表述为后现代主义——方面的作用。这并不是说他们对后现代主义的兴趣是一种玩世不恭的操纵，或知识分子的区分游戏中的过招。显然，我们正目睹着文化变迁，这些变迁提高了文化在文化-经济-社会构型中的地

位，需要仔细的研究和理论概括。不过，今天符号生产专家的数量和权力潜能已经增长，如果我们把目前这场关于后现代主义的争论与早期关于古代性和现代性的争论相比较，情形就尤为如此了。如果后现代主义指出了文化的重要性的上升——这里我们想起了鲍德里亚（Baudrillard 1983b）的断言，今天一切都是文化的——那么，我们就不应仅仅将其理解为商品生产逻辑和技术的延伸，还应该探究有禀性接受被指认为后现代的感觉的符号专家、文化中介人和受众的传播、消费模式和实践。

第五章

日常生活的审美化

64 果我们考察后现代主义的定义，会发现它强调了艺术和日常生活之间界限的消除，高雅文化和大众/流行文化之间区分的消失，总体性的风格混杂和戏谑式的符码混合。后现代理论的这些一般性特征——强调符号等级制度的平等化和平均化、反基础论与对文化去分类化的普遍意愿——也可以被认为是后现代体验的特征。在这里，我们可以借鉴波德莱尔对现代性一词的使用，以指称现代性的新体验，以及与传统社会形式的断裂所带来的冲击、震荡和生动的存在感（presentness），在巴黎等现代城市中这些体验似乎自19世纪中期就开始产生了。以类似的方式，我们也可以谈论后现代性的体验，并借鉴文化体验和意指模式的感知转变。我们发现鲍德里亚的著作（Baudrillard 1983a）中强调了日常生活的审美化和现实向图像的转化。詹明信（Jameson 1984a）也强调了历史感的丧失和时间片断化为一系列永远的现在，其中存在着精神多重的强烈体验。在他们的追随者的著作中，我们可以发现相似的体验的审美化和有序能指链的断裂，他们强调“流动的符号和商品”“现实和图像之间界限的消弭”“飘浮的能指”“超现实”“无深度文化”“令人迷乱的沉浸”“感觉过载”和“情感冲击强度”（affect-charge intensities）（Kroker and Cook 1987;

Crary 1984）。虽然这些例子许多是从一般意义上的媒体和消费文化中图像生产的强化获得的启发，但是我们也能在对当代城市的描述中获得启发。这里强调的不仅仅是被指认为后现代的新建筑类型，还有在城市建筑环境结构中发现的更普遍的折中主义的风格混杂。此外，新近的“去中心主体”（de-centred subjects）也有类似的对传统的解构，以及为了从生活的想象方面汲取灵感，对所有文化形式的掠夺，他们徜徉在“无地方性”（no place）的后现代城市空间，享受着对时尚和生活的风格化的实验和游戏（Chambers 1987; Calefato 1988）。这些群体的日常生活审美化和风格化的方略，与浪漫的波希米亚艺术学院传统之间显然存在强 65
烈的联系和交叉，这种传统特别是自 1960 年代以来，已经融入了摇滚乐，它还以种种方式寻求跨越艺术和日常生活之间的界限（参见 Frith and Horne 1987）。这说明，后现代性的体验，特别是对日常生活的审美化的强调，以及文化专家对它的制定、阐述和推广可能有很长的历史。简言之，探索后现代性的谱系，特别是考察现代性和后现代性之间的联系将不无裨益，这可能使我们追溯到更早的先驱者。这并不是说后现代不存在，也不是说它是一个误导人的概念。相反，只有通过探索它的源头，了解其中可能有更早的相似发展的长时段文化进程，我们才能试图理解和区分什么是后现代的独特之处，什么可能是长期存在于现代甚至前现代的趋势的积累和强化。

日常生活的审美化

我们可以在三种意义上谈论日常生活的审美化。第一，我们指的是那些在第一次世界大战和 1920 年代产生了达达主义、历史先锋派和超现实主义运动的艺术亚文化，其中的艺术家在其作品、著作，某些情况下还在其生活中，寻求消除艺术和日常生活之间的界限。1960 年代的后现代艺术，对现代主义在博物馆和学院中所谓制度化的反动，就是基于这样的策略。有趣的是，马塞尔·杜尚，一个早期达达主义运动的中心人物，其“现成品”（ready-mades）艺术声名狼藉，他后来在 1960 年代被纽约的后现代跨先锋派艺术家所推崇。在此有一种双向运动。首先是对艺术作品的直接挑战，渴望消解艺术的灵气，击碎艺术的神圣光环，并挑战艺术作品在博物馆和学院中的可敬地位。还有一个假设是，艺术可以在任何地方，是任何事物。大众文化的碎屑、被贬低的消费商品，都可以成为艺术（这里使人想起沃霍尔和波普艺术）。艺术还可以在反作品（anti-work）中找到：在“偶发”中，在不能陈列进博物馆的短暂的“失去的”（lost）表演中，也在身体和世界上的其他感官对象中。同样值得注意的是，达达主义、超现实主义及先锋派的许多策略和艺术技巧，已为消费文化中的广告和流行媒体所吸收（参见 Martin 1981）。

第二，日常生活的审美化可以指将生活变成艺术作品的筹划。艺术家和知识分子以及想要成为艺术家和知识分子的人对
66 这一筹划的迷恋由来已久。例如，世纪之交的布卢姆茨伯里派[*]
就有这样的筹划，其中，G. E. 摩尔（G. E. Moore）认为，生

* 布卢姆茨伯里派（Bloomsbury Group）是 20 世纪上半叶以英国伦敦市布卢姆茨伯里地区为活动中心的文人团体，成员有弗吉尼亚·伍尔夫、约翰·凯恩斯、E. M. 福斯特等。——译者

活中最伟大的商品是个人情感和审美享受。在佩特（Pater）和王尔德19世纪晚期的作品中，也可以发现类似的把生活当作艺术作品的准则。王尔德的假设是，理想的审美者应该“以多种形式和一千种不同方式来实现自己，并对新的感觉怀有好奇”。可以说，后现代主义——尤其是后现代理论——把美学问题带到了前台，在王尔德、摩尔和布卢姆茨伯里派与罗蒂的著作之间存在明显的连续性，罗蒂关于美好生活标准的探讨，围绕着自我成长的愿望、对新品味和新感觉的追求、探索越来越多的可能性（Shusterman 1988）。如沃林（Wolin 1986）所论，我们也可以在福柯的作品中发现生活的审美取向的核心地位。福柯（Foucault 1986: 41–42）颇为赞同地提到了波德莱尔的现代性概念，其中的一个核心人物是“纨绔子，他把他的身体、他的行为、他的感觉和激情、他的存在自身，都变成了一件艺术品”。事实上，现代人是“试图创造自己的人”。纨绔主义（Dandyism）在19世纪初的英格兰由博·布鲁梅尔（Beau Brummel）最先发展起来，强调通过建构一种不让步的示范生活方式，追求特殊的优越性，其中的贵族精神表现为对大众的轻蔑，以及极为关注服饰、举止、个人习惯甚至家具陈设——我们现在称之为生活方式——的原创性和优越性（参见R.H. Williams 1982: 107及以下诸页）。它成为19世纪中后期巴黎的艺术反文化、波希米亚和先锋派发展的重要主题，在巴尔扎克、波德莱尔、奥赛伯爵（Comte d’Orsay），直至埃德蒙·德·龚古尔、孟德斯鸠和于斯曼的作品和生活中都能发现对它的迷恋。这既关注一种审美消费生活，又关注艺术和知识反文化将生活塑造为一个审美上令人愉悦的整体的需要，应该与一般意义上的大众消费的发展、对新品味和新感觉的追求、对独特的生活方式的建构（这已经成为了消费文化的核心）联系起来（Featherstone 1987a）。

第三种意义上的日常生活的审美化，是指符号和图像的快速流动，这些符号和图像在当代社会的日常生活的经纬中已经饱和。对这个过程的理论概括，很大程度上借鉴了马克思的商品拜物教理论，该理论在卢卡奇、法兰克福学派、本雅明、豪格（Haug）、列菲伏尔、鲍德里亚和詹明信那里得到了不同的发展。对阿多诺来说，交换价值的主导地位不断提高，不仅消除了物品原有的使用价值，代之以抽象的交换价值，而且还让商品可以承担一种替代的或次要的使用价值，即鲍德里亚后来所说的“符号价值”。广告、媒体和商品展示，以及日常生活的城市建筑的展示和景观，促成了对图像的商业操纵的中心地位，
67 欲望进而通过图像不断得以重塑。因此，绝不能把消费社会看作仅仅释放出一种占主导地位的物质主义，因为它还使人们面对无数梦想图像（dream-images），它们叙说着欲望，使现实审美化和非现实化（Haug 1987: 123）。鲍德里亚和詹明信正是从这个角度出发，强调图像在消费社会中所起的新的核心作用，其进而赋予文化史无前例的重要地位。对鲍德里亚来说，当代社会中图像生产的累积、密度和无所不在、无所不包的程度，把我们推向了一个全新的社会，在这个社会中，现实和图像之间的区分被抹除了，日常生活审美化了：仿真世界或后现代文化。值得补充的是，上述作家对这一过程的评价通常是负面的，他们强调操纵的一面（本雅明在某些程度上，以及鲍德里亚的后期作品是例外）。这促使一些人主张将艺术和日常生活进一

步整合起来，如马尔库塞的《论解放》（Marcuse 1969）中就可见这种主张。这种主张还见于亨利·列菲伏尔（Lefebvre 1971）以各种方式发展起的文化革命概念，他呼吁“让日常生活成为一件艺术品”，以及情境主义国际成员 *（参见 Poster 1975）。

第三种意义上的日常生活的审美化，当然是消费文化发展的中心，我们需要意识到它与我们所确定的第二条线索的相互作用：事实上，我们需要考察两者关系发展的长时段过程，这一过程发展出了大众消费文化的梦想世界（dream-worlds）和一个独立的（反）文化领域，艺术家和知识分子在这个领域中采取了各种距离化（distantiation）策略，并试图提炼和理解这个过程。首先，我们将更详细地考察鲍德里亚的著作，以更清楚地认识日常生活的审美化与后现代主义的关系。

鲍德里亚在关于消费社会的早期作品中，发展了一种商品-符号的理论，他指出商品已经成为索绪尔意义上的符号，其意义由其在一组自我指涉的能指中的位置任意决定。在他最近的作品中，鲍德里亚（Baudrillard 1983a，1983b）又把这种逻辑推演得更远，让人们关注媒体所提供的信息的超载，现在媒体为我们提供无止境的令人神迷的图像和仿真，以至于“电视就是世界”。在《仿真》一书中，鲍德里亚（1983a: 148）指出，在这样的超现实中，真实和想象被混淆了，审美的迷恋无处不在，因此“一种非意图性的模仿盘旋在一切之上，技术性的模拟、无法定义的名声，都被附加了一种审美愉悦”。对鲍

* 情境主义国际（Internationale Situationniste）是一个由先锋派艺术家、知识分子和政治理论家组成的国际组织，由居伊·德波创立，活动于 1957—1972 年。——译者

德里亚（1983a: 151）来说，艺术不再是一个独立的、封闭的现实；它进入了生产和再生产，因而一切“即使是日常和平庸的现实，都会因此归于艺术的标志之下，并成为审美的”。真实的终结和艺术的终结，使我们跨进了一种超现实，其中超现实主义发现的秘密变得更为广泛和普遍化。如鲍德里亚（1983a: 148）所论：

> 68 今天的现实本身才是超现实主义的。超现实主义的秘密是，最平庸的现实可以成为超现实的，但只是在某些特定的时刻，这些时刻仍然与艺术和想象相联系。今天，所有的日常现实——政治的、社会的、历史的和经济的——从现在开始，都结合进了超现实主义的仿真维度。我们生活的每个地方，都已为现实的“审美”幻觉所笼罩。

当代仿真世界已经看到了慰藉、视野和深度的幻觉的终结，因为真实被掏空了，真实和想象之间的对立被抹除了。鲍德里亚（1983a: 151）补充道：

> 因为假象成了现实的核心，所以艺术无处不在。所以艺术死了，不仅仅因为它的批判性超越已经消逝，而且因为现实本身已完全为一种与自身结构无法分离的审美所浸染，与它的图像混淆了。

在这个仿真文化的第三阶段，即鲍德里亚现在所谓的后现代（Kellner 1987），经常用作说明的形式之一是音乐电视（参见 Chen 1987; Kaplan 1986, 1987）。根据卡普兰（Kaplan 1986）的说法，音乐电视似乎存在于一个无时间的现在（timeless present），视频艺术家搜刮了不同历史时期的电影类型和艺术运动，以模糊边界和历史感。历史空间化了，随着类型艺术和高雅艺术、流行和商业形式的混合，审美等级及其发展被毁弃了。有人认为，不同图像的连续流动使其很难被连缀为一条有意义的信息；能指的强度和饱和度阻碍了系统化和叙事性。然而，我们应该提出这些图像是如何运作的问题：音乐电视是否已经超越了构成索绪尔意义上的结构化语言的符号系统？

斯科特·拉什（Lash 1988）从利奥塔的著作（Lyotard 1971）中引用的话语（discourse）和形象（figure）之间的区分，可能会在一定程度上帮助我们回答这个问题。拉什指出了使后现代文化具象化的一系列特征：对初级过程（欲望）而不是次级过程（自我）的强调；对图像而不是语词的强调；对观看者的沉浸、对对象的欲望投射，而不是维持距离的强调。拉什还将这些品质与去分化的过程联系起来。这个概念基于韦伯和哈贝马斯所指的文化分化过程（即审美形式从真实世界中分化出来的过程）向去分化的逆转，意味着一个偏爱艺术的去灵韵化（de-auraticization）的逆转，以及一种欲望、感觉和直接性（immediacy）的美学。那么对拉什来说，去分化与具象的意指体系（figural regimes of signification）指出了图像不同于语言的方式，图像基于无意识中的知觉记忆，不像语言那样按照某种系统性规则构建。图像形象地表意，也就是通过相似性表意。虽然在电影、电视和广告等视觉意指体系中有具象，但它也可以说是消费文化的一个普遍特征。这里，我们可以参考本雅明

69（Benjamin 1982b）所强调的，大众消费的梦想世界中的陶醉感和对平庸事物的诗意化，这是他在《单向街》（*Passagen-Werk*）中关于19世纪中期的巴黎拱廊商店街的讨论的核心。这项研究以19世纪的巴黎为重点，在时间和空间上汇集了我们所讨论的日常生活的审美化的第二和第三种意义的源起。

那么，拉什（Lash 1988）认为是后现代主义核心的，通过具象的意指体系对日常生活的审美化，可能起源于19世纪资本主义社会大城市消费文化的增长，这些大城市是令人陶醉的梦想世界，不断变化的商品、图像和身体（浪荡子）流动的场所。此外，这些大城市也是艺术和知识反文化的场所，波西米亚和艺术先锋派的场所，他们的成员着迷于各种新感觉，并试图在各种媒体中捕捉这些感觉，他们也是激发、制定和向更多的观众的公众传播这些感觉的中介人（参见 Seigel 1986）。虽然关于现代性的文献注意到了这种现代性体验的中心地位，注意到了波德莱尔关于浪荡子的讨论和本雅明关于拱廊商店街的讨论中所捕捉到的新城市中心的冲击、震荡和变幻无常的景象，我们还需要考虑这与理解“后现代性”的体验有多大的关系。

因此，我们需要研究其与20世纪末的实践和场所的连续性与不连续性。这将我们引向通过后现代化过程进行城市改造的思考（Cooke 1988; Zukin 1988a），包括内城区域的士绅化，以及商场、购物中心、主题乐园和宾馆中用壮观图景打造的仿真环境的出现。此外，有人认为，（从前）被认为是限定于受过教育的鉴赏家和严肃观众的空间，即博物馆，正在发生重大变化。今天，博物馆试图迎合更多的观众，摒弃了专有的高雅文化的标签，力图成为奇观、感觉、幻觉和蒙太奇的场所；一个可以获得体验，而不是灌输典籍知识和既定符号等级制度的地方（Roberts 1988）。我们也需要探究知识分子及文化中介人对这些新空间的体验的表述、传递和传播过程，探究这些“新”感觉的教学如何被纳入日常实践。

这说明，我们需要对日常生活在时间和空间的特定点的审美化进行研究。虽然日常生活的总体审美化需要打破艺术、审美感觉和日常生活之间的藩篱，从而使假象成为唯一可接受的现实，但是我们不应该假定这是一个既定的事实，或者是人类感知本质中的东西，一旦发现就可用于解读所有以前的人类存在。相反，我们要研究的是它的形成过程。所以，有必要在具体场合和普遍程度上，提出严峻的社会学问题。这里，我们研究特定认知风格和感知模式的社会生成的历史根源，这些风格 70
和模式是在不断变化的人的型构之间的相互依赖和斗争中产生的。举两个简单的例子。罗宾斯（Robbins 1987）对 19 世纪英国登山者的研究表明，长期以来旅游者和当地居民漠不关心的群山，变成了提供审美愉悦的美的对象，这就是一个明确的社会过程，涉及中产阶级的新品味的发展、教育和制度化；同样，在 18 世纪初出现的壮游（Grand Tour）吸引了渴望体验欧洲遗迹和艺术珍宝的贵族及上层阶级成员，而在这以前人们的普遍态度是，他们可能需要的所有感觉和愉悦，自己的居住地都能够提供，因而并不情愿离开居住地（Hazard 1964: 23）。

很清楚，我们需要找出日常生活的审美化更准确的涵义。更宽泛地说，美学试图研究艺术的本质、美、审美体验和审美判断的标准（Wolff 1983: 13, 68 及以下诸页）。自 18 世纪现代美学发展以来，从康德的《判断力批判》中发展出了一种有影响力的传统，其中审美判断力的显著特征是无利害（disinterestedness），从这个角度来看，任何东西都可以审美的态度欣赏，包括日常生活中所有的物品。因此，当齐美尔从一个疏离的、审视的角度看物体，而不直接沉浸其中的时候，他提及的那种愉悦也展示了这个传统的影响（Frisby 1981: 151）。大城市中的漫步者身上也能找到这种疏离的、窥视的态度，他们的感官被身旁流逝的各种新视角、印象和感觉的洪流过度刺激了。然而我们也有面临的问题，那就是距离化是否必要，以及其在具象中的逆转是否也可以被描述为包含了一种审美取向。以拉什（Lash 1988）谈论去分化的方式谈论去距离化（de-distantiation）或实例化（instantiation）——也就是说，沉浸到审视的对象中的愉悦——可能有所助益。[这里，我们对距离化的使用不同于曼海姆（Mannheim 1956）在讨论文化的民主化时对其的使用。]去距离化的益处在于，可以有能力观看通常被置于制度确立的审美对象范围之外的对象和体验，它指向对象的直接性，指向通过投入欲望来沉浸到体验之中。实际上，它涉及发展一种解控情感的能力，使自己向对象所能唤起的全部感觉打开。另一个需要考虑的问题是，拉什讨论的具象和去分化以及上述去距离化的使用，在何种程度上可以被用来提出进一步的相关范畴，即前分化（pre-differentiation）和前距离化（pre-distantiation），这两个范畴指向一种对编码控制的类似沉浸和放弃，对发生在
71 分化和距离化过程之前的，或者可以说是在限定的阈限时刻随着分化和距离化过程出现和养成的，经验的框定。在理论层面上，根据情感投入和情感疏离之间的不断变化的平衡，在之后处理这个问题可能是有益的。埃利亚斯（Elias 1987c）说明了

艺术家在极端的情感投入和情感疏离之间来回转换的方式。的确，在艺术亚文化中，在创造艺术作品和发展相关的生活方式的过程中，培养和管理在完全的情感激发和情感控制之间转换的能力，是一个核心问题。（这将在下文中详细讨论。）最后应该补充的是，如果说美学被认为是围绕着品味问题，那么布尔迪厄（Bourdieu 1984）揭示了一种对立，即高级的康德式美学——涉及认知鉴赏、距离化和纯粹品味的严格培育，与它所否认的大众阶级对直接的、感官的、"怪诞的"身体愉悦的享受的对立。就日常生活的审美化而言，我们不得不问，大城市消费文化的"梦想世界"的直接印象、感觉和图像（后现代主义的具象的意指体系是它的共鸣），在大众阶级及其文化的发展过程中，多大程度上具有更悠久的历史。但是首先，我们必须简要考察波德莱尔、本雅明和齐美尔所讨论的19世纪中期和晚期欧洲大城市的现代性体验。

现　代　性

波德莱尔、本雅明和齐美尔都试图解释19世纪中后期大城市的现代性新经验。波德莱尔关注的是1840和1850年代的巴黎，这后来深深地吸引了本雅明。波德莱尔的世界及这个世界大众文化的发展，成为本雅明（Benjamin 1982b）未完成的著作《单向街》的主题。齐美尔的《货币哲学》写于1890年代，出版于1900年，这本书也关注漫步者和消费者在柏林新的拥挤城市空间中的体验。齐美尔的柏林也是本雅明童年回忆的主题，他写作了《柏林童年》和《柏林纪事》（Benjamin 1979）。

波德莱尔迷恋19世纪中期巴黎生活中转瞬即逝的美与丑：时尚生活中不断变化的盛会，在人群的浮光掠影中信步而过的浪荡子，纨绔子，现代生活的英雄——即列菲伏尔（Lefebvre 1978）所谓的“自发的（相对于专业的）艺术家”——试图把自己的生活变成艺术作品（引自 Frisby 1985b: 19）。对波德莱尔来说，艺术应该尽力去捕捉这些现代景象。他瞧不起那些用古罗马、希腊、中世纪或东方的服装和陈设物事作画的当代艺术家。相反，艺术家应该意识到，“每个时代都有自己的步态、眼
72 神和姿势……不仅仅在礼仪和姿势上，甚至在面部的形式上”（Baudelaire 1964: 12）。同样，每个行业或职业都会在脸上和身体上留下美或丑的印记。因此，现代生活的画家，如波德莱尔推崇的康斯坦丁·居伊（Constantine Guys），应该潜心寻找短暂的、转瞬即逝的美，而这种美正在迅速地被重新构建。

波德莱尔对人群很是迷恋。本雅明（Benjamin 1973：169）将恩格斯对人群的厌恶和坡（Poe）对人群的恐惧和威胁的描述，与波德莱尔的浪荡子进行了对比，后者处在拱廊商店街不同的人群之中，有足够地空间舒适、闲逸地漫步（1973: 194）。新的巴黎拱廊商店街是本雅明《单向街》（1982b）的主题。照字面意义来说，它们是通道，是没有窗户的世界，而窗户是“心理的灵魂空间”（van Reijen 1988）。这些消费文化的“梦想世界”，拱廊商店街和百货商店，对本雅明来说是马克思在《资本论》第一卷“商品拜物教”一节中谈到的幻觉的具体化。新的百货商店和拱廊商店街是商品拜物教的庙宇。本雅明试图表明“商品拜物教特性中无机物的性吸引力”（van Reijen 1988）。（关于百货商店和拱廊商店街的讨论，参见 R. H. Williams 1982;

Geist 1983。）

在工业主义时代，艺术作为幻觉的力量，作为原创作品的权威，其“灵韵”（aura）之源，被转移到了工业中，绘画进入了广告，建筑进入了技术工程，手工艺和雕塑进入了工业艺术，从而产生了一种大众文化。巴黎是这种新的城市视觉展现全景的典范。如巴克-莫斯（Buck-Morss 1983: 213）评论：

> 可以说，资本主义工业主义的动力造成了一种奇怪的逆转，“现实”和“艺术”在其中互换了位置。现实变成了人造的，一个由新的工业过程带来的商品和建筑的幻觉。现代城市只不过是这些物品的增生，它们的密度创造了一个由建筑和消费品组成的人工景观，这个景观像先前的自然景观一样，将一切包含其中。事实上，对出生在城市环境中的儿童（如本雅明）来说，这个景观似乎就是自然本身。本雅明对商品的理解不仅仅是批判性的。他肯定商品是乌托邦式的，其图像“从艺术中解放了创造力，正如16世纪的科学从哲学中解放自身一样”（《单向街》第1236、1249页）。对本雅明来说，这种工业生产的物品、建筑、林荫道，从旅游手册到厕所用品等各种商品的幻象就是大众文化，也是《单向街》所关心的核心问题。

20世纪的大众媒体，加上好莱坞电影、不断发展的广告业和电视业，仍然可以无休止地复制这个商品世界，虽然本雅明仍然认为大众媒体，尤其是电影，可以一种更具批判性的方式利用，不去复制幻觉，而是证明现实就是幻觉。

在审美化的商品世界中，艺术和历史主题的不断循环意味
73 着城市景观给予童年记忆诱人的快被遗忘的梦想的性质。在现代城市的神话和魔幻世界中，儿童重新发现了新事物，而成人则在新事物中重新发现了旧事物（Buck-Morss 1983:219）。不断变幻的城市景观唤起各种联想、相似物和记忆的能力，满足了人群中漫步者的好奇心。对街头的闲逛者来说，物体似乎脱离了它们的情境，进入了一种从事物的表面读取意义的神秘联系之中（Buck-Morss 1986: 106）。波德莱尔（Baudelaire 1964: 4）试图用得病后能够重新直接地看到一切事物的隐喻，捕捉这一点。他告诉我们，康复就像回到了童年时代："康复者就像孩子一样，能够对事物极其感兴趣，无论这些事物表面上是多么微不足道……孩子看任何事物都是新的，他总是迷醉的"（引自 Frisby 1985b: 17）。这段话很有意思，因为它类似弗雷德里克·詹明信（Jameson 1984b: 118）所说的精神分裂的"强度"，詹明信认为精神分裂是后现代文化的一个关键特征，并提到了充满情感的生动有力的体验。这导致了能指之间关系的断裂，时间片断化为一系列永远的现在，精神分裂或得病后的感知就是这样。那么，这似乎是具象审美的一个很好的例子。

戴维·弗里斯比（Frisby 1985）把格奥尔格·齐美尔当作第一个研究现代性的社会学家讨论时指出，本雅明（Benjamin 1973: 106）在波德莱尔的作品中发现的神经衰弱、大城市居民和顾客的主题，在齐美尔关于现代性的讨论中也同样是最重要的。齐美尔对世界博览会建筑的审美维度提出了有趣的见解，其短暂和虚幻的性质与我们谈过的商品的审美维度相呼应。在时尚界，也可以发现一个类似的将审美引入非审美领域的过程。

时尚更迭的不断加快增强了我们的时间意识，我们对新旧事物同时感受到的愉悦给我们一种强烈的存在感。不断变化的时尚和世界博览会指明了现代生活中令人迷乱的多元风格。对中产阶级来说，退回到家屋室内也不能幸免于风格的影响，因为在齐美尔写作的世纪之交，新艺术运动（当时在英国也有一种被称为唯美主义的类似运动）正力图将“每一个锅碗瓢盆”风格化。室内的风格化是一种矛盾的尝试，为现代生活的主观主义提供了一个缓和的、相对稳定的背景（Frisby 1985a: 65）。

在弗里斯比（1985a: 52）看来，齐美尔的文化现代性理论要优于哈贝马斯的。尽管哈贝马斯（Habermas 1981a）从波德莱尔的角度讨论了现代性的美学，但他关于文化现代性的定义借鉴了马克斯·韦伯的现代性理论，涉及生活领域的分化（1984）。在弗里斯比看来，齐美尔的立场是可取的，因为它试图将审美领域置于现代生活世界中，而不是将其视为与其他生活领域相分离。

我们可以用这些对照的立场提出一些观点，以此结束本节。74
首先，这也许不是哈贝马斯或齐美尔的问题，而是两人研究的是同一过程的不同方面。哈贝马斯的立场以韦伯关于独立的艺术反文化（例如19世纪中期的波希米亚艺术）的出现的讨论为基础。虽然“文化领域”这一术语包括科学、法律、宗教和艺术，可能会把我们从它与社会其他方面的相互依赖关系引开，但它的优点是使我们把注意力集中于载体——关注符号生产专家，特别是对我们来说，艺术家和知识分子——的人数和权力潜能的增长。艺术反文化在空间上也位于19世纪的大城市，尤其是巴黎（Seigel 1986），本雅明称之为“19世纪之都”。所以，我们必须考虑艺术家和知识分子作为漫步者的地位，他们穿行于新的城市空间，体验着我们说过的人群和梦想世界的冲击、震荡和流动。

这个群体的成员都有观察和记录体验的职业倾向，重要的是，他们飘浮于城市空间时所捕获到的体验，被认为是这些地方的权威体验。波德莱尔、齐美尔和本雅明多次提到观察者的疏离感，疏离又转为沉浸（参与），但他们都假定城市人群是一个由匿名的个体组成的大众，个体可以轻易地加入其中，随波逐流。例如，波德莱尔（Baudelaire 1964：9）谈到了一种愉悦，看“世界，处于世界的中心，却又隐藏于世界”。不过，观看者却不是隐形的，我们可以追随布尔迪厄（Bourdieu 1984），举出许多理由说明为什么小资产阶级知识分子或艺术家可能寻求这样的隐形性，感到自己在社会空间中飘浮。然而，他不是一架完美的录像机，也不是拍摄快照的相机，他［正如珍妮特·沃尔夫（Wolff 1985）在她的文章《看不见的浪荡女郎》中指出的，我们要谨慎地使用“他”这个词］是一个具体的人，他的外表和举止向周围的人传递可以读解的印象和符号。这些符号不仅可以在从事某种职业的人和娼妓身上找到，而且在艺术家和知识分子身上也可以找到。尽管身体快速流动的人群可能是一个不言而喻的际遇的所在，但正如波德莱尔指出的，解码的过程和读解他人外表的喜悦都在飞速地进行。波德莱尔不仅意识到知识和艺术活动，包括他自己的作品，已经如何被商品化了，他还鄙视空灵的、有灵性思想的艺术家试图逃避公共生活中的占有（appropriation）过程。因此，在他的散文作品《光环的失去》中，他嘲笑一位认为自己可以在人群中隐形飘浮的诗人，并表明他的艺术是亵渎的，他的人格是可以被社会辨认的（参见 Spencer 1985: 71; Berman 1982: 155）。

一旦我们从这个阈限领域进入商店、办公室、机构组织中直接的社会际遇，人流的移动就缓慢了下来，读解的过程就会更精确地进行，因为参与者能够发现、监控无意识的身体动作和姿势中显露出来的符号权力，并做出反应。这包括装束、风 75
格、语调、面部表情、举止、站姿、步态；还有身体本身的特征，如身高、体重等，它们都出卖了其主人的社会出身。事实上，对艺术家和知识分子必须根据其生活方式来加以理解，他们的生活方式在社会空间中是可以被识别和定位的。他们的社会兴趣还包括：（1）他们对生活的感知被更广泛地接受，即审美凝视的价值，即使这种凝视是挑战的或否定的；又即一般意义上的文化和知识商品的价值，以及指导如何使用和体验这些商品的必要性；（2）宣称他们在亚文化中表现出来的生活方式的优越性，这样其他人就会采用他们体现的“休闲”（off-duty）时尚、风格和观念——即使不是先锋派提出的当下的，也是不久之前的，这将保持行家和他们热切但落后的观众和追随者之间的有益距离。

我们可以借助韦伯和哈贝马斯分析艺术家和知识分子的品味与生活方式，以及他们对审美感知和感觉的普遍化加以概括的兴趣，也可以借助齐美尔和本雅明，分析如何通过建筑、广告牌、商店陈列、广告、包装、路牌，使城市景观变得审美化和迷人，分析这些空间中移动的具体的人：这些个体有不同程度上时尚的服装、发型、妆容，或者以特定的风格化的方式移动或控制他们的身体。在这第二种意义上，日常生活的审美化指向大城市中商品生产的扩张和延伸，这些城市已经盖起了新的建筑、百货商店、拱廊商店街、商场等，也生产出无穷无尽的商品来填充这些商店，为穿行其中的人提供衣服和食物。正是商品的这种双重能力，既是交换价值又是替代性的使用价值，既是相同的又是不同的，使得它具备了一种审美的意象，无论眼下人们梦想的是什么。例如，塞内特（Sennett 1976）叙述了这样一件事，巴黎的第一家百货商店乐蓬马歇在 1850 年代开业后不久，第一批橱窗陈列中展示了锅碗瓢盆。这些锅碗瓢盆被颇具风格地安排成一座南海岛屿的陈列，布以贝壳、珊瑚珠、棕榈树等，以产生一种美学效果。我们还必须问一个问题，“是谁安排了这个橱窗陈列？”答案可能是橱窗设计师，但我们也可以说是广告、营销、设计、时尚、商业艺术、建筑和新闻等领域的其他相关工作者所为，他们帮助设计和创造梦想世界。在许多方面，他们的品味、禀性和分类图式（classificatory schemes）与艺术家和知识分子相似，而且他们通常与这个领域中的最新发展保持密切联系。因此，以许多明显和微妙的方式，他们也向更广泛的公众传播审美倾向和感觉，以及“艺术家是英雄”的观念和“风格化生活”的重要性（参见 Allen 1983;
76 Frith and Horne 1987; Zukin 1988b）。事实上，作为文化中介人，他们在教育公众接受新的风格和品味方面，起着重要的作用。

我们可以注意到的第二点是，与后现代的日常生活审美化相关的许多特征，在现代性中都有一定的基础。图像的支配地位，阈限性，儿童、康复者、精神分裂者和其他人的感知所特有的生动的强度，以及具象的意指体系，都可以说与波德莱尔、本雅明和齐美尔描述的现代性体验有类似之处。在这个意义上，我们可以像利奥塔（Lyotard 1984：72）那样指出现代主义和后现代主义之间的联系，他说后现代主义“不是现代主义的终结状态，而是现代主义的新生状态，而且这种状态是持续的”。尽管利奥塔指的是艺术上的现代主义，并从康德的角度看待后现代性，认为它是先锋派不断表达不可表达之物、呈现不可呈现之物的尝试，但是我们也可以将他的观点延伸到20世纪末商场、购物中心、百货商店、主题乐园、“迪士尼世界”等等之中的奇观和仿真环境（参见Urry 1988），这些与本雅明、齐美尔等人描述的百货商店、拱廊商店街、世界博览会等有许多共同的特征。举一个简单的例子。1900年巴黎世界博览会上有许许多多的仿真，包括一个由动物标本、珍宝和货物组成的异域风情的印度景观；一个表现摩尔人时代的安达卢西亚西班牙的展览，展出模拟的内室和庭院；一幅横贯西伯利亚的全景图，将观众置于一个沿着轨道行驶的真正的火车车厢中，窗外展开的帆布给人西伯利亚的印象。还有一个多投影仪的演示，它是宽银幕立体电影的早期前身（参见R. H. Williams 1982）。

第三，具象强调主要过程，图像的流动，现代性梦幻般的性质、其生动的强度和对陈列的商品美学的惊奇感，本身可能可以追溯到比现代性更早的时间。下文即将考察狂欢节、集市、剧院和其他公共场所的前身。这些场所提供了刺激、新的感觉范围和普遍的情感解控，是文明化进程中产生的对情感的普遍控制的对照和暂时的缓解。

第四，我们对这一过程的进步或倒退方面没有什么可说的，只是要指出，人们对现代主义的艺术和知识亚文化的反道德性（antinomial）、越轨性，以及它们通过消费文化的发展对日常生活的入侵做了大量的论述。事实上，在贝尔（Bell 1976）看来，艺术已经破坏了道德，清教的工作伦理让位于对新感觉的享乐主义的追求和不受约束的自我的满足。贝尔有可能过分强调了社会威胁和对社会的破坏作用，因为他过分强调了艺术越轨的、颠覆社会的性质，并高估了观念相对于实践在产生一个可行的
77 社会秩序中的作用。此外，尽管艺术家争相丑化小资产阶级，但可以说，艺术家的许多实践和生活方式并不是一种简单的没有控制的情感倒退（emotional regression），而是必然涉及“受控的情感解控”，这可能需要，而且确实需要参与者的相互尊重和自我约束，而不是可能破坏社会联系的自恋式倒退（参见 Wouters 1986）。

中产阶级与狂欢的控制

在丹尼尔·贝尔（Bell 1976）看来，具有反道德和越轨特质的现代主义，从19世纪中期开始就在艺术领域占据了主导地位。当然，自19世纪中期起，尤其是在1848年革命之后的巴黎，就出现了在艺术和生活方式上采用越轨策略的波希米亚艺术家（Seigel 1986）。典型的波希米亚存在于资产阶级社会的限制之外，认同无产阶级和左派。豪泽（Hauser 1982）将波希米亚艺术家称为第一批真正的艺术无产阶级，由生存全然没有保障的人组成。事实上，他们与下层阶级共同生活在大城市的低租金地区。他们养成了与下层阶级相似的态度，崇尚自然随意、反系统的工作伦理，对有序的生活空间和受人尊敬的中产阶级的控制和规范毫不在意。然而，尽管这些符号和生活方式在中

产阶级内部似乎是新的，但他们采取的越轨策略却有很长的历史了。在中产阶级内部，有令人震惊的使用越轨符号的尝试，这与通过礼仪来控制情感的文明化进程是平行的。所以，根据斯达利布拉斯和怀特（Stallybrass and White 1986）的观点，波希米亚艺术家有可能上演了与早期狂欢节形式相似的“阈限象征剧目”。中产阶级的波希米亚艺术家，尤其是超现实主义和表现主义艺术家，以一种替代的形式，接管了狂欢节中的许多象征颠覆和越轨。所以，我们可以从中世纪的狂欢节中追溯到许多具象的方面，即流变的图像、感觉、情感的解控和去差异化，这些都与后现代主义和日常生活的审美化有关。

在其《越轨的政治与诗学》一书中，斯达利布拉斯和怀特（1986）讨论了狂欢节、节日和集市的关系性，它们被视为象征颠覆和越轨，其中高/低、官方/大众、怪诞/经典之间的区分，是相互建构和变形的。他们引用巴赫金的著作（Bakhtin 1968），指出狂欢节如何是怪诞身体（grotesque body）的庆典——膏腴的食物、烈性酒精、淫乱——在一个官方文化被颠覆的世界里。狂欢节的怪诞身体是不纯洁的、比例失调的、直接的、有孔洞的低级的身体（the lower body），是物质的身体，它与古典的身体相反，后者是美的、对称的、庄严的、从远处看的，是 78
理想的身体。怪诞身体和狂欢节代表了被排除在中产阶级身份和文化的形成过程之外的其他东西。随着文明化进程向中产阶级延伸，对情感和身体机能的更大控制的需要产生了礼仪和行为上的变化，这加剧了对直接情感和身体表达的厌恶感（Elias 1978b, 1982）。事实上，被排斥在身份形成过程之外的其他东西，成为了欲望的对象。

斯达利布拉斯和怀特对集市的双重作用进行了有趣的讨论，第一，集市是一个市场的开放空间，在这个与其他国家和国际市场相连的地方市场中，展示着来自其他国家和国际市场的商品，进行着一起又一起的商品交易。第二，集市是愉悦的场所；它们是地方的、充满节日气氛的和公共的，与真实世界没有联系。因此，集市不仅仅是当地传统的守护者，它们还是通过不同文化的交汇改造大众传统的场所；它们是巴赫金所说的杂合（hybridization）的场所，将异域的和熟悉的、乡村和城镇居民、专业表演者和资产阶级观众聚集到一起。那么，作为文化多元主义的主体，它们不仅仅是官方话语中的"他者"，而且通过引入不同的、更世界性的人和文化物品，扰乱地方习惯和当地传统。它们展示着来自世界各个地区的异域情调的奇怪商品，伴随着刺激人们欲望和兴奋的一股洪流：奇怪的标志，怪异的并置，不同装束、举止和语言的人，畸形人，奇观和表演。它们实际上是 19 世纪末百货商店和世界博览会的户外雏形，我们可以推测，它们以一种不那么驯服和受控的方式，产生了一些相同的效果。音乐厅中，缰勒不住的情感、颠覆和越轨仍然在产生一种"社会眩晕"和节日失序（参见 Bailey 1986a, 1986b; Clark 1985）。集市能够激发的兴奋和恐惧，今天的电影还能捕捉得到，电影强调这些阈限空间是兴奋、危险和怪诞的冲击与梦想和幻想相融合的场所，这些梦想和幻想有可能淹没和吞噬观众。今天的游乐场和主题乐园，如迪士尼乐园，以一种更受控、更安全的方式仍然保留着这一方面，为受控的情感解控提供了封闭的环境，成人在这里可以再次像儿童一样行事。

狂欢的元素从集市转入文学。关于集市的写作，可能旨在产生狂欢式的愤怒，也可能旨在脱离这些低级的愉悦。在 17 世纪，我们发现德莱顿（Dryden）和其他人试图把戏剧观众从心不在焉、吵吵嚷嚷、狂欢的乌合之众，转变为守纪律、有控制、懂礼貌、懂得欣赏的资产阶级戏剧公众。这种相反的向大众文化的拉力，以及中产阶级中一种更附庸风雅的教育文化，为文化企业家打开了空间。罗伯特·索斯韦尔（Robert Southwell） 79
爵士在 1685 年写信给他的儿子，建议他将巴塞洛缪集市作为一本有利可图的书的题材来考虑。为写好这本书，他的儿子必须从某个高处的窗户观察集市，研究人群，以便了解集市的相似和差异的规律。他的儿子还被建议去阅读本·琼森（Ben Jonson）关于巴塞洛缪集市的剧本（Stallybrass and White 1986: 118-119）。这是一个中产阶级教育计划的早期例子，即为新的公众制定结构化的说明和教学，以使他们可以审美的方式读解流行文化体验。索斯韦尔对这项事业的危险性很清楚，他的儿子可能会迷失在无穷无尽的区分中，最终陷入“十足的混乱”。这是失序的威胁，它要求俯视而不是沉浸，以产生疏离的审美鉴赏。

华兹华斯在《序曲》（Wordsworth 1805）中对巴塞洛缪集市的描述是一个类似的例子。虽然集市是“可怖的”，但他陶醉于“颜色、运动、形状、景象和声音”，这些来自世界各地的奇迹混杂在一起，产生了界限的越轨和混淆，动物变成了人，人变成了动物，等等（Stallybrass and White 1986: 120）。对华兹华斯来说，集市和城市中差异的增生与边界的侵蚀，可能“造成能指链的松动”，将他的身份消解为“十足的混乱”（1986:

123）。华兹华斯通过唤起古典的“缪斯”，消除了对完全沉浸、丧失界限和丧失自我的恐惧。事实上，古典美学的符号等级制度被提起，以保留一些新古典主义的教育计划的概念，这个教育计划中，低级的秩序和形式将被诗人加以升扬、显予高贵。对在 19 世纪后期发展起来的种种现代主义和 20 世纪后期发展起来的种种后现代主义来说，新古典主义的选择被排除了，具象的失序被探索和培植。这并不是说教育的使命被放弃了；远非如此。相反，教育计划变成了一个发展受控的情感解控所需的技术的计划。自我的技术将允许感官知觉的发展，允许我们在审美参与和疏离的极端之间转换，同时享受沉浸的愉悦和疏离的距离化的乐趣。

因此，文明化进程涉及更多的情感控制，对无法隐藏的生理现象以及低级的身体的气味、汗水和声响的厌恶感，对自己身体空间的敏感。它将中产阶级卷入与大众、怪诞的他者拉开距离的一个复杂过程之中。不过斯达利布拉斯和怀特（1986：191）认为，埃利亚斯（Elias 1978b）谈论的这种厌恶功能阈值的提高，也带有对被驱逐的他者的欲望的印记，这成为了迷恋、渴望与怀旧之源。因此，森林、集市、剧院、马戏团、贫民窟、荒蛮地、海滨胜景都吸引着资产阶级。如果这些场所的体验不被承认，如果文明进程的结构过于强大，那么这个意识
80 之外的危险区域就有可能进入意识之内，进入由拒斥它的斗争所滋养的潜意识。19 世纪后期中产阶级妇女的歇斯底里就是一个例子，说明了拒斥低级的身体和相关的象征失序的代价。我们还应补充，除了看到源自“符号功能的二元论”的强烈两极分化，即斯达利布拉斯和怀特（Stallybrass and White 1986：

189）所认为的文化生产的核心，还可以发现文明化和非正式化（情感解控）进程之间平衡的变化，这些进程本身代表了更高水平的情感控制，而不是倒退：也就是说，“受控的情感解控”（Wouters 1987）。在这个意义上，如我在其他地方（第三章）所讨论的，后现代主义从1960年代的非正式化的社会和文化浪潮中汲取了很多。狂欢的元素被转入艺术，保留在消费文化场所和奇观、电影和电视媒体中，现在有更多的中产阶级观众，他们已经脱离了与贝尔（Bell 1976）所说的清教伦理相关的更严律的人格结构，并能够更好地应对威胁性的情感。事实上，新中产阶级的部分成员已经接受了更多的教育，能够进行受控的情感解控，具备感觉和品味以实现对日常生活审美化的更大欣赏。

结　　论

在这一章中，我力图勾勒日常生活的审美化的一些特征，并认为这些特征并非是后现代主义所独有的，而是可以追溯到波德莱尔、本雅明和齐美尔所描述的19世纪中期的大城市体验。我们还认为，相似的审美体验似乎在狂欢节和集市上也产生过，新兴的中产阶级奋力与象征颠覆和下层阶级的怪诞身体缠斗，它们仍然是与文明化进程平行的永远存在的他者。实际上，要构建一个身份，知道你是谁，你必须知道你不是谁，而被排斥在外或限制在边界内的东西可能继续展示出一种魅力和诱惑，并刺激人们的欲望。因此，狂欢节、集市、音乐厅、奇观、度假胜地，以及今天的主题乐园、商场、旅游业，这些

“有序的失序”的场所才具有吸引力。正如斯达利布拉斯和怀特（Stallybrass and White 1986）慧黠的评论，资产阶级从未真正从布干维尔*的航行中返回，仍然屈服于构建的异域他者的魅力。[①]

* 布干维尔（Louis Antoine de Bougainville，1729—1811），法国将军、探险家，曾完成环球航行。巴布亚新几内亚的布干维尔岛由他而得名。——译者

① 我要感谢戴维·切尼、彼得·贝利（Peter Bailey）、斯蒂夫·贝斯特、布赖恩·特纳和安迪·韦尼克，他们曾对本章较早的一稿提出过建议。

第六章

生活方式与消费文化

目前“生活方式”这个词很时髦。虽然这个词在 81
社会学上的含义比较局限，指的是特定地位群体的独特生活方式（Weber 1968; Sobel 1982; Rojek 1985），但在当代消费文化中，它意味着个性、自我表达和一种风格上的自我意识。一个人的身体、服饰、谈吐、闲暇娱乐、饮食偏好、住宅、汽车、假日的选择等，都将被视为拥有者 / 消费者的个人品味和风格感的指标。与灰暗的墨守成规的 1950 年代相比，一个**大众**消费的时代，生产技术的变迁、市场细分和消费者对更多产品的需求，不仅为 1960 年代后的年轻一代，而且还越来越多地为中年人和老年人，提供了越来越多的可能的选择（管理这些选择本身成了一种艺术形式）。这里可以想到斯图尔特 · 埃文和伊丽莎白 · 埃文在《欲望的通道》（Stuart and Elizabeth Ewen 1982: 249–251）中的三个短语，他们认为这些短语象征了消费文化中的近期趋势：“今天没有一种时尚（fashion），只有**很多时尚**（fashions）”“没有规则，只有选择”“每个人都可以成为任何人”。假如这些话是要说明，长期坚持的时尚准则已经被违反，有一场反对统一性的战争，一种导致意义丧失的差异性的泛滥，那么这意味着什么？这意味着，我们正在走向一个没有固定地位群体的社会，在这个社会中，采用与特定群体固定联系的生活方式（表现在服装、闲暇活动、消费品、身体举止的选择上）已经被超越了。这个明显的向后现代消费文化的运动基于信息的丰富和图像的扩散，这些信息和图像不能最终被稳定下来，也不能被等级划分为一个与固定社会分层相关的系统，这将进一步说明社会分层的无关性，以及最终社会作为一个重要参考点的终结。实际上，社会和文化之间决定性关系的终结，吹响了意指文化的胜利号角。在一个旧的坐标迅速消失的社会场域中，消费品是否被个体以自由联想的方式用作文化符号，以产生表达效果呢？或者，品味是否仍然可以被充分地"读解"，被社会辨认和映射到阶级结构中？品味还能"分类分类者"（classify the classifier）吗？宣称超越时尚的运动，是否仅仅代表了一种游戏内部的动向，而非超越游戏的一种新动向，是否是一种在生活方式和消费实践的社会场域中的立场，可以与阶级结构相关联？

82 本章试图发展一种观点，以图超越生活方式和消费是大众社会完全被操纵的产品的观点，以及相反的立场，即坚持生活方式和消费场域，或者至少是其中的特定方面（如体育），是一个超越决定论的自主游戏空间。本章还将尝试论述，"没有规则，只有选择"的观点（被一些人颂扬为一个重要运动，打破时尚、风格和品味的旧等级制度，支持平等和容忍差异，并认可个人有权享受他们想要的任何流行乐趣而不遭遇假道学或道德指责）并不意味着任何像社会空间的内爆那样的戏剧性事件，而应该仅仅被看作是社会空间中的一个新动向。我将发展皮埃尔·布尔迪厄作品中的一个观点，即生活方式的新观念，最好是联系新小资产阶级的习念来理解，新小资产阶级作为一个不断扩大的阶级部分，重点关注消费文化图像和信息的生产与传播，关注扩大和合法化自己特有的禀性和生活方式。它是在一个其观点受到抵制和争议的社会领域中这样做的，特别是在英国，经济环境和政治文化中传统小资产阶级的美德经历了复兴。尽管如此，对消费文化的提问似乎是有用的，不仅要从大规模生产的效率或资本主义逻辑对需求的创造的角度发问，还要发现哪些特定群体、阶层或阶级部分最密切地参与了符号的生产，特别是颂扬风格和生活方式的图像与信息的生产。下文很大程度上是一个纲要性的思考，是高度概括化的，但我承认这些问题最终只能通过考虑到特定社会的具体情况的经验分析来回答。

消 费 文 化

使用“消费文化”这个词是为了强调，商品世界及其结构化原则是理解当代社会的核心。这涉及两个重点：第一，经济的文化维度，物质产品的象征和使用，物质产品不仅是实用工具，还是“沟通者”；第二，文化产品的经济，供应、需求、资本积累、竞争和垄断的市场原则，这些原则在生活方式、文化产品和商品的领域之内运作。

首先来看消费文化，很明显，在某些大众与学术圈中，对当代消费社会的物质主义的强调，远非没有问题。从人类学观点来看（Sahlins 1974, 1976; Douglas and Isherwood 1980; Leiss
1983），物质产品及其生产、交换和消费，需要放在一个文化 83
矩阵中加以理解。爱尔维特（Elwert 1984）也提到了“嵌入经济”（embeded economy），以引起人们对经济生活的文化先决条件的关注。在新马克思主义内部也出现了这样的动向，即不再把商品仅仅看作是具有使用价值和交换价值的工具，这些价值与人类需求的一些固定系统相联系。在这方面，鲍德里亚的研究（Baudrillard 1975, 1981）尤为重要，特别是他关于商品-符号的理论阐述。在鲍德里亚看来，商品批量生产运动的基本特征是，资本主义下交换价值的支配地位抹杀了商品原有的“自然”使用价值，导致商品成为索绪尔意义上的符号，其意义由其在能指的自我指涉系统中的位置任意决定。那么，消费就不能被理解为使用价值，一种物质效用的消费，而应主要理解为符号的消费。正是这种对参照物的拒绝，并代之以一个飘浮的能指的不稳定领域，使得科洛克尔（Kroker 1985）把鲍德里亚描绘为“最后的也是最好的马克思主义者”。据科洛克尔看，鲍德里亚把商品形式的逻辑推到了极限，直到它释放出其核心的“指涉的幻觉”：尼采笔下的虚无主义被呈现为资本主义逻辑的完成。

正是这种商品作为符号的主导地位，导致一些新马克思主义者强调当代资本主义再生产中文化的关键作用。例如，詹明信（Jameson 1981: 131）写到，文化是“消费社会自身的要素；从没有任何社会像这样被符号和图像饱和”。百货商店和城市中心的“梦想世界”（Benjamin 1982b; R. H. Williams 1982）中，广告与商品陈列利用商品符号的逻辑逾越了以前封存的意义，创造了不寻常的、新颖的并置，有效地重新命名了商品。平凡的日常消费品，与奢侈、异国情调、美和浪漫日益联系在一起，而它们原始或功能“用途”越来越难以解读。鲍德里亚（Baudrillard 1983a）已经让人们注意晚期资本主义社会中电讯大众传媒的关键作用。电视产生了大量威胁我们的现实感的图像和信息。意指文化的胜利导致了一个仿真世界，其中符号和图像的激增抹除了真实与想象之间的区别。在鲍德里亚（1983a: 148）看来，这意味着“我们生活的每个地方，都已为现实的‘审美’幻觉所笼罩”。“社会的死亡、真实的丧失，导致了对真实的怀旧：对真实的人、真实的价值、真实的性的迷恋和绝望的寻找”（Kroker 1985：80）。对鲍德里亚来说，消费文化实际上是一种后现代文化，一种没有深度的文化，在这种文化中，一切价值都被重新衡量，艺术已经战胜了现实。

现实的审美化凸显了风格的重要性，这也受到现代主义市场机制的鼓励，它不断寻求新时尚、新风格、新感觉和新体验。84
现代主义所体现的以前的艺术反文化观念，即生活是/应该是一件艺术作品，因此流行开来。威廉·莱斯（Leiss 1983）在他对加拿大广告的研究中注意到，在过去的50年中（电视广告尤为明显），广告从只包含产品信息，转变为包含更不紧密相关的、生活方式的图景。[①]

对生活方式的关注，对生活的风格化的关注，表明不能仅仅用交换价值和工具理性算计的概念，来理解消费的实践，消费品的计划、购买、展示以及日常生活中的体验。工具维度与

① 因此，宣传产品质量本身已经不那么重要了（尽管某些消费品的功能信息仍然是必需的），因为与商品相关、与之一起消费的是一种体验。这种体验有一个与满足幻想相关的心理维度，也有一个与商品作为沟通者的角色相关的社会维度。还应注意到一个更普遍的趋势，那就是不仅商品，还有体验也会被商品化和销售——运动场面、旅游业的主题乐园、迪士尼世界等，越来越多地包含一种以审美为中介的，也就是说有距离的，对“现实”的感知。

表现维度不应该被视为非此即彼的两极，相反，它们可以被视为消费文化带来的一种平衡。所以，可以一方面谈及算计的享乐主义、风格效果的算计和情感的经济，另一方面谈及通过推广一种审美的距离化，实现工具或功能理性维度的审美化。消费文化的新英雄不是通过传统或习惯无意识地采用一种生活方式，而是将生活方式作为一项生活的筹划，在他们设计为一种生活方式的商品、服装、实践、体验、外表和身体姿态的组合的独特性中，展示他们的个性和风格感。消费文化中的现代个体意识到，他不仅用他的服饰说话，而且用他的家、家具、室内装饰、汽车和其他活动说话，而这些都要根据是否有品味来读解和分类。对定制生活方式的关注和风格上的自我意识不仅仅出现在年轻人和富人身上；消费文化的声名表明，无论我们的年龄或阶级出身如何，我们都有自我提高和自我表达的空间。这是一个追求新的和时兴的关系与体验的男男女女的世界，他们有一种冒险精神，敢于充分探索生活的各种选择，他们意识到生命只有一次，必须努力去享受、体验和表达它（Winship 1983; Featherstone and Hepworth 1983）。

反对一种灰暗的墨守成规的大众文化的观点，即个人对商品的使用符合广告商所梦想的目的，经常有人指出，消费品的意义和使用，即解码过程，是复杂和充满问题的。例如，雷蒙德·威廉斯（Williams 1961：312）认为，住房、穿着和闲暇方面的跨阶级的一致性，对理解阶级结构来说并不重要。相反，不同的阶级有不同的生活方式和不同的对社会关系性质的看法，这形成了一个消费发生的矩阵。还应注意的是，跨阶级的一致性会随着两点逐渐下降：（1）技术能力的变化，它使

产品的种类和差异化在生产过程中得到加强，以及（2）市场
的日益分化。事实上，个体越来越多地消费不同的产品。这 85
一点，加上莱斯指出的广告中更弥散的、更模糊的生活方式意象的趋势，鼓励了对信息的各种解读（它们越来越多地采用现代主义甚至后现代主义的形式，销售者教育的同时又阿谀奉承）。这样，消费文化显然能够更容易地提供它一贯所承诺的个性和差异。

消费文化的差异化和鼓励差异作用的倾向，必须通过差异必须被社会承认和合法化的看法而得到缓和：完全的他性就像完全的个性那样，有不被承认的危险。齐美尔（Frisby 1985a）认为，时尚体现了模仿和差异化的矛盾倾向，他假设时尚机制是这样的，它的流行和扩张导致了它自己的毁灭，这表明我们需要更细致地考察在消费品和生活方式中建构品味的社会过程，并提出这样的问题：对风格和个性的关注本身，是否更多地反映了一个特定阶级部分的倾向，他们希望将自己的特定品味群（constellation of tastes）合法化为社会品味，而不是实际的社会品味本身。为此，我们仍然必须将重点放在生活方式和消费品的独特品味的生产上，但要从强调社会和文化过程、资本主义逻辑（可以认为它将生活方式推到了前台）的高度概括性降下来，去研究一个结构化的社会空间中生活方式品味的产生，在这个空间中，不同的群体、阶级和阶级部分在斗争和竞争，以使他们自己的特定品味成为唯一合法的品味，因此他们在必要时命名和重新命名，分类和重新分类，建立和重建场域的秩序。这指向对文化产品和生活方式经济的考察，采用的方法借鉴了皮埃尔·布尔迪厄的著作。

文化产品经济与生活方式的社会空间

首先应该强调，当我们谈及文化产品经济时，并不意味将产品和生活方式的生产归结为经济的还原论：相反，遵循布尔迪厄的方法，我们承认特定实践的自主性，实践需要根据特定场域中运作，并以类似经济的方式起作用的内部机制、结构化原则和过程来理解。因此，有市场竞争的过程，有生产和消费的拉动，有市场细分和群体垄断的倾向，这些都以具体的方式运作于所有社会实践——在科学、体育、艺术、老龄化、语言交流、摄影、教育、婚姻、宗教等分散的场域中。此外，每一
86 个社会场域都可看作一种系统，其中每个特定的要素（主体、群体或实践）从其与其他要素的联系中获得其独特的价值（在索绪尔的意义上）。然而，布尔迪厄不是结构主义者，他意识到需要分析一个场域的历史，研究它的*过程*——随着时间的推移，场域内特定要素的变化轨迹改变了相对位置，产生了固定的结构和其中个别要素的意义。

为使这种方法更具体化，也为了引入对生活方式的分析，考察布尔迪厄的《区分》（Bourdieu 1984）是有益的。对布尔迪厄来说，文化产品的品味是一种阶级的标志，在《区分》中，布尔迪厄试图勾勒出合法的“高级”文化实践（参观博物馆、听音乐会、读书）以及生活方式和消费偏好（包括食物、饮料、衣物、汽车、小说、报纸、杂志、假日、嗜好、运动、休闲活动）中不同品味的社会领域。因此，“高级”意义上的文化与人类学意义上的文化都被铭写在同一个社会空间内。然而，当生

活方式的空间被叠加到阶级/职业结构的图示上时，品味的对立和关系的决定会变得更加清晰，而阶级/职业结构的基本结构原则是群体拥有的资本数量和构成（经济的或文化的）。这里有几个由此产生的关联的例子（参见 Bourdieu 1984: 128–129）：那些拥有大量经济资本的人（工业企业家、商业雇主）以商务会餐、外国汽车、拍卖、第二居所、网球、滑水、巴黎右岸的画廊作为自己的品味。那些拥有大量文化资本的人（高等教育的教师、艺术创作者、中学教师）以左岸的画廊、前卫艺术节、《摩登时代》*、外语、国际象棋、跳蚤市场、巴赫、群山秀峰为自己的品味。那些经济资本和文化资本都低的人（半熟练、熟练、不熟练工人）则以足球、土豆、普通红酒、观看体育比赛、公共舞会等为自己的品味。

挑出这些例子，对社会空间的复杂性是有失偏颇的，在这个空间中，中介位置对特定群体相关的系列品味选择有着决定性的作用（参见 Featherstone 1987a）。它们提供的也只是一个静态的描述，掩盖了该场域的关系机制，即当引入新品味或品味产生通胀时，下层群体就会模仿或篡夺上层群体的品味，导致上层群体通过采用新的品味来回应，这将重新建立和维持原有的距离（例如，流行或大众营销，无论是《威廉·退尔序曲》，还是马莎百货等超市和商店推出相对廉价的香槟，必然意味着上层群体会转向更前卫的音乐作品，或者购买新的更为稀有的佳酿，或者饮用陈酿香槟）。这样，支配群体寻求拥有或建立威廉·莱斯（Leiss 1983）所说的“地位商品”（positional goods），

---

* 《摩登时代》（*Les Temps modernes*）是波伏娃、萨特、梅洛–庞蒂创立的一本文学杂志，发行于 1945—2019 年。——译者

这些商品之所以有声望，是因为强制产生了一种人为的供应稀缺。消费文化机制产生的问题之一是，随着稀缺商品和被限制
87 的商品被推销给更多的人或流向市场，通货膨胀不断被引入，导致社会竞赛的跨越式发展，以维持可识别的区分。满足感有赖于对社会认可的、合法的（因此是稀缺的或被限制的）文化产品的拥有或消费。

所以，根据文化资本和经济资本的拥有量来谈论生活方式及文化产品的品味起源，就是可以理解的了。试图单纯根据收入描绘品味，就会忽略运作中的双重原则，因为文化资本有其自身的价值结构，它可以转化为社会权力，与收入或金钱无关。因此，文化领域具有它自己的逻辑、货币以及向经济资本的转化率。对拥有大量文化资本的知识分子和学者来说，这种文化资本的声望、合法性、相对稀缺性以及由此而来的社会价值，取决于对文化产品市场的否定，以及对文化资本转化为经济资本的相关性与必要性的否定。这种认为存在交换率，认为有声望的文化产品可以作为货币兑换的错误认识，表明了对一种“更高”“神圣”的文化领域的维护，艺术家和知识分子在其中努力展现他们的“天生”才能（卡里斯玛的意识形态）的成果。它也表明了符号生产相对于经济生产的威望，表明了知识分子能够在文化领域确立起对合法品味的垄断，在有品味和无品味之间，在纯粹的凝视和庸俗的观赏之间，在审美距离和直接感官享受之间进行区分、判断和等级划分。

所以，知识分子（支配阶级中的被支配成员）利用符号系统的逻辑产生区分，这些区分有助于阶级之间和阶级部分之间现有关系的再生产。在这一点上，他们与资产阶级（支配阶级

中的支配成员）一样，都希望维持既存的物质阶级关系状态，即经济资本享有很高的威望，在转化为文化资本时有很高的交换率。因此，他们始终寻求文化领域的自主性，并通过抵制文化民主化的举动来增强文化资本的稀缺性。

当作为符号生产专家的知识分子力图垄断进入这一领域的途径时，他们是在通胀和不稳定日益成为常态的情况下行事的：艺术现代主义的**内部**先锋机制创造了新的被认可的文化产品的供应，而消费市场本身的**外部**机制产生了大众对稀有艺术产品的需求。将后一种机制与符号生产的传播者，即新小资产阶级联系起来考察，并提出这个阶级部分与知识分子之间的关系问题，将为我们最初关于新小资产阶级在刺激对生活方式的风格 88
化需求中的作用的推测，指出一些初步的答案。

在《区分》最具洞察力的一章中（Bourdieu 1984: 359），布尔迪厄分析了提供符号产品和服务的新小资产阶级，文化中介人。重要的是要注意这个阶级部分在社会空间中的上升轨迹。像农民和农场主这样的群体由于劳动分工的变化而人数减少，因此倾向于悲观、怀旧的世界观，与之相反，新小资产阶级的人数在不断增加，因此对世界抱着积极进取的态度。布尔迪厄把小资产阶级定义为“一个将自己变小以成为资产阶级的无产者”。通常情况下，他们投资文化与教育资本。新小资产阶级在追求富于表现力和自由的生活方式时，被最天真的贵族式的品质（风格、区分、教养）吸引，这使他们区别于旧小资产阶级和工人阶级。

这里，布尔迪厄关于“习念”的概念，有助于勾勒出决定品味的一系列禀性，这些禀性也是这个阶层的特征。布尔迪厄的习念指的是无意识的禀性、分类图式、想当然的偏好，这些都体现在个体感觉什么样的对文化产品和实践的品味——艺术、食物、假日、嗜好等——是适当的和正当的。必须强调的是，习念不仅在日常知识层面上运作，而且还铭写在身体上，流露于身体的大小、体积、形状、姿势、步态、坐姿、饮食方式、个体觉得其身体有权占据的社会空间和时间。音调、语气、口音、用语模式的复杂性、身体姿态、面部表情、对自己身体的自在感——这些都流露了一个人社会出身的习念。简言之，身体是阶级品味的具体化：阶级品味体现在身体上（embodied）。每个群体、阶级和阶级部分都有不同的习念，因此，一系列差异、品味的区分和庸俗的来源，可以被映射到一个社会场域，这个场域实际上应该形成第三个网格（grid），叠加到前面讨论的生活方式和阶级 / 职业资本的空间之上。

如果我们转向考察新小资产阶级的习念，我们会清楚地发现，资产阶级对自己的身体有一种轻松和自信的感觉，而小资产阶级对自己的身体感到局促，不断有意识地检查、观察和校正自己。因此，身体保养技巧、新的加利福尼亚运动和锻炼形式、化妆品、健康食品对他们具有吸引力，他们把身体当作向他人展现的符号，而不是一件工具。新小资产阶级是一个伪装者，渴望自己不止于此，他对生活采取了一种投资取向；他拥有很少的经济或文化资本，所以他必须获得这些资本。因此，新小资产阶级对生活采取了一种学习模式；他有意识地在品味、风格和生活方式等场域中教育自己。

这种生活方式的典型态度是“为什么我不能吃自己的蛋糕”，既寻求安全又追求冒险。个体怀着新的自恋寻求最大化

和体验可及的感觉范围，寻求表达和自我表达，迷恋身份、展 89
示和外表，使新小资产阶级成了“自然的”消费者。布尔迪厄（Bourdieu 1984：370）曾一度把新小资产阶级称为“新”知识分子：

> 他们正在创造一种生活的艺术，以使他们以最小的代价获得知识分子的满足和声望。在反对“禁忌”和清算“情结”的名义下，他们截取了知识分子的生活方式中最外在、最易借用的方面，自由的态度、狂放的妆容或衣着、无拘无束的姿态和姿势，并系统地将培养的禀性运用于尚未合法化的文化（电影、连环漫画、地下读物）、日常生活（街头艺术）、私人领域（性、化妆品、育儿、休闲）和存在（与自然的关系、爱、死亡）。

他们是完美的观众和传播者，是新的知识普及的中介人，这不仅是知识体系的普及，也是知识分子**生活方式**的普及。这样做实现了区分的功能，因为“它使得**几乎**每一个人都能获得与众不同的姿态、与众不同的游戏和其他内在财富的外在标志，这在以前为知识分子所独有”（Bourdieu 1984：371）。事实上，新资产阶级和新小资产阶级的先锋所信奉的新伦理，很可能正在创造**完美的消费者**。

所以，新小资产阶级认同知识分子的生活方式，并作为中介人将知识分子的理念传递给更多的人。他们本身也是文化企业家，力图合法化新的专业领域的知识化（intellectualization），如流行音乐、时尚、设计、假日、体育、大众文化等，这些领域越来越被严肃地分析。这里不是新小资产阶级推广一种特定风格的问题，而是迎合和促进对风格本身的普遍兴趣、对过去风格的怀念、对最新风格的兴趣，在一个本身缺乏独特风格的时代——齐美尔所谓的现代生活特殊的无风格性——风格令人着迷，被不断的阐释和重新阐释。

尽管新小资产阶级与知识分子具有亲缘关系和相似之处，但是他们也在新资产阶级中找到了天然的盟友。两者的“新”，意味着他们在社会空间中游走，抛弃了小资产阶级狭隘的禁欲主义，提倡更享乐主义的和表达自我的消费规范。两个群体都产生了自己的新贵，主张自主学习（autodidacticism），这可以从他们对文化采取的学习模式中看出——既包括神圣的高雅文化，又包括流行文化，还有更为普遍的消费风格和实践。通过富裕的消费和展演自我的风格化呈现产生的一种自我实现、自我表达的生活方式，以及伙伴和商品，可以被视为关于美国太
90 阳带[*]新富阶层的全球流行电视剧的核心：《达拉斯》和《锦绣豪门》。它们的魅力部分在于消费社会的背景，它要求各阶级的个体在不同的目标市场中，驾驭他们不断提高的期望，踏上自我完善和风格化的冒险之路。[②]

最后，在指出了作为符号生产者的知识分子和新小资产阶

---

* 太阳带（sun belt）是美国的一个地理区域，约在北纬 36 度线以南。因气候温暖，太阳带自 1960 年代以来人口增长，进而经济繁荣。——译者

② 这里没有足够的篇幅对工人阶级进行这方面的分析。我只想说，布尔迪厄关于不得不作出“必然选择”的法国工人阶级的分析，虽然之于流氓无产者、传统或失业的工人阶级来说是正确的，但没有考虑到其中私有化、消费取向的部分，当然，他们的消费模式与新小资产阶级和资产阶级不同，习念也极不相同，但是可以通过自主学习的问题——尴尬和学习模式——认同于后者。

级之间的亲缘关系后，可以提出一些观点，说明在生活方式和文化产品场域中，有一种倾向于使这两个群体更加紧密地联系在一起的机制：

1. 时间必须被引入社会空间，时间是测量风格与生活方式之间距离的一个（也许是最好的）维度。新风格的引入打破了现有的区分等级的平衡。过时的风格和生活方式也许会得到一些人的忠诚，因为在他们的成长时期，“他们的”风格是被认可的和合法的，正当其时。当然，对于先锋派来说，情况正好相反。因此，随着时间的推移，这个场域产生了原有风格的贬值。由于消费文化中的大众化机制，品味和风格会受到进一步的市场滑坡的影响。对先锋派和专家来说，大众化实质上是一种贬值。这发生在所有流行文化活动和实践中，而不仅仅局限于作为典范的艺术现代主义中。正如伯尼斯·马丁（Martin 1981）指出，在流行音乐中（对先锋派来说，这本身就是一个不可接受的术语，他们力图通过准垄断和封闭的做法来使自己的实践合法化，这些做法形成了新的专业等级制度，和对该领域的重新命名：“摇滚乐”），流行是双刃剑：一旦罗德·斯图尔特（Rod Stewart）或披头士乐队在市场上向下传递给了更小的孩子，向上传递给了成年人和中年人，青少年就会弃之不顾。

2. 在诸如知识分子阶层中（这里我们特别想到艺术和现代主义的机制），存在着原有者和外围者 / 新来者之间的斗争（Bourdieu 1979; Elias and Scotson 1965）。新来者采取颠覆性的策略，他们追求差异、不连续性和革命，或者回归本源探求传统的真正含义——这些策略为他们自己创造了一个空间，并取代了原有者。在战后时期，1960 年代进入高等教育和知识领域的个人所创造的与原有的“高雅文化”的对抗，可以用这种方式来解读。[③]

3. 外围知识分子和新文化企业家的颠覆性策略之一，是寻求使新的场域合法化，使其跻身原有知识分子提供的、体现为高雅文化的传统的受限制的品味定义之侧，并削弱原有的品味定义。摇滚乐、时尚、电影被奉为正典，成为批评家、解释者和普及者的合法知识领域。

91 这种策略不一定是单向的；外围知识分子与新小资产阶级文化中介人结盟，将一些新规则强加于游戏，也可能创造条件，使原有知识分子被迫进入新的游戏，采取在大众媒体中普及和解释文本、风格、实践的策略，以寻求维持或重新建立他们以前对文化权威的某种垄断的表象。这里应该注意到相关的两点：首先，文化中介人以其财政资源和专业知识，来展示和实现他们的文化利益（尽管是为了大众观众），这种要求对原有知识分子是讨好的。这也是对精英主义和过时品味的指责的回应。因此，“古典”作曲家指挥起了流行歌剧，管弦乐指挥玩起了爵士乐，知识分子通过对“专业知识的贪婪欲望”，重新解释旧风格、发现新风格，主动出演或被拖入问答节目、访谈节目等。其次，我们应该注意到明星知识分子的出现（Vaughan 1986），他们进行的正是这个过程，但在这样做的时候，

③ 在埃利亚斯的文明化进程理论基础上，对 1960 年代发生的非正式化过程的讨论，参见卡斯·乌泰的作品（Wouters 1986）。

他们因为迈入大众化，破坏了他们封闭、神圣的权威。即使不涉足大众流行电视节目（例如，英国的马格努斯·派克及戴维·贝拉米参与科学和自然历史节目，过渡渲染了疯狂的、挥舞手臂的科学家的刻板印象），文化专家之间在深夜节目或小众频道上的辩论，也因把他们的专业置于与其他节目相同的水平，造成了专业的贬值。简言之，他们作为沟通者和表演者的技能，由此优先于他们的信息的神圣内容。

4. 记录、保存、分析文化产品的新机构（例如，流行文化档案馆或博物馆矗立在“神圣”的美术馆之侧，或作为其附属物），普及电视和广播节目并解释品味的新杂志，测试产品的消费者协会都建立起来。担任文化中介人的人员数量也在增加。简言之，文化市场是一个不断扩大的市场，它破坏了传统的货币及其鉴定者（关于艺术界的机制，参见 Bourdieu 1971）。

5. 信息流通的能力得到了增长。艺术风格和艺术作品迅速地从生产者传递到消费者。古老神圣的艺术作品（如蒙娜丽莎）被摆放在路边，供不同文化中的普通观众观看。这里，全球化进程有助于加强文化中介人的作用，他们管理着新的全球媒体发行链（通过卫星等）。它也吸引了知识分子在一个新的文化多元主义的全球环境中解释传统和风格。这进一步削弱了已确立的西方（高级）文化品味的等级秩序的（启蒙）权威。所以，知识分子必须扮演一个新的角色，作为不同文化传统的巨大多样性和财富的解释者， 92
将之作为富有意义和异域情调的东西呈现给新的观众，而不涉足判断或划分价值的领域（Bauman 1985）。

6. 这可与外围知识分子的一个策略联系起来，即看起来试图颠覆整个游戏的后现代主义。在后现代主义中，传统的区分和等级制度坍塌了，文化多元主义被认可，这正与全球环境相适应；刻奇、流行和差异被赞美。它们的文化创新宣称的一种超越实际上是一种之内，是知识游戏之内的一种新动向，这种动向考虑到了文化产品生产的新境况，而这种新境况本身又会被文化中介人视为非常有利可图。

第七章

城市文化与后现代生活方式

我们应该怎样理解最近对城市文化和城市生活方式兴趣的增长？在某个层次上，我们可以正确地认为，城市一直有自己的文化，它们产生了独特的文化产品、手工制品、建筑和独特的生活方式。我们甚至可以更为“文化主义”，断言空间的组织、建筑的布局，本身就是特定文化符码的表现。在这种情况下，特定的“深层”文化符码也许使我们将城市看作主要的经济、功能或审美实体。如果说存在一种由更多强调经济和功能向更多强调文化和审美的转变，那么这有助于我们将它与声称的从现代性和现代主义向后现代性和后现代主义的转变联系起来吗？如果我们将这个问题暂时搁置一边，去关注第一个层面上的问题，即城市一直有自己文化的观点，我们可以认为这意味着文化一词的两种意义：文化是一种生活形式（人类学意义上）；文化是艺术，是升华精神的文化产品和体验（高雅文化）。本章我要着力讨论的一个中心主题是，这两种意义上的文化的界限已经变得模糊，这使得被指定为文化的现象的范围从艺术（高雅文化）扩大到了广泛的流行和日常文化，其中任何物体和体验都可以被视为具有文化意义。伴随着这一转变，生活方式从被认为是相对固定的一系列区分群体的禀性、文化品味和休闲实践，转向了在当代城市中生活方式的形成更主动积极的假设。因此，焦点从生活方式是以阶级或居住邻里为基础的，转向生活方式是对生活积极主动的风格化，其中一致性和统一性让位于对短暂体验和表面美学效果的戏谑性探索。正是这些转变的复合效应使一些文化评论家着迷，他们倾向于将这些转变当作更基本的社会和文化移位的指标，这种移位越来越多地被称为后现代主义。

本章将力图从两个重点来理解这些变迁：第一，正在发生的，据称相当于后现代的转变的生活方式和城市文化的转型；第二，提出社会结构和关系的变化问题，一系列特定的文化专
94 家和中介人能够利用这些变化，发展文化产品和体验的新市场。简言之，需要关注一系列新的文化产品和体验的阐释者、承载者与推动者的作用，以及认为这些产品和体验是重要的、有意义的、值得投资的看法。

在更详细地讨论这些问题之前，我们可以简单地提及一些因素，这些因素表明城市文化和城市生活方式已经被主题化。第一，有一种假设，认为特定的城市（如佛罗伦萨、威尼斯）是拥有许多过去的艺术瑰宝和文化遗产的文化中心，这些瑰宝和遗产既收藏在博物馆和美术馆中，也体现在建筑构架和布局之中，它们代表了城市文化资本的主要来源。上述案例中城市可以被视为“艺术作品”（Olsen 1986），而绝佳的自然景观也可以被视为声望或文化资本的另一个来源（如里约热内卢、旧金山），与此同时，如果一个城市拥有休闲和娱乐产业，我们认为它也可以成为文化中心。特定的大都市（如纽约、巴黎、洛杉矶、伦敦）可能作为文化生产中心，拥有很强大的文化资本，

它们不仅拥有艺术（这是一个仍然在不断扩大的部门），还拥有时尚、电视、电影、出版、流行音乐、旅游和休闲等大众文化产业。在这种情境中，文化资本的概念（Bourdieu 1984）是指经济（金融和工业）资本之外的其他财富来源，其价值可以通过一系列直接和间接途径被赎取并重新转化为经济价值。因此，国家政策制定者、城市管理部门和私营资本家都愿意鼓励和寻求对文化的投资（Fisher *et al*. 1987），他们在竞争加剧的情况下非常注意城市形象的重要性。

第二，当代西方社会中文化领域的普遍扩张，不仅说明了文化产品和信息市场的扩大，而且也表明商品的购买和消费（一种所谓的物质行为）越来越多地被弥散的文化图像所中介（通过广告、陈列和促销），其中符号或产品的象征方面的消费，成为获得满足的主要来源（Baudrillard 1981）。在这里，我们可以指出，休闲消费形式的重要性在不断增长，它强调体验和愉悦的消费（如主题乐园、旅游和娱乐中心），更传统的高雅文化消费形式（如博物馆、美术馆）放弃了经典的、有灵韵的艺术和教育育人的自赋使命，转而强调奇观的、流行的、愉悦的和
可以直接感受的艺术，来迎合更多的观众。此外，可以说在这 95
两种文化形式与第三种文化形式，即商场和购物中心的发展之间，出现了进一步合流。

第三，文化和休闲活动范围的扩展，不仅延展了可行的休闲生活方式的范围，而且还导致了一些质的转变。像我前文提到的，一些群体（特别是年轻的、受过高等教育的、中产阶级的群体）对生活方式采取更主动积极的态度，追求生活的风格化。这里，我们不仅可以指出当代大都市里对艺术亚文化（波

希米亚、先锋派）生活方式的模仿和流行，还可以指出所谓“生活的艺术家”——那些并不作画，但有艺术感以把自己的生活变为艺术作品的画家。新一波城市浪荡子对时尚、自我呈现和“外表”的关注，表明了一个文化差异化的过程，这在许多方面与衣着相似的人组成列队的大众社会的刻板印象相反。如果借用齐美尔的话，把当今这个时代描绘为“没有风格”的时代，那么这个过程表明了新风格（时尚、外表、设计、消费商品）的急速更替，和对过往风格的怀旧召唤。

这里我们可以指出，在日常生活的风格化和审美化过程中，艺术家的生活方式、风格化的呈现和展示，与一系列差异化和复杂的消费品、休闲活动和体验的发展，有进一步合流的趋势，后者包含了对设计、风格及艺术的、时尚的文化形象的大量投入。也可以说，某些现代主义艺术潮流本身（如达达主义和超现实主义）在 1960 年代成为后现代主义的核心，它们力图推倒艺术和日常生活之间的藩篱，以表明最平庸的消费文化物品与大众文化的刻奇和碎屑本身可以被审美化，成为艺术作品的主题，或被纳入艺术的形式结构中。后现代艺术也关注身体、生命艺术和偶发艺术（参见第三章）。因此，许多潮流之间发生了互换：更多的风格、设计和文化形象被投入消费品、休闲和消费场所及城市建筑之中；随着特定的艺术飞地和社区（如纽约的苏活区）的发展，艺术专业人员、中介人及辅助人员的人数增加；向后现代艺术的迈进及其对日常生活和大众消费文化的审美化；随着人们在城市空间与消费、休闲和娱乐场所漫游，社会集聚（agglomerates）日益显著，显示出对风格展示、时尚服装和自我呈现的关注（经常以戏谑的或模仿的形式，据称是为了寻求超越传统的地位游戏）。下面我们就来详细考察这些潮流。

后现代城市文化

一些评论家将我们刚刚提到的一些趋势称为后现代 96
（Cooke 1988; Zukin 1988a; Chambers 1987）。尽管“后现代”一词及其最常见的派生词“后现代主义”“后现代性”，在使用方式上有些混淆（参见第一章、第三章），但是它们确实使我们注意到一系列文化变迁，这些变迁也许预示着社会结构和关系的一系列更为基本的转型。最经常引用的与后现代主义相关的特征包括（1）在哲学与社会和文化理论中的一种反基础论立场，认为西方现代性宣称其科学、人文主义、社会主义等观念具有特许的普世性，而作为这种宣称论据的基础元叙事是有缺陷的，我们应该努力建立一种不那么自命不凡的知识模式，它对地方差异更敏锐，因为知识分子的角色已从令人信服的立法者变成了解释者（参见 Lyotard 1984; Kellner 1988; Bauman 1988）；（2）这种对地方和本土的优先考虑，转化为学术、知识及艺术界中民主和民粹的对符号等级秩序的摧毁，例如，高雅文化与流行或大众文化之间、艺术与日常生活之间的区分受到了挑战——简单地说，我们应该“向拉斯维加斯学习”（Venturi, Scott Brown and Izenour 1977）；（3）文化的形式从话语转变为具象，这体现在对视觉图像而不是语词的强调，对自我的初级过程而不是次级过程的强调，对沉浸而不是维持距离的疏离观看的强调（Lash 1988）；以及（4）这些方面都在“后现代无深度文化”（Jameson 1984a）这个短语中体现了出来，历史有序发展的观念应该让位于将过去视为图像、片断和景象的集合的认知，这些图像、片段和景象被无休无止地复制和仿真，不可能找到一种重要的秩序或价值判断基点。广泛的学术领域中的评论家们注意到了这些特征，不管“后现代主义”一词对超越现代的动向的强调是否合宜，使用这个词有一个优势，就是引导我们去关注艺术和大众文化实践、日常生活的意指结构及取向模式中被认为是显著的变迁。后现代主义的民粹和去等级精神，使我们注意到文化如何作为一个问题出现，如何与长期确立的符号等级秩序的去垄断化一起被理论概括和探索，这些符号等级秩序先前的支配地位，意味着特定的文化观念先前被视为理所当然的，未被主题化。因此，可以追随迪马吉奥的观点（DiMaggio 1987），认为西方世界正在进入一个“文化去分类”阶段，在这个阶段，各种文化观念之间的竞争将会加剧，强加一种价值等级秩序的能力也会被削弱。

就我们的特殊目的来说，有趣的是，评论家们采用了后
97 现代主义的修辞来理解我们提到的城市文化和城市生活方式的变迁。尤其有影响力的，应算鲍德里亚（Baudrillard 1983a，1983b）的著作，他提出了仿真文化的概念。他认为，晚期资本主义中，消费商品已经发展出和广泛的图像和符号相联系的能力，这些联系覆盖了最初的使用价值，因此商品成为了商品符号，他发现这个过程的强化产生了一种质的转变，导致了具体现实感的丧失，因为消费-电视文化及其飘浮的大量符号和图像，产生了一系列无止境的相互仿真的仿真。鲍德里亚称之为

“超现实”（hyperreality），在这个世界里，通过消费主义和电视堆积的符号、图像和仿真，导致了一种不稳定的、审美化的对现实的幻觉。对鲍德里亚来说，文化事实上已经任意飘浮，以至于文化无处不在，积极地中介和审美化社会结构和社会关系。这是超越语言的话语反思的首要地位，朝向具象的文化形式的运动，它强调听觉和视觉感觉的直接性和强度，为去中心的主体提供了原初的、弥散的愉悦。

如果将这些观点用于城市的语境之中，很显然，过去关于前现代城市的观念，即认为某些城市沉淀了传统、历史和艺术，拥有提供强烈地方感和集体认同感的著名建筑与地标，或者“去文化的”城市的观念，即现代主义的功能性经济城市，其空间形式被网状布局和高层现代主义建筑所主导——这两者都让位于后现代城市的观念，它标志着对文化、风格和装饰的回归，但这种回归是在“无地方性空间”的范围之内，文化的传统意义被去脉络化（decontextualized）、仿真、复制与不断地更新和重塑。因此，后现代城市更多是图像的，是文化自觉的；它既是文化消费的中心，又是一般意义的消费的中心，而后者，正如曾经所强调的那样，不能脱离文化符号和形象，所以城市生活方式、日常生活与休闲活动本身，不同程度地受到了后现代仿真趋势的影响。

举些例子来说：建筑中的后现代倾向，通过重新引入装饰，混合风格与戏谑的流行艺术仿真（如菲利浦·约翰逊在纽约的奇彭代尔式的 AT&T 大厦*），可以看作是对建筑现代主义

* AT&T 大厦现名麦迪逊大道 550 号（550 Madison Avenue），1984 年建成。楼顶的三角楣饰类似英国家具工匠奇彭代尔的设计风格。——译者

及其朴素的密斯式功能主义和抽象形式主义的反叛。它还引入了文丘里等人在《向拉斯维加斯学习》中所谓的“路边折中主义”：公路两旁的大招牌和小型建筑物的折中主义风格的大杂烩。文字、图片、雕塑及霓虹灯混杂在一起，与现代主义的禁欲风格形成对比，象征主义被重新引入，产生了享乐主义的消费文化景观。这里，流行艺术对大众消费文化物品的戏仿复
98 制，又反哺了城市景观和文化产业。不仅仅是广告牌，尤其还有电子媒体图像提供了灵感来源。巨量的装饰性的、颜色纷繁的外墙给人直接的冲击，没有距离化的可能（Cooke and Onufrijchuk 1987）。

如果说建筑和艺术从日常消费文化中汲取灵感，并将其回放以生产后现代城市——在那里，一切都“大于生活”，指涉物被符号扫除，人造的比真实的更“真实”（Chambers 1987: 1）——那么，在这些城市空间中穿行的人呢？在许多方面，他们被认为在参与一种复杂的符号游戏，模仿建筑环境中过量的符号，并与之产生共鸣。当代流行文化（时尚、音乐、电视、视频、喝酒、跳舞、去夜店）被认为由“好像是……”（as if ...）的广告世界所统辖。服装、身体、面孔是“来自生活的另一想象一面：来自时尚、电影、广告及城市图像学（iconography）的无限暗示性”（Chambers 1987: 7）。这些传统或亚文化秩序中被解构的符号，以一种肤浅的方式被把玩，人们陶醉于这样一个事实，即它们是人造的、不透明的、“无深度的”，因为它们不能被解码，以提供一些启示性的意义或基本真理的意涵。日常生活就成了“虚构和奇特价值的奇妙混合体（*mélange*）”，抓住了超现实感，因为日常存在既是过剩、风格和实验，又是

随机性、平庸和街头图像的重复（Calefato 1988: 225）。当代人是一个新的、更为民主的波希米亚纨绔子，是一个新的大都市形象，他“探索先锋派艺术已经走过的道路，跨越博物馆和大众文化的界限，但把游戏从艺术画廊转移到街头的时尚 T 台”（Del Sapio 1988: 206－207）。

应该很清楚，力图跨越、再跨越和超越艺术与日常生活界限的这群人主要是年轻人，是青年亚文化传统的传承者。青年亚文化已成为固定的符号结构，现在被拒绝或者被反讽性地模仿、拼贴。不过，评论家认为，这些新的趋势表明传统的社会调节模式正在被打破，这些模式将生活方式与阶级、年龄和规范性紧密相联（Baudrillard 1983a; Chambers 1987: 7）。因此钱伯斯（Chambers 1987: 2）引用流行青年杂志《面孔》撰稿人罗伯特·埃尔姆斯（Robert Elms）的话说，“现在没有人是青少年，因为每个人都是”。当然，有证据表明，年轻人的风格和生活方式在向更高的年龄组迁移，随着 1960 年代生人带着他们年轻时的禀性老去，成年人得到了更多像儿童一样行事的许可，反之亦然。生活方式、习念及阶级之间的关系将在本章末尾讨论。

新的城市生活方式和被评论家标识为后现代的无深度的风格折中主义，令人感兴趣的一个方面是它与超越个人主义、走向主体的去中心化的观念相关。去中心化的主体有更多能力进行受控的情感解控，探索从前被当作威胁、需要限制或严格控制的具象化倾向、即时感官体验与情感体验。马费索里
（Maffesoli 1988b）认为，在后现代城市中，我们已经超越了个 99
人主义，产生了一种共同的感觉，一种新的“审美范式”，在这

个范式下，大众聚合成一个个临时的情感共同体。这些是流动的“后现代部落”，在其中体验狂喜、共情和情感直接性的强烈感受。当然，应该强调在历史长河中，这些趋势本身并不是什么新的东西。在中世纪的狂欢节和集市上，在 19 世纪中期的巴黎及其浪荡子中，或者在像柏林和巴黎这样的大都市的大型世界博览会上，人们都可以找到符号令人迷失的混乱（*mêlée*）和日常生活的审美化的例子（参见本书第五章）。新的不仅有在一个迄今为止没有经历过的强度和生动性的再生产水平上，复制和模拟这些从前孤立的日常生活审美化——事实上还有任何其他文化体验——的例子的能力，还有知识分子和理论家对这个过程的态度。艺术的去灵韵化给艺术带来的威胁，以及日常物品的风格化对艺术作品所要求的远距离欣赏的干扰，困扰了齐美尔，而本雅明尤其在其《单向街》中，从明显受到超现实主义、达达主义和蒙太奇（参见 Wolin 1982）影响的理论角度，赞美大众文化的碎片化图像以及城市日常生活中的冲击和震荡，与后现代主义产生了很好的共鸣。

如果说后现代城市已经成为消费、游戏和娱乐的中心，符号和图像已经饱和，以至于任何东西都可以被表征，被主题化，成为兴趣对象、“旅游者凝视”的对象，那么可以预期，参观主题乐园、购物中心、商场、博物馆和画廊等休闲活动，会在这里显示出某种趋同。举例来说，迪士尼世界通常被当作后现代仿真体验的原型（Baudrillard 1983a），有趣的是可以看到，在奇观体验（惊心动魄的云霄飞车、全息影像幻觉等）、历史上的国家缔造者和儿童世界（魔法王国）的仿真之间穿梭，或者于选定的代表民族文化的仿真建筑物（如欢乐英格兰酒吧）或美化的、高度控制的未来景观之中（未来世界）漫步的形式，不仅被世界各地的主题乐园所模仿，而且还与博物馆等其他形式结合。针对更广泛人群的露天博物馆的发展扩大了值得保护的物品的范围（如英格兰东北部泰恩-威尔郡的比米 100
什露天博物馆展出的仍在运行的煤矿、矿工排屋、有轨电车、写有“街头珠宝”的金属广告牌）。它还鼓励观众采取新的态度，让演员（通常是政府资助计划的失业者）接受培训，扮演历史角色，使重现的物理环境更加生动，这样，在电影布景中行走的心情就得到了延展，因为观众被鼓励参与进来，使仿真成为现实（Urry 1988）。值得游客关注和探索的景点范围也扩大了。人们越来越多地生活在一个历史感让位于神话的“古迹之乡”（heritage country）。因此，如果你横跨英格兰北部，就会迅速地从华兹华斯之乡、勃朗特之乡、赫利奥特之乡、库克船长之乡到凯瑟琳·库克逊（Catherine Cookson）之乡（表明工人阶级流行文化也是值得尊重的），每一个地方都备有导游、行程表、博物馆及纪念品。甚至从前没有吸引力的地方也在争先恐后地加入这个行列，如布拉德福德镇这样的城镇利用其“北方坚毅”（Northern Grit）的工业历史和现在的庞大亚裔社群，成为“周末假日胜地”。这里有所谓“后旅游者”（Feifer 1985; Urry 1988）的典型场所，这些人对旅游体验采取后现代去中心化取向。后旅游者无暇顾及真实性，而是陶醉于当代旅游业的被构建的仿真性质，他们知道这只不过是一场游戏。他们喜欢有机会探索后台区域，并以多种角度来处理这些体验。

在当代博物馆中也能发现类似的取向，许多博物馆正在抛弃维护文化经典、教育公众——其中新旧展品是按 19 世纪发展起来的进步梯级来安排的，以反映不断上升的西方现代性的价值观（Bann 1984; Bennett 1988）——的承诺，而倾向于一种更加民粹主义的精神。从这个观点看，博物馆应该不再是枯燥的教育场所；而应该结合后现代主义的特征，成为呈现奇观图像和仿真的“神奇空间”。更广泛的人群受大众传媒影响，认同被抛弃的符号等级，而这鼓励一种与之不同的、更玩乐的取向，以及一种更玩乐的对待蒙太奇展品的方法，这些展品提供的体验风格多样，平等地被组织起来，表明了对文明化使命和一种同一文化的等级化视野的抛弃（Roberts 1988; Horne 1984）。鲍德里亚（Baudrillard 1982）对巴黎蓬皮杜中心的描述就体现了这一点，蓬皮杜中心将大众吸引到他所谓的“文化大卖场”（hypermarket of culture）。他写道：

> 人们欲图接受一切，品尝一切，触摸一切。观看、解读、学习，并不能打动他们。唯一的大众效应是触摸或操纵。组织者（还有艺术家、知识分子）对这种无法控制的冲动感到震惊，因为他们认为大众只是文化景观的学徒。他们从未预料到这样活跃的、破坏性的迷恋——这种对难以理解的文化的礼物如此原初和残酷的反应，这种类似打家劫舍或劫掠圣陵宝地的吸引力（Baudrillard 1982: 10）。

101 可以说，民粹主义和精英主义之间的冲突，是博物馆的一个永久性特征（Zolberg 1984），不过在 1980 年代民粹主义的倾向确实凸显了出来。

这种民粹主义并不是购物中心、商场和百货商店的一个意外特征。在这些场所中，很明显，购物很少是一种追求效用最大化的纯粹的计算性的理性经济交易，而主要是一种休闲文化活动，在这种活动中，人们成为观众，在奇观图景中徜徉，这些图像设计得宏大奢华，或汇集梦寐以求的异域他乡，或表达对过去宁静情怀的怀旧。简言之，购物必须成为一种体验。随着城市去工业化并成为消费中心，1970、1980 年代的趋势之一是对购物中心的重新设计和扩张。这些购物中心在其内部空间和仿真环境的设计中，融入了许多后现代主义的特征：梦境般的幻觉和奇观、折中主义和混合的符码，这都引导着大众浮掠过大量的文化词汇（cultural vocabularies），其没有提供任何距离化（去距离化）的机会，鼓励一种即时感、实例化、情感解控和孩童般的惊奇。北美的一个主要例子便是西埃德蒙顿购物中心（West Edmonton Mall）——或者更恰当地说巨型购物中心（mega-mall），它有一个 64 英亩大的附属娱乐中心，其中有一个“幻想乐园”游乐场，以及一个有海豚、迷你潜水艇、西班牙帆船的室内海水水上公园（Shields 1987: 9）。欧洲最大的购物中心是位于英格兰东北部盖茨黑德的“都会中心”（Metrocentre）。“都会中心”建在经济萧条的大都市地区的废弃工业用地上，很好地说明了去工业化过程和城市转为消费中心的过程。“都会中心”通过其“古代村庄”（Antiques Village）、幻想童话般的“威兹王国”（Kingdom of King Wiz）、古罗马柱装点的走廊以及各种细小的普遍折中象征主义，将自己宣传为旅游胜地，通过圣诞贺卡和巧克力包装盒上印制的图像来唤起一个共同的旧日神话（Chaney 1990）。

所以，在当代城市的购物中心、商场、博物馆、主题乐园和旅游体验之间，就出现了一些共同的特征：文化失序和风格的折中主义成为空间的共同特征，在这些空间中，消费和休闲被构建为“体验”。诚如列菲伏尔（Lefebvre 1971: 114）所说，在当代城市中，我们有“陈列的消费，消费的陈列，符号的消费，消费的符号”。这种融合不仅发生在广告商、设计师、建筑师及其他文化中介人所寻求生产的一系列体验的共同形式上，而且也发生在这些机构的所有人、赞助人、受托人和资助人之间结成的联盟上。例如，纽约的一家百货商店举办了一个“中国周”活动，在店内展出了许多艺术品和博物馆的珍宝。在纽约大都会歌剧院会举办时装表演（Silverman 1986）。
102 日本的百货商店定期陈列艺术珍宝并举办画展。这些活动和展览，使高雅文化和低级文化的区分、商业和文化的区分变得模糊起来。

尽管这些涉及高雅文化和大众文化之前区别的符码混合和符号等级解构的新融合，现在发生在更广泛的文化形式中，发生在曾经几乎完全被视为高雅文化价值的教化和连贯性教育形成过程的场所（如博物馆）中，但它们在历史上并非没有先例。融合的先例如 19 世纪下半叶首先在巴黎、后又在其他城市发展起来的百货商店，其实质上被设想为“消费的宫殿”“梦想世界”，以及新消费者（大部分是妇女）崇拜商品的“神庙”，他们能够在充满仿真和令人遥想的异国情调图景的商品陈列区漫步（R. H. Williams 1982; Chaney 1983）。自 1851 年的水晶宫世博会之后，世界性的展览和博览会也产生过类似的体验，在 20

世纪初这类展会成为了定期活动。展会的仿真包括动物标本、民族景观，包括不同国家的展出文化珍宝和日常生活的复制品（例如，摩尔式宫殿、中国民居）的展台，甚至包括体验的仿真（如横越西伯利亚铁路之旅）（参见 R. H. Williams 1982）。此外，齐美尔在《货币哲学》（Simmel 1978）中提到的变幻无常的（phantasmagorical）、分散注意力的符号和印象过载，产生了许多类似于所谓后现代的体验（Frisby 1985b）。我们对游戏（play）和展示（display）也有类似的强调。如 1901 年泛美博览会上的“对参观者的简短说明”所指示的：“请记住，当你跨进门来的时候，你就是展示的一部分了”（引自 Bennett 1988: 81）。的确，在 1851 年万国工业博览会和 1896 年柏林工业博览会上，人群本身就成为了奇观的一部分以及去参观的理由，就像 1980 年代鲍德里亚描述的蓬皮杜中心一样。然而，要想成为一个浪荡子、一个观看他人并展示自己的漫步者，就必须有一个有序的空间，就像波德莱尔珍视的和本雅明的《单向街》中核心的 1840、1850 年代的巴黎拱廊商业街，19 世纪后期的展览会和百货商店，以及今天的主题乐园、购物中心和博物馆。简言之，漫游穿行于展示的商品或艺术珍宝之间，是需要纪律的。展示的图景可能会唤起愉悦、狂欢和失序，但是其所鼓励的情感解控本身必须在自我控制的框架之内进行。对那些缺少自我控制或者有可能失去自我控制的人来说，按照全景原则设计的外在控制就会起作用（Foucault 1977）。这就需要监视（surveillance）和排除（exclusion）。主题乐园和购物中心的一个核心原则是，这些场所是私人所有的公共空间，公 103
众处在摄像机的监视之下，吵闹、混乱的因素在可能干扰他人之前就被排除掉了。

这表明，在赞同“去工业化和城市转为消费中心带来了奇观的积累、符码的混合、高雅和低级文化的融合以及向后现代生活方式的转变”这一论断之前，我们需要问一些具体的问题:（1）先例的程度;（2）这些生活方式在多大程度上代表了特定城市地点的特定人群生活的小范围的单独体验。简单地说，我们需要提出严肃的社会学问题，不仅问后现代生活方式在什么地方发生；而且问有多少人？来自什么群体？有多长时间？我们还需要试图理解使文化在当代城市中变得更为重要的推动力量，并考察特定群体（如文化专家、经济专家、政策制定者）之间的相互依赖和矛盾冲突，这些都是造成这种情况的原因。

文化资本、士绅化和生活的风格化

近年来，人们越来越多地认识到文化产业对城市经济的价值，以及文化机构、文化活动的存在带来的许多直接和间接的好处，并且普遍认识到强化、革新和重新开发城市的文化外墙、结构和生活空间，会带来许多好处。随着当代西方社会符号商品的生产和消费的普遍扩张，文化产业，如出版业、唱片业、广播业以及由艺术和文化机构创造的旅游业，在国家和地方经济中发挥着越来越大的作用。在此，我们不妨参考皮埃尔·布尔迪厄（Bourdieu 1984, 1987）及其他人（参见 Lamont and Lareau 1988）提出的文化资本概念。这个概念指出，与可即时计算、交换、变现的经济资本相类似，也存在基于文化的权力模式和积累过程，而后者的价值，即文化可以是资本的事实，往往被隐藏和误认。布尔迪厄（Bourdieu 1987: 243）指出了文化资本的三种形式：它的存在可以是**具身化的**（embodied）（展现的风格、说话的方式、美，等等），可以是**客体化的**（objectified）（文化商品，如图片、书籍、机器、建筑等），也可以是**制度化的**（institutionalized）（如教育资格）。在对城市的分析中，我们尤为感兴趣的是客体化状态，而且我曾提到过，通过典范性地保护被定义为“艺术瑰宝”的建筑、工艺品和商品，特定城市也许由此积累了自己的文化资本（Olsen 1986）。从这个观点看，根据城市在文化资本方面积累的声望，我们可 104
以构建一个符号等级秩序，佛罗伦萨、巴黎、罗马接近这个符号等级秩序的顶端。传统上，文化产业被定义为生产大众文化商品的产业（Horkheimer and Adorno 1972; Garnham 1987），一般来说具有较少的文化资本。然而，我们可以说，特定形式的文化资本的合法性，以及文化资本领域现有的符号等级和结构特征的合法性，不应该是永远不变的。相反，它们本身应该被视为一个过程，这个过程是特定群体有意和无意的结果，他们在相互依赖、相互斗争（往往被误认或假装超然不群）之中被紧紧联系在一起，以最大限度地提高他们自己特定形式的文化资本。因此，特定形式的文化资本，如流行文化和大众文化（爵士乐、摇滚乐、电影、主题乐园）有可能被视为更合法，成为社会声望之源，并在符号等级秩序中更进一步。因此，新奥尔良和其他大城市的一些地区可能会获得吸引力和文化资本，从之前被认为“底层”（low life）的场所，提升为现在受人尊敬的、值得旅游者关注的对象。

因此，在文化资本方面，有越来越多的标准可以对城市进行排名。向后现代文化的转变，就是引入一种运动，从公认的文化品味判断的普遍标准，转向一种更相对主义的和多元主义的景观，其中以前被排斥的、奇怪的、他者的、粗俗的东西现在都可以被接受。在这种意义上，趋势是西方长期坚持的以普遍性为基础的符号等级秩序在空间上扩大了，对差异和多样性有了更大的容忍。从文化资本的经济效用角度来看，这意味着尽管传统“锈带”烟囱林立的工业城镇会被认为只有很少的文化资本（那些能够将这些元素重新包装和博物馆化为资产的人除外），但是评判标准的范围已从传统的历史价值和珍宝收藏，扩展到了新近创造的和仿真的环境，吸收了我们提到的一些被认为是有吸引力和可销售的后现代和更流行的文化形式。简言之，那些寻求投资新的服务、信息和高科技产业的人，也许会受到城市的氛围和文化资本的影响，他们也许有助于加速城市改造的策略，如码头区和内城区域的重建和士绅化。在全球性竞争加剧、投资和资本流动的市场力量放开的条件下，城市变得更有企业家精神，并且意识到它们的形象，和形象转化为当地经济的就业机会的能力。正如哈维（Harvey 1988）所说，城市必须调动文化，使其变为“资本的诱饵”。因此，在1970年代，西雅图为了消除大规模失业，尝试让商业领袖和游说他们
105 投资以扩大艺术基础设施的规划者对接，并且将自己宣传为“生活质量之都”，得到了很多有利的宣传。巴尔的摩开发了海港广场（Harbor Place），汉堡成了一座“传媒之城”，盖茨黑德有“都会中心”，如此等等。

这是一个被称为**后现代化**的过程（Cooke 1988; Zukin 1988b），

指的是通过新的投资模式对社会空间关系进行全球性的重组，其中由于内城地区的重新开发，导致了与城市去中心化相反的一些反趋势。这个过程意味着内城区域和码头区的去工业化，它们被新中产阶级的成员士绅化，并被开发为旅游业和文化消费的场所。与此同时，原来住在这些地区的工人阶级和穷人被迁出或被赶到其他孤立地带（enclaves）。这方面的一个很好的例子是伦敦的巴特西（Battersea），那里的大片工人阶级公营房屋被出售，并针对雅皮士市场重新开发。在这种情况下，新的居住者设置防护栅栏和警卫，以获得安全感，不受邻近的下层阶级影响。随着中产阶级返回中心区域，后现代建筑中的塔楼、护城河和吊桥也象征着这种加剧隔离的过程，它们创造出防卫性的私有化空间，以阻挡失业者、穷人、叛逆青年及其他“危险阶级”的残余。它创造了戴维·哈维（Harvey 1988）所谓的“巫毒城市”（voodoo cities），其中文化重建的后现代外墙可以被看作是一个狂欢节面具，掩盖在了其他一切的衰落。如在洛杉矶，与环太平洋经济的金融节点和士绅化区域相邻并隔离的，是一个由第三世界移民和对劳动力的需求所驱动的百万人的拉丁裔-亚裔的孤立地带，导致无证家庭佣工和童工的出现（Davis 1985）。正是这些过程帮助摧毁了以前中产阶级内部支持高雅文化和文化产业的脆弱共识，并提出了艺术及其他形式的文化资本在城市中的政治用途问题，提出了是否可以有一个更民主的文化政策（Garnham 1987）。在更宽泛的意义上，它还涉及对重建的抵制，即某些人所说的“城市自杀”（urbicide）（Berman 1982）。

士绅化的过程之所以引人关注，是因为它不仅表明了内城区域文化肌理的重建，还为新中产阶级的群体提供了更高的地位，他们以多种形式成为生活方式的生产者、承载者和消费者，这些生活方式导致文化上敏感的“生活风格化”，并形成了使他们能够接受后现代文化商品和体验的禀性。因此，他们在文化资本的积累方面有着直接或间接的利益，无论是在个人层面上，还是在社区和更大的城市的层面上。

最能清楚地说明这个过程的，是已为人们广泛研究的纽约苏活区（Zukin 1987, 1988a; Simpson, 1981; Jackson 1985）。如佐金（Zukin 1988a）指出，苏活区的复生是一个复杂的故事，它先是变成了一个艺术家的领地，后来又变成了一个士绅化的
106 新中产阶级社区，一批新来者为艺术家生活方式的氛围所吸引，聚居于此。它依靠的是战后艺术投资价值的上升，艺术本身已经发展成了一个强大的国际市场。它还涉及艺术家和辅助职业的地位提升，以至于其他群体更倾向于把自己和艺术家的生活方式联系起来。它还基于这样一个事实，即城市政府开始意识到，重建和扭转去工业化的消极一面可以带来很多益处，赋予这些区域以保护性地位也可以普遍地提高城市形象。战后，纽约取代巴黎成为现代艺术的中心，艺术家、画廊、博物馆和展览场所的数量急剧增长（参见 Crane 1987; Zukin 1988b; DiMaggio 1986）。国家和地方政府、基金会和公司方面也发生了更普遍的变化，他们开始意识到艺术的社会功用。简言之，文化资本的经济价值提高了，从 1960 年代开始，艺术先锋派不再被视为麻烦的、越轨的波希米亚反文化，而是被城市的政治家、投机者和开发商视为一种不同的先锋派，视为进入亟待士绅化重建的大规模低租金破旧地区的开路者。

与此同时，美国社会对艺术家的地位进行了更普遍的重新评估，使艺术不再那么高雅文化和精英主义，而是更加民主。艺术家现在赚钱了；其中有些人靠艺术赚了不少钱。随着由艺术现代主义向后现代主义的过渡，艺术品放弃了带有敌意的自命不凡和令人不悦的无法解读，如安迪·沃霍尔这样的名人艺术家得到了很多媒体的关注和报道。艺术家被认为是一个有魅力的人物，他的工作室——LOFT*——成了一个待起来很有趣的地方。新中产阶级（Burris 1986），尤其是布尔迪厄（Bourdieu 1984）所谓的“新文化中介人”，着迷于艺术家和知识分子的生活方式，并对将自己的生活风格化有普遍的兴趣。他们的生活方式非常注重身份、外表、自我呈现、时尚设计和装璜；而且必须花费大量的时间和精力来培养一种易变独特的品味，能够跟上消费文化和文化产业不断生产的大量新风格、体验和符号产品。

新中产阶级中文化专家的习念指向一种易变的、学习的生活模式。在这里，新文化中介人可能在新风格的传播中起着重要的作用。他们的兴趣可能不在于试图将一种特定的风格强加给消费者受众，他们有的更多的是对来自不同文化、文明和传统的所有风格的普遍兴趣，他们可以玩味和重新玩味这些风格。因此，新中产阶级中的特定派别对生活的风格化和审美化有兴趣，他们被称为“准知识分子”，仰慕知识分子和艺术家的追求和生活方式。107
他们由此能够将最新的风格，如后现代主义传递给更多的受众，并且自己也构成了接受后现代商品和体验之阶层的一部分。

---

* Loft 意为阁楼，在此指一种由旧工厂或旧仓库改造成的住宅。一般面积较小，层高较高。——译者

结　论

后现代主义的倡导者们发现文化正在发生重大转变，既有的符号等级被解构，一种更为戏谑的、大众的民主驱力彰显出来。这样，在原来牢固建构的符号等级秩序——这些符号等级是西方现代性中的主导母题，并确立了普遍历史、进步、有教养的人、国家政治结构和审美理念等特定观念——之外，拓展了一片空间。关于当代西方城市，有人认为，在新的城市空间中可以观察到后现代和后现代化的趋势：城市结构和人们的日常生活更加审美化；新的消费和休闲飞地（如购物中心、主题乐园、博物馆）的发展；新中产阶级的士绅化人口向内城回流。这些后现代驱力表明，人们对邻里的认同感不再那么强烈，习念不再那么固化，或者框定人际遭遇的一套禀性和分类方式不再那么僵化。一些新的城市生活方式指向身份的去中心化，以及参与情感解控和审美化游戏的更大能力。也可以说，在全球范围内，我们正见证着大都会中心对艺术和知识生活的主导地位的终结（R. Williams 1983）。巴黎和纽约作为文化、艺术、时尚、文化和娱乐产业、电视、出版和音乐的中心，现在都面临着来自各方面的竞争。在一个日益全球化——也就是说，通过金融（货币）、通信（旅行）和信息（广播、出版、传媒）而日益畅达——的世界城市场域中，可以获取新形式的文化资本和更广泛的符号体验。

因此，那些强调后现代主义带来新颖性和历史性事件的人可以说，我们正在进入一个旧的文化等级变得过时的阶段。去等级化的驱力表明，曾被认为是社会生活的固有特征的垂直分类的等级制度，高 / 低、精英 / 大众、少数 / 多数、有品味 / 无品味、艺术 / 生活（Goudsblom 1987; Schwartz 1983），都已经不再适用。

针对这种颇具诱惑的过度简化的后现代的“历史终结”故事，我们必须指出城市内部分类、等级和隔离的持续存在。如前所述，新中产阶级及新富者居住在士绅化和重建的飞地区域，这些区域的设计是排斥外来者的。这些飞地在环境设计、风格 108
化形式和日常生活的审美化方面都是高投资区域。这些群体期望在购物时得到娱乐，并在娱乐场所购物。他们力图养成一种生活方式，对艺术和令人愉悦的审美化生活环境感兴趣（Boyer 1988）。对新中产阶级的某些成员而言，这种生活方式当然与被称为后现代的特征和体验密切相关。有趋势表明，信息和符号的过载，使得对身体呈现、时尚、生活方式和闲暇活动的有序解读更为困难。人们能够从“全球橱窗”中的更广泛的可立即获得的符号商品和风格中提取所需，并且从品味和生活方式来判断阶级更加困难了。从 1960 年代开始，从前受限的行为准则更普遍地非正式化和复杂化了。如在 1960 年代，由于纳入了其他文化中的标准，消费文化中十分重要的美的观念超越了西方古典的美的理念（Marwick 1988）。然而即使有这些民主化趋势，地位的差异仍然存在。如道格拉斯和伊舍伍德（Douglas and Isherwood 1980）指出，消费商品中的信息成分，随着个人阶层的上升而上升。那些中层和上层的人继续利用关于消费商品的信息，来与相似的人建立联系，并向外围者关闭大门。这在艺术知识方面是非常明显的情况。

这样，如果我们认为仍然有可能将身体展示和生活方式作为解读社会地位的指标，那么很明显，现在的游戏要复杂得多。如果说后现代指向了什么，指向的就是一种特定的连贯文化意识和相关生活方式的消亡，这种文化意识在西方中上层阶级中占主导地位，为整个文化奠定了基调。随着承载这种文化的历史世代的数量和影响慢慢消退，这种情况便会发生。在此我们将共同文化的观念视为一个目标；视为基于一个教育养成计划（educational-formative project），视为某种统一的事物——一种知识总体（文学、音乐和艺术经典），为了提高自己，你不得不努力获取这样的共同文化。随之而来的是一个有文化或有教养的人的观念，绅士的理想，文明化进程的产物（Elias 1987b；1982）。19 世纪下半叶的中上层阶级是这种文化理想的主要载体，并且他们还力图通过博物馆和教育机构来传播这种理想。

1960 年代以来，文化去分类化的过程，见证了这种理想的式微和相对化。问题是，这些被标识为后现代的趋势，是否只指向一个原有等级制度的坍塌、一个暂时的阶段、一个竞争加剧的文化间歇期、不同的标准和价值综合体，直至一个新的建制重新垄断？或者，我们是否应该认为目前这种趋势的延伸是永无止境的，是历史的终结？要回答这个问题，参考历史上类似的文化动荡和冲突的时期不无裨益。如果今天有人宣称“没
109 有一种时尚，只有很多时尚”，那么我们应该记住，齐美尔发现 1390 年前后的佛罗伦萨也有类似的趋势，当时没有人模仿社会精英的风格，每个人都寻求创造自己的风格。用齐美尔的隐喻来说，风格和其他生活方式的追求，就是联合或排斥他人的

"桥与门"。如果这些功能似乎在减弱，是否意味着我们只是处于一个暂时的间歇期？还是说，游戏的扩展将更多的群体、文化和国家吸纳到一个更大的全球系统中，这意味着特定的主导精英对品味和文化行使全球霸权的条件被破坏了，不可能再有可预见的重新垄断，从而将我们引向一种历史发展，其中一些被发现和标记为后现代的驱力可能会更为普遍？

第八章

消费文化与全球失序*

1980年代社会学的一个显著特征，就是对研究社会生活之文化维度的兴趣增长，这推动了文化社会学从社会学领域的边缘走向中心（Robertson 1988；和本书第三章）。与此同时，一个相反的过程似乎也发生了，宗教社会学滑入了社会学领域中一个更加边缘和孤立的位置（Fenn 1982；Beckford 1985）。除去几个明显的例外，那些致力于对当代文化体系进行理论概括的学者一般对宗教现象没有多少兴趣。然而我们马上就想到了古典社会学理论家韦伯和涂尔干，他们的著作长期以来被奉为文化社会学的典范，而他们都认为宗教是理解社会生活的结构和发展的核心。事实上，随着工业化、理性化、城市化和社会分化的过程，宗教在社会生活中的影响渐趋衰微。在某些人看来，这已引发了一场特殊的现代的意义危机或社会联系纽带有效性的危机，只有某种新的意义体系或士气（*morale*）突生或被创造出来，才能充分缓解危机。宗教的衰落及其在社会内部制度性基

---

* 此章翻译初稿，由中山大学社会学系 1998 级研究生周全完成。——译者

础的消蚀，往往被认为留下了一个真空，给个体和社会都带来不良影响。然而对某些人来说，宗教消散在许多准宗教的或非宗教的意义体系中，只是变得不可见了，这些体系为个体提供知识，以帮助个体应对终极意义、神圣、出生、死亡、性等棘手的存在问题。马克斯·韦伯在《新教伦理与资本主义精神》（Weber 1930）中所作的那个著名比喻——宗教大步迈进世俗事务的市场，并在身后关上了修道院的大门，在现代社会已进一步转化，宗教和其他意义体系被一同置于广泛的消费市场之中。在此，我们想到了彼得·伯格（Berger 1969）和托马斯·卢克曼（Luckmann 1967）所阐述的观点：个体可以在生活方式的超级市场中，从众多精心包装的知识体系中进行选择。个体的满足感、幸福感和终极生命意义都置于一个私人领域，其中“人可自由选择和自主决定如何处置自己的时间、家庭、身体和神”（B. Luckmann 1971）；关于宗教的市场模型，另参见哈蒙德（Hammond 1986）和 B. S. 特纳（B. S. Turner 1983）。

在现代西方社会中，若宗教的发展趋势就是成为一种私人 111
的闲暇活动，与其他消费文化生活方式一样，可以在市场上购买到的话，那么我们有必要对宗教这种转变所产生的影响提出一些疑问。这是否使宗教变得近乎其他消费商品和体验？宗教是否必须将自己表呈为一种生活方式和意义体系，提供类似其他休闲活动的情感刺激？消费文化奇观等休闲体验是否已带上神圣的光环？当个体羁缚于习念的日常实践和权力平衡之时，终极价值和信仰的问题有多大的重要性？宗教的、准宗教的和非宗教的意义体系能提供什么有效的实践知识？意义和信仰问题，是否与特定的社会群体或阶层，譬如知识分子群体，更为相关？对特定类型的宗教和准宗教的意义体系的“选择”，如何与可以在一个特定社会的品味和生活方式宇宙中标定位置的其他文化品味和生活方式追求相联系？除了讨论宗教和消费文化的关系，我们还需要思索宗教在后现代文化中可能扮演的角色。消费文化显然产生于现代性内部，但它显示出指向后现代的多种趋势。

消费文化与神圣性

因为消费主义强调享乐主义，追求此时此地的愉悦，培养表现性的生活方式，发展自恋和自我中心的人格类型，消费文化一般被认为对宗教具有极强的破坏性。在考察宗教适应消费文化和消费主义仍继续支持某一宗教维度之前，我们还是先来简略勾勒消费文化的一些显著特征吧。消费文化，顾名思义，指消费社会的文化。它基于的假设是，走向大众消费的运动伴随着符号生产、日常体验和实践的普遍重组。一些研究将消费文化追溯到 18 世纪的英国中产阶级（McKendrick, Brewer and Plumb 1982），及 19 世纪的英国、法国和美国的工人阶级，当时广告、百货商店、度假胜地、大众娱乐及休闲等都有所发展（Bailey 1978; Ewen and Ewen 1982; R. H. Williams 1982）。另一些研究则强调，在两次世界大战期间，美国的消费文化首次持续发展，通过广告、电影业、时尚和化妆品业，大规模发行的小报、杂志和观众众多的观赏性运动，新品味、新禀性、新
112 体验和新理想广泛传播开来（Susman 1982; Ewen 1976; Bell 1976）。由于消费主义的“先买后付”的哲学与一般宗教，尤

其是清教徒所恪守的禁欲、勤奋、远见和节俭的教导背道而驰，常有人说消费主义导致了精神的贫乏空虚和享乐的利己主义。在 1930 年代，马尔科姆·考利（Cowley 1951）就开始关注他所谓的新“消费伦理”，新“消费伦理”最初产生于格林威治村的波希米亚艺术家和知识分子之中，是对基督教商业伦理的公开抨击。到 1920 年代末，新消费伦理被广告业所接管，它颂扬活在当下、享乐主义、自我表达、美的身体、异教主义、摆脱社会义务、遥远国度的异域风情、风格的培养和生活的风格化。

显然，消费文化的一个核心特征是有大量商品、产品和体验供一般大众消费、持有、计划和梦想。但是，消费绝不仅仅只是满足固定需求的用品的消费（Adorno 1967; Jameson 1979; Leiss 1983）。相反，通过广告、媒体和商品展陈技巧，消费文化能够颠覆商品原有使用或意义的观念，并为其附加新的意象和符号，从而唤起一系列相关的感觉和欲望。所以，符号的过量生产和参照物的丧失（这点我们已在前文关于后现代文化的章节中提到过），是消费文化中的一种内向性（immanet）趋势。消费文化的趋势是将文化推至社会生活的中心，但这是一种片断的、不断再加工的文化，并没有凝聚成类似占主导地位的意识形态。当然，我们需要注意，对待文化，不要仅仅停留在符号和图像系统的层次上，要问它们在日常实践中是如何被使用的？谁在从事文化的生产和传播？要回答后一个问题，必须讨论专家在符号生产中的作用，讨论处理、发行和推销文化产品的各种文化中介人，这是我们马上要讨论的问题。要回答前一个问题，需要指出通过消费文化的图景来积极培养某种生活方式的重要性。也就是说，个体被鼓励对商品采取一种非功利态度，并精心选择、布置、改造和展示商品——无论是家具、房屋、汽车、衣服、身体还是休闲活动——从而用独特的风格来表达商品所有者的个性。

希望构筑一种表现性的生活方式，从个体周围的商品和实践中获得某种意义上的满足，便会产生对生活方式信息的持续需求。抱有“人生就一世”观念的个人，对文化产品、体验和生活方式有大量的阐释，所有这些都指向自我和生活方式的转
113 变能力。沃伦·萨斯曼（Susman 1979: 220）认为，伴随着消费文化的发展，身份的一个关键变化是，从宣扬美德转变为宣扬个性。他用 20 世纪前期的教养手册（advice manuals）说明这种变化。例如 O. S. 马斯登（O. S. Marsden）在 1899 年写的一本名为《品格：世上最伟大的事物》的书中，强调基督徒绅士的理想品格：正直、勇敢、负责任、勤奋和节俭。1921 年，他又出版了一本新的教养手册《主导型人格》，其中强调的则是“吸引并拥有朋友的必要性”“迫使别人喜欢你”，要培养“个人魅力”和“吸引力”。

当然，这种类型的教养手册几乎未局限于消费文化的发展。诺伯特·埃利亚斯（Elias 1978b，1982）考察的礼仪书籍，以及他对中世纪骑士的训导和宫廷社会（其中贵族成为消费艺术的专家）的兴起的讨论，指出为了能在宫廷变动不居的权力均衡中得以生存，个人不得不关注时尚、举止、呈现的风格，并提高自己读解他人外表的本领。尽管此类地位游戏［与塞内特（Sennett 1976）的观点相反，此处的游戏绝非娱乐性游戏］导致了对区分和差异的强调，并且这种区分和差异为消费文化所运用，也成为了近来对消费实践、品味和生活方式进行分析的

主要焦点之一，比如布尔迪厄的《区分》（Bourdieu 1984）。但是，这不应使我们忽视大众消费和民主化所支持的另外一种相反趋势的存在，即平等化和减少差异的趋势（Gellner 1979; B. S. Turner 1986）。消费文化在此被视为功能性民主化进程的一部分，它超越了禁奢法，并伴随着一种更大的（在阶级、男人和女人、父母和孩子之间）权力均衡，因为弱小者在大众时尚的范围内，首次能够抗衡强大者的消费实践和风格。

抗衡、平等化和模仿的趋势与差异化、个性和区分的趋势，均被格奥尔格·齐美尔（Simmel 1978）视作时尚机制的核心，时尚机制被视为可以调和社会群体对个体的凝聚和吸收，与个体和其他的群体成员的差异化和区分。齐美尔将时尚与现代生活的碎片化（fragmentation）、神经衰弱、过度刺激和神经亢奋相联系，而这些又随着大城市的发展而加剧。现代人所面临的，是疯狂的时尚变换和令人不知所措的多元风格。然而，客观文化、可见的公共文化所体现出来的时代的特殊无风格性，对齐美尔而言，被个体试图表达其主体性的内在风格化补偿（Frisby 1985a: 65）。

齐美尔在世纪之交对时尚的讨论，引出了与理解消费文化 114
密切相关的另外两个有趣的观点。首先，他认为时尚与一个特定的社会阶层（中产阶级）和一个特定的地点（大都市）联系得最为密切。其次，他认为，日常家庭用品的风格化，以及新艺术运动和唯美主义运动的一部分，可与“日常生活风格化”和“美化生活”这一更大的计划相联系。尽管对个性和区分的明显追求似乎使艺术家及其生活方式与更世俗的商业、设计和零售业相距甚远，但这两点都指出了艺术、时尚及消费文化与中产阶级内部的各种生产者、消费者、观众、传播者及中介人的密切关系，他们发展出类似的禀性、品味、分类图式及生活方式的实践。这也进一步表明，有必要调查自 18 世纪末以来的涉及符号生产专家的发展，以及独立的知识艺术学科、机构和运动的发展的长期过程。这个过程涉及浪漫主义、唯美主义、现代主义和达达主义等运动的发展，先锋派对艺术家对立性的波希米亚生活方式的不断否定和再创造，涉及将审美禀性和感受力，以及“艺术家是英雄”和“生活的风格化”等观念传播给更多的观众。它还以一系列不同的方式进入消费文化，改变了日常用品、商品和城市工业景观的设计，借用詹姆斯·艾伦（Allen 1983）的书名，可称之为“商业和文化的罗曼史”。

因此，对艺术反文化的反规范、追求惊世骇俗和逾越礼法的特征的强调，就成了许许多多人的兴趣焦点（例如 Bell 1976）。但是我们应该注意，不要仅仅对文本和艺术作品扫一眼，就认为它们的意义不言自喻、一览即知，而应该深入探究它们在日常生活中是怎样实际运用的。我们有可能高估主要由符号专家生产、分类和讨论的信念的重要性，而低估实践知识与想当然的、常识性的分类图式和禀性的重要性，这些并不作为规范运作，而是在社会生活实际展开时，由个人和其他人在各种不断变化的权力平衡中共同调用（参见 Bourdieu 1977; Elias 1978a）。这里，我们想强调权力平衡和知识的实际运用，因为民族、群体或个人有能力扣留或垄断其他人需要的东西（食物、爱、意义、保护其免受攻击、知识等），权力是作为每个人类关系的一个方面而存在的（Elias 1984b: 251）。

例如，丹尼尔·贝尔（Bell 1976: 28）告诉我们：“现代性的真正问题是信仰的问题。”一旦社会在宗教中的锚定被切断，世俗意义体系就被证明只给精神危机开了一剂假想的药方，只有宗教复兴才能恢复代际延续，产生宇宙秩序、谦让和关怀的形 115
象，从而圆满地解决我们的存在困境感。与其认为这个问题在于信仰的真空需要被填补，以产生一些有意义的道德秩序和充分的社会联系——对贝尔（1976: 156）而言，强调享乐主义和自我表达的生活的审美判断是无法填补的——我们需要探寻信仰的具体途径，特别是由牧师、知识分子和艺术家等符号生产专家生产的信仰，其在维持日常生活中发挥着核心作用。符号专家（艺术家、知识分子、牧师）对信仰和思想的日常实际使用和评价有一种倾向，即高估连贯的信仰系统的重要性，将其作为构建日常生活活动的相关准则。事实上，布尔迪厄（Bourdieu 1983b）注意到知识分子和艺术家还有一种倾向，他们自认为“未经创造的创造者”，也就是说，他们利用布尔迪厄所谓的“卡里斯玛意识形态”“才能”和“天赋”，尽管这些应该被视为在制度性背景下得以强化的禀性和实践技能的逐渐积淀。因此，有一种趋势是，写作或创造艺术品等艺术家和知识分子的活动，被认为是创造性的，而不被理解为涉及积淀的禀性、制度框架和权力平衡的实践活动。简言之，艺术家和知识分子感兴趣的是标榜他们的超然不群和对世俗物质（经济资本、钱、财产）的鄙视，他们表面上的超然，可能掩饰了他们对积聚文化资本的兴趣，文化资本所累积的地位和声望实际上是另一种形式的货币和权力。因此，为理解现代性中的信仰变迁，我们需要考察导致权力平衡从宗教知识专家手中，转移到有利于科学、艺术和智力知识在各种机构和实践中增长的长期过程

（比照 Elias 1983: 262）。这就需要对 18 世纪以来相对独立的文化领域的发展进行考察，其与推翻教会权威对社会知识的垄断的斗争是同步的（参见 Featherstone 1988）。因此，尽管我们可以将这一过程的一部分概念化为发生在信仰层面上，但我们还应考虑到信仰在群体联合、利益和斗争中的实际运用。

虽然特定的信仰体系或道德情结有可能在特定群体中产生强烈的情感满足和宗教虔诚，但人们普遍注意到：（1）它难以长期维持；（2）某些具体群体或阶级成员可能更为虔诚，更倾向于认真地对待这些理念，将其作为一项长期计划坚持，但
116 其很少普遍地适用于整个社会。因此，必须谨慎地对待考利（Cowley 1951）和贝尔（Bell 1976: 63）的"消费伦理"是积极驱动力的说法。"消费伦理"一词也出现在科林·坎贝尔所著的《浪漫伦理和现代消费主义精神》（Campbell 1987）一书中。坎贝尔（1987: 8）以韦伯在《新教伦理与资本主义精神》（Weber 1930）中采用的文化分析为样本，《新教伦理与资本主义精神》中假设特定伦理与精神之间存在着某种联系，由此产生指导个人日常生活的心理动力。然而韦伯后来（Weber 1968）就宗教信仰与社会中群体的地位和权力结构之间的关系，进行了更为严格的社会学阐述。他强调，地位群体会通过保持社会距离、对群体外成员封锁经济机会，来尽力维护和加强他们现有的生活方式（参见 Bendix 1959: 258 及以下诸页）。除了主导群体为维护在生活方式上的显明差异而采取种种垄断策略之外，我们还可补充一点，即外围群体成员也在不遗余力地去垄断，采取篡夺性策略来打破排斥性和特权（对照 Elias and Scotson 1965; Bourdieu 1983a; Parkin 1979）。当然，在这样做的时候，他们可

能会声称自己有更大的野心加入主导群体的行列，并强调他们信仰的真诚性，强调他们在寻求解决自己的特定领域甚或是一个民族或整个人类的命运时，超然地回归到基本原则。

那么，认为现代性需要用艺术取代宗教以填补信仰真空，或用某种伦理来解释消费文化的方法，也是需要加以反对的，因为它往往依赖一种观点，即社会需要基本的信仰，或者说个人需要通过基本信仰来运作。当然，在某些情况下，符号生产专家可能有兴趣增加新的符号和知识产品的流通和需求。于是，一些群体有兴趣把男人和女人都当作“文化存在”对待，并与有志于接受教养、把生活视为学习项目的其他群体结成联盟；但我们并不能假定这也能同样适用于整个社会结构。仍会有一些群体可能会有效地减弱、转置和整合已被明确阐释过的意义体系，如宗教，并更多地以他们自己的方式将其融入他们现有的日常世俗实践。于是，“大文化”对不同群体可能有着不同的影响和实际意义（比照 Robertson 1978: 80）。对于知识分子来说，他们关注的核心问题可能是寻找一致性，并使他们对世界的特殊阐释普遍化，以消除文化内部的失序。

贝尔（Bell 1976; 1980: 333）将文化定义为对核心存在问题——爱、死亡、悲剧、义务——的回应模态（modalities），这使他对文化和宗教的看法带有一种知识分子的偏见（参见 Douglas 1982: 7）。若说宗教对这些核心存在问题作出了最前后一致的答复，则宗教衰落就必将威胁到社会整合和社会纽带，这正是贝尔对现代主义文化的论断。但这种观点也应该考虑文化的多样性和文化失序在前现代社会和现代社会中的发生程度。
我们有可能接受玛格丽特·阿切尔（Archer 1988: 1 及以下诸 117

页）所谓的“文化整合的神话”，这在人类学和德国历史主义中都很流行。若是如此，那我们的文化一致感可能来源于假定的典范性文学文本，以至于我们从知识分子的论述中解读大众实践，而忽略了大众传统的完整性和多样性。如果审视一番大众主流文化，我们也许根本找不到那些使贝尔忧心忡忡的对抗性的文化现代主义的侵入。相反，它往往被保留在它的文化飞地里，被专家消费，亦可扩及观众和公众。肥皂剧、电影、电视广告、报纸和杂志等大众主流文化，通常不受文化探索、批评和抗议的限制。在其中我们经常发现对体面、洁净、美食、服装、服务的关注，对法律和秩序、财产和个人成功的关注（参见 Douglas 1982: 16）。此外，大众消费很少如贝尔所强调，是对新的愉悦和新的感官享受的无止境的现代主义式养成。玛丽·道格拉斯（1982: 16）认为，“对消费者自身来说，消费不太像是自我的愉悦，更像是愉悦地履行社会责任。”在宣告艺术和知识追求会给文化和社会整合带来危险之前，我们需要调查不同社会群体在日常生活中对文化的实际运用，这将引导我们了解文化和社会结构是相互关联的，不能将文化视作一个独立发展的领域。如不这样，我们就有可能步大众社会理论家的后尘，从批量生产中解读大众消费，而不顾文化意义和商品可以被重新加工和去商品化的各种方式。

由文化精英阐述的新观念，无论是宗教还是现代主义，如何影响大量的人，必须得到证明，而不是假设。这对 17 世纪英国的新教和 20 世纪美国的现代主义同样适用。许多高雅文化的发展可能对人民没有什么影响。韦伯在《新教伦理与资本主义精神》（Weber 1930）中也显示了对改革的教义在多大程度上成功地弥合了高雅文化和日常行为的鸿沟的谨慎态度（Bendix 1970: 147）。17 世纪的英国清教徒神学家对他们信徒的精神沉睡感到担忧，并有迹象表明，怀疑论和无宗教（irreligion）的传统仍继续存在（Reay 1985b: 101）。“大众文化之戏剧和反戏剧”，包括喧哗音乐（charivaris）*、模拟教堂仪式、大众抗议的仪式和节日，依然强烈浓厚（1985a: 8）。事实上，诚如雷伊（1985a: 16）所提醒的那样，“在现代早期的英格兰，狂欢风气出奇地盛行”。现代早期欧洲的狂欢节、节日和集市，以象征颠覆和对怪诞的肉体愉悦的推崇，鼓吹对古典和官方文化的超越。它们提供了“有序的失序”的场所，在那里可以探索他性和欲望（Stallybrass and White 1986；参见本书第五章的讨论）。虽 118
然可以追随贝尔（Bell 1976），认为文化现代主义扩散到下层阶层的消费文化之中，但还有一点也很重要，即要研究阈限性象征剧目、越轨、颠覆和对他性的欢庆如何走出狂欢和大众传统，被新兴的波希米亚艺术作品和生活方式所接受，成为 19 世纪大城市中文化现代主义的寄寓之所。

因此，重要的是要避免当前社会学“退回当下”的诱惑（Elias 1987b），避免从我们自我指定的混乱时代向后投射到某个秩序和稳定点，即 1750 年前存在的前工业有机统一体（Easton *et al.* 1988: 20）。丹尼尔·贝尔（Bell 1976, 1980）对文化现代主义的不良影响的关注，也可以与德国的社会理性化和文化悲观主义的传统联系起来，其中，当代大众消费社会被认为是原

* Charivari 源于法语，是欧洲和北美的一种民俗。人们为表达其对违反社区规范的行为的不赞同，会在社区内一边游行一边唱歌，游行的人还会敲打各种东西来制造大量噪音。——译者

子化的、非人格化的，缺乏有意义的社会纽带和整合手段。所以，意欲倡导宗教复兴，以恢复显然被文化现代主义威胁的社会纽带的贝尔，被指责为“怀旧”是不奇怪的（O’Neill 1988）。

总之，要理解当代文化和宗教在其中的位置，我们需要采用一个比贝尔的更宽泛的文化定义，以使我们能更强烈地感触文化的多样性和失序。那些倾向于认真对待思想的群体，可能被限制在阶级结构中的特定位置（如中产阶级中的符号专家和文化中介人）。另一方面，其他群体可能表现出对官方信仰的漠视。特定的民族国家形成过程有可能产生一系列后果，可能使不同社会对信仰、宗教及知识产品形成了一系列的取向。在某些国家的形成过程中，贵族扮演着次要角色，而中产阶级中的符号专家（如清教徒）与经济专家的特殊联合，也许有助于产生以信仰为重心的国家文化和性格结构。我们可以这种角度分析美国的中产阶级文化（参见 Bellah *et al.* 1985）。最后，信仰体系的吸引力可能会随历史而变化，在某些时间点上，特定的情感会暂时传播到更广泛的人群中去。我们现在要谈的就是这样一个涂尔干式的视角。

涂尔干（Durkheim 1974: 92）强调，社会会经历集体性激动和狂热的时刻。然而，这样的时刻既在时间上难以持久，也不能在一个分化的社会中为不同社会群体所共同保持。涂尔干强调了社会核心的深层的、持久的情感性，它由具象化社会情
119 感的符号、集体表征和仪式显现出来（Tiryakian 1978）。照此说来，现代性及其理性化、商品化、世俗化和祛魅的过程并不会导致宗教情感的消亡，因为虽然正式的宗教可能衰落了，但体现圣 / 俗区分的符号分类和仪式实践在世俗社会过程的核心

中继续存在。正如涂尔干所指出的，任何东西都可以成为神圣的，那为什么资本主义的“世俗”（profane）商品不能呢？如果我们注意商品的实际使用，那么很清楚，在特定情境下，商品能够去商品化，并获得一种（远超过广告商意图的）象征意义，使商品对使用者来说是神圣的。因此平凡的消费品有可能变成被珍视的所有物（参见 Rochberg-Halton 1986: 170）。

现代社会远不是一个象征匮乏的世俗物质世界，其中商品、产品及其他事物被视为仅仅是“使用物”。正如我所论证的，消费文化编织了一张由符号、图像和象征组成的变动不居的巨网，而这些象征不能被概念化为仅仅是世俗的。基于涂尔干的晚期著作，亚历山大（Alexander 1988: 189）认为在现代社会中：

> 社会符号就像神圣符号，因为它是强大的、强制性的；社会价值间的冲突就像神圣和世俗，或纯洁和不纯洁间的冲突；政治互动就像仪式参与，因为它产生凝聚力和价值承诺。

这并不意味社会符号是和谐的、整合的：它们可能相互争斗，并受到竞争过程的影响。例如，我们可以想到，国家形成过程中的文化维度，及其合法的道德规范和统一的集体表征，必须被视为质疑和排斥其他文化和传统的持续斗争的产物（Corrigan and Sayer 1985）。亚历山大（Alexander 1988）自己对 1970 年代初美国水门危机的研究，是对不同精英间的斗争结果的很好说明，这场斗争通过电视播送的听证会肯定了美国公民宗教的神圣民主神话，从而创造了一个仪式共同体。

从一个角度看，可以认为消费文化中的电视使神圣的东西变得微不足道，因为它有能力发布大量的信息，曾经各自封闭孤立的符号和象征现在被放置在一起，达成了奇怪的并置关系。然而也可以说，电视播送的仪式、活动和景象也能营造出一种节日的感觉（Dayan and Katz 1988）。这些事件（如加冕典礼、皇室婚礼、国葬，甚至摇滚音乐会和体育锦标赛决赛）可能会增强神圣感，以产生或重申支撑社会冲突和竞争的道德共识。由于在现代社会中，我们更清楚地意识到通过电视来发明传统、生产卡里斯玛和神圣、操纵共识的尝试，所以这不应该使我们对那些为历代人提供新的神圣感的事件视而不见。正如涂尔干
120 所指出的，这些场合产生了强烈的兴奋感，“流动的情感”，并在伴随的社区活动中通过颂歌、舞蹈、仪式手势被进一步强化。1960年代可以说就是这样的年代，有伍德斯托克那样的音乐节，以及普遍的兴奋和欢腾之感。在这样的节日时刻，日常的常规世界变成了一个非同寻常的神圣世界，使人们能够暂时团结一致地生活，几达理想之境（Tiryakian 1978; Durkheim 1974）。随之而来的集会常常结合重新激发原初事件的神圣光环的仪式，实际上就像“电池”一样，为流动的情感充电，这些情感可以被带到更平凡的日常世界中去维持人们的生活（Collins 1988b: 111）。电视播送的摇滚音乐会的壮观场面，如Band Aid、Food Aid、纳尔逊·曼德拉音乐会和其他跨国联动，也可能唤起一种更直接的情感团结，这可能重新唤起和强化道德关怀，如人类一体的感觉、人的神圣性、人权及最近的自然和非人类物种的神圣性。

我们一直在讨论，消费文化并未使神圣之物被低劣的物质

主义侵蚀。这不同于那些把文化和宗教的定义局限于核心存在问题（生、病、死、爱）的一致答案上的理论家。相反，我们可以采用更宽泛的文化定义，不仅关注正式的宗教制度和运动，也关注那些产生和再生神圣符号的社会过程和实践，无论是国家仪式、摇滚音乐会，还是在小群体或朋友、爱人间进行的表达团结的小型神圣性仪式。因此，我们需要摒弃那些把消费解读为生产的衍生品，并试图将其作为“大众”消费加以否定的方法。相反，我们需要承认，虽然消费主义带来了商品流通数量的通胀，但这并没有导致神圣的普遍消亡，若我们关注商品在实践中的象征意义，这一点便一目了然。

后现代主义与文化失序

在最后一节里，我们将深入探究 1960 年代以来西方社会中的某些变迁，这些变迁使得某些评论家认为向后现代文化的转变开始了。我们将考察这些趋势和一般消费文化的关系，并更具体地考察那些在知识界和艺术界发生的变化，考察知识分子和艺术家同其他群体的关系，这些群体正在改变符号产品的传播、流通和接受方式。简言之，如果一种后现代文化正在兴起，那么我们不仅要问“什么是后现代文化？”，还要问“后现代文化在哪里？”，以及通过建立可能出现的更普遍的感受性，教育和创造更大的受众，“哪些群体有兴趣使后现代文化变为现实？”推而广之，我们需要将这些变迁与全球秩序中更 121
广泛的变化联系起来，与社会间层面上的民族国家之间的权力均衡的变化联系起来。后现代文化的概念显然源自一个西方语境，其假定后现代文化代表着一种非积极的超越，一种与长期以来被视为西方现代性的发展轨迹的巨大决裂。我们需要发问：这种所谓对多元文化主义的敏感，对不同文化传统的完整性和“他性”的敏感，在多大程度上和以何种方式满足了这些其他传统中即将出现的趋势，从而产生一个带有文化失序趋势的更加开放和多元的全球环境；以及这在多大程度上只是主导权争夺的暂停或缓和，有可能加剧国家间的权力斗争和经济竞争，为不同的文化传统和文化统治的新秩序带来变化的前景。

如果要问谁是后现代文化产品的生产者和传播者，我们的注意力首先被吸引到在艺术、文学、建筑、音乐、批评和学术等艺术与知识领域内发生的变化。正是在这些领域内，这个词在 1960 年代和 1970 年代首次被用来表示一种超越文学和艺术现代主义的运动，当时现代主义被认为在形式上已经枯竭了，其对抗性和先锋的驱力也经由学院、博物馆和画廊的经典化（canonization），反过来又使其被接受并成为高等教育机构的教学大纲的一部分，已经走到了尽头。试图界定后现代主义的问题是，它在每个特定的领域中意味着不同的东西。然而，在各领域之间流通信息的过程中，批评家和文化中介人对该术语的含义有了共识。这促使艺术家、小说家、知识分子、学术评论家、研究人员等符号生产专家使用这一术语，解释和构建一系列日常体验、文化制品和模态。从这个角度看，就有可能分离出后现代主义的几个特征。

第一，后现代主义攻击自主的、制度化的艺术，以否定其基础和目的。艺术不能被看作是一种源于艺术家的创造天才或特殊品质的更高形式的体验。一切都被看过和写过，艺术家无法独具慧眼，而是注定要重复，而且要不带矫饰地重复。这种做法超越了在博物馆中被偶像化的创造性工作、艺术作品或名家手笔，使得艺术和日常生活之间的区分变得模糊。事实上，艺术无处不在：在大街上，在垃圾中，在身体上，在偶发事件中。不可能再有效地区分高雅或严肃艺术，与大众流行艺术和刻奇。

第二，后现代主义发展了一种感官美学，一种强调初级过 122
程的直接性和非自反性的身体美学，也就是利奥塔所谓的“具象”，与以次级过程为基础的话语相对立（Lash 1988）。因此，将叙事颠覆为一系列的流动是正当的，流连于声音而不是言语的意义（阿尔托的戏剧）是正当的，将身体（内部和外部）作为艺术来关注是正当的。

第三，在文学界、评论界和学术界，后现代主义意味着对一切元叙事的反基础论批判，无论这种元叙事是科学、宗教、哲学、人文主义、马克思主义还是在其他系统性的知识体系。利奥塔（Lyotard 1977）强调的不是大叙事（*grands récits*，元叙事），而是“小叙事”（*petits récits*）。因此，关于帕古斯（*pagus*），即“村民”（pagan）居住的空间的“地方性”知识，具有反神学知识的特征，其剥掉全球性知识的伪装，并得到了重视（Doherty 1987: 215）。之后的知识应是流浪的（nomadic）、戏仿的。它应戏谑地强调文本的非连续性、开放性、随机性、讽刺性、反身性、非一致性和多义性，不能带着系统阐释的目的来读解。就我们内心世界的状况和被困在一个不透明的符号之网中而言，我们不应在时代意义上谈论历史的终结或社会的终结；确切地说，历史的终结一直存在。

第四，在日常文化体验的层面上，后现代主义意味着将现实转化为图像，将时间碎片化为一系列永恒的现在（Jameson 1984a: 15）。因此，后现代的日常文化是一种风格多样性和异质性的文化，是一种图像和仿真过载——这导致指涉物或现实感的丧失——的文化。由于缺乏将符号和图像连缀成叙事序列的能力，时间随后碎片化为一系列的现在，导致了精神分裂似地强调生动的、直接的、孤立的、充满激情的世界存在感——即强度（intensities）——的体验。不断换台的 MTV 观众对世界的碎片化看法，被作为范例形式呈现。

第五，后现代主义倾向于感知模式的审美化和日常生活的审美化。因此，艺术和审美体验就成为知识、体验及生活价值意义的主要范式。

显然，我们所分离出来的这些特征，目前只能看作是学术和知识场域中小范围内的趋势。首先要强调的是，这些特征本身并非是新的，也非 1960 年代后期所特有的。以第二和第五个特征为例，如本书第五章所讨论的，具象的审美感和日常生活的审美化可追溯到中世纪的狂欢节、节日和集会。这一传统成为中产阶级心往神迷之源，他们中的一些人，将狂欢节的特性
123 及其越轨行为，纳入 19 世纪发展起来的艺术和文学的波希米亚作品和生活方式。当然，这也是那些关注不断改变艺术现代主义的参数的艺术先锋派的来源。与后现代的出现不同的，似乎是这些感知的程度和扩散：中世纪的狂欢是一个相对封闭的短时期阈限飞地。如今，借助艺术市场和消费文化市场，符号专家和潜在观众的数量都要比以前多得多。然而我们有理由认为，

这些观念的发展本身可能是社会中发生的更基本的文化变迁的指标。诚如此，我们就需要更仔细地研究生活审美化的支持者，也就是那些可能被调教和教育成具有后现代之感受性的更广泛的观众的基础。

可以说，近年来，知识、文化和符号产品，已经形成了一个更广阔的新市场，见于新中产阶级中从事这些产品的生产、流通和传播的专家人数的增加。关于新中产阶级的兴起和构成，长期以来争论不休，为节省篇幅，在此不赘（见本书第三章的讨论），只提请注意术语上缺乏一致，有“知识阶层”“新阶层”“新小资产阶级”“服务阶层”等术语。社会科学家一致同意的是，在失业率上升的时期，这个阶层却一直在扩大。正如我们不断强调的那样，我们特别关注的部分是知识分子、艺术家、学者，以及布尔迪厄（Bourdieu 1984）所说的“新文化中介人”。新文化中介人积极地向更多的观众推广和普及知识分子的生活方式，并帮助打破文化知识的排他性，打破知识分子有兴趣评论的活动和领域范围。这有助于瓦解高雅文化 / 大众文化区分的旧有障碍和符号等级秩序。这也有助于教育更多的知识、艺术产品和体验的受众，使他们能够接受后现代主义等现象中所表现出来的一些感受性。

如前所述，这种感受性的起源可上溯浪漫主义运动，应该被看作是符号生产专家人数增长及权力潜能提高的长时段过程的一部分。尤其是艺术家，以及符号生产专家、一般文化中介人，倾向于更多的情感探索，以作为他们作品和生活方式的一部分。这方面在 1960 年代尤为明显，那时大量接受高等教育的人和不断扩大的服务行业自认为一种“反文化”，他们抨击情感

的克制，喜欢更轻松和非正式的服装和呈现风格。实际上，这
124 种非正式化的过程（Wouters 1986）在 1960 和 1970 年代变得很明显，虽然在一些圈子里被认为是一种危险且天真的情感倒退，但实质上依赖更强的自我控制——“解控的情感控制”，这涉及一种放松（relaxation）和更高水平的控制，能够面对以前被压抑的情感。在 1970 年代，它也被认为具有危险的、以自我为中心的自恋含义（Lasch 1979）。不过，可以认为，不那么严格的行为规范，以及与非正式化和情感探索同时的规范的放松，要求个体之间更加彼此尊重（Wouters 1979）。在某些新的宗教运动和意识疗法中，情况也许就是这样。组织结构中更广泛的变化是通过协商转向更不专制的管理模式（在教育和助人职业中最明显，但在其他产业和行政组织中也绝非罕见），这也进一步增强了角色扮演和权力结构的灵活性（de Swaan 1981; Haferkamp 1987）。

因此，后现代主义必须在一个长期过程的背景下加以理解，这个过程涉及消费文化的增长、从事符号产品生产与流通的专家和中介人人数的增加。后现代主义从消费文化中吸收了生活审美化的倾向，假设美的生活就是伦理上善的生活，没有人的本性或真实的自我，生活的目标是对新体验、新价值、新词汇的无尽追求。虽然对社会科学研究来说，这也许是一个颇具威胁性和局限性的范式，但没有同样的理由判断后现代主义在日常生活中的作用。必须冷静地考察生活的审美判断，如果这样去做，也许会显示，受控的情感去控，以及一种集中的、一致的宗教信仰体系的缺席，并不会导致虚无主义和社会解体；相反，向审美标准和地方性知识的转变，同样可能导致相互期望

的自我约束和对彼此的尊重。

这并不必然导致神圣性的终结；事实上，正如我所论证的，在消费文化中，神圣性可在有组织的宗教之外自我维持。然而，如果追随某些后现代理论家的看法，就会有威胁神圣性的趋势。例如，鲍德里亚（Baudrillard 1983a）提请人们注意在“电视就是世界”的社会里，信息、符号和图像的过载，这种过载是对我们将符号串联成叙事序列的能力的威胁。相反，我们从图像流的强烈表面体验中获得审美愉悦：我们并不寻求连贯持久的意义。那么，这将意味着象征的终结，因为符号可以承载消费文化的偶然和怪异的并置可以抛出的任何联想和意义的延伸。实际上，我们会走向文化的失序。但是，如果我们不管诸如“电视就是世界”这样的概念（最贴切的例子是“24小时不停地播放的单子式的MTV节目就是世界”），其中电视被
设想为一种“会动的墙纸”，而关注看电视的实际行为，我们 125
就会注意到公共和私人的崩溃。集体观看时尤为如此，观众远不是被动的，他们可能会积极地投入事件、场面和仪式的宗教性（religiosity）中，甚至可能盛装打扮，使观看本身也仪式化了（Dayan and Katz 1988: 162）。因此，一旦我们舍弃信息过载（信息的形式决定了信息的内容和接收）这样的概念，转而考虑具体的人的主动观看，那么社会生活的象征性和神圣性维度就可以得到维持。事实上，文化再生产的实践方面要求人们力图使符号稳定下来，成为具有实践一致性和象征维度的分类图式，而不像我所强调的那样，寻求逻辑和理性的一致性和合理性，这对符号专家的实践来说更为核心。

最后的问题是，消费文化和后现代主义如何与全球秩序相

联系。通常认为，全球规模的消费文化，与美国控制世界经济秩序的力量的扩张相平行（Mattelart 1979）。在此，消费文化被认为注定要成为一种普遍的文化，它破坏了每个国家自己的民族文化。然而，对电视收视影响所作的研究，却强调国家差异在读取和解译信息时的重要性。实际上，电视节目中嵌入的信息只对被社会化的接受这些符码的人有意义，因此不同民族、不同社会阶层会通过不恰当的符码去观看国际流行电视节目。也可以说，我们在消费文化中提到的产生信息和符号过载的趋势，也会在内容层面上抵制任何一致的、整合的、普遍的、全球性信仰。然而，以前不为人知或只呈现为狭隘的刻板印象的“他者”和不同民族的图像的大量流行，可能会有效地帮助将他者和全球性环境的意识提上日程。

就后现代主义而言，由于失去了对支撑这种解释的元叙事的信心——在此可以想到萨义德关于东方主义的研究——“他者”不再有外来的或异域的刻板印象的感觉，使得从一个中心点或基础来解释不同文化或传统的权威产生了进一步的危机。这一危机正出现在整个社会科学的理论中，并与对全球情势的认知变化相联系。对他性、对从前被忽视或曾经感到威胁的不同文化的无序性的开放，本身就代表了国家间权力平衡的变化。寻求以他者自己的方式来了解他者，寻求窥视狭隘武断的刻板印象背后的东西，显示了文化方法论的解释学转向。这种迈向文化去分类化和长期维持的符号等级秩序的解构的运动，指向一个国家和文化之间相互依赖的环链被拉长和更密集
126 交织的世界。例如在人类学中，后现代引发的对各种地方性知识体系的独特性和完整性的接受，已然跃上一个新的台阶，人

类学研究对象不仅对人类学家的解释的权威性和有效性提出异议，而且寻求为自己发声。人类学家能讲述的只有他自己的体验（Friedman 1987）。这些变化发生在社会间层次，把学者和知识分子推向了多元文化主义的视角，而社会内层次的变化（部分我已经提到过）又加剧了这些变化，这一方面通过知识领域的通胀削弱了知识分子的权力，导致了更多的新知识分子的出现，以及占主导地位的知识分子定义符号等级秩序的权力的去垄断化；另一方面，消费者市场对新的文化中介人的符号产品的需求不断增加，以满足人们对新的文化体验和感觉的渴求。实际上，知识分子已降格为解释者的角色，对特殊性进行包装，无法提供有机会影响立法或实践的合法的普遍性知识（Bauman 1985）。

从某一角度来看，后现代主义可理解为一种文化形象，一个包含无序、消解、相对主义和碎片化的护身符式的概念，它开辟了一个超越系统化和普遍化的现代概念体系的伪命题的空间。它的拥护者发现文化失序形象的重新出现很有吸引力，这些形象本身就是西方传统中的一个对抗性和越轨性的次主题，但它们在很大程度上仍被封闭在阈限性的狂欢及其艺术恢复（recuperation）中。这种形象本身可能具有更广泛的吸引力，不仅通过社会内部的阶层结构变化，还通过社会间和全球化过程，将符号产品的新市场和符号专家的新机会推到前台。事实在某种意义上，鉴于现代的认同一般与西方文化的普遍化进程绑定，“后现代”一词的使用可以把我们引向不断变化的环境，其中世界被视为一个不同的全球形象相互竞争的地方（Robertson 1987）。

第九章

共同文化还是非共同文化？①

127 提到“共同文化”（common culture），立即就引起了阐释的问题。“共同”这个词意味着共享的东西，但它还有进一步的含义，如低级、粗俗和不文雅的东西。从后一种含义上讲，这个词可以和拉丁文的*vulgus*——普通人——联系起来（R. William 1976: 61）。因此，我们可以把本章的标题缩短为“共同文化？”，并使用“共同”这个词的两种含义：一种是或应该是共享的、整合的文化，另一种是低级的、粗俗的、不文雅的文化，显然需要一些方向和指导来使其升华和文雅。当然，“文化”一词问题更多，它是一个本质上有争议的概念，其含义范围更广。它被不同程度地用来指代规范、观念、信仰、价值、符号、语言和代码。它也可以指人的精神和智力发展过程，或者指专门的知识和艺术领域和实践（文化领域或高雅文化），甚至是一个群体、民族或社会的整个生活方式（人类学观点）。最后一种含义，即文化作为“整个生活方式”，像我们将会看到的那样，它暗含的假设是，人们之间有一套共同的意义、信仰和价值观，并以某种方式凝聚成一个完整的整体。

① 我对文化多元主义的理解从与罗兰·罗伯逊和布莱恩·S. 特纳的讨论中获益良多，我非常感激他们的支持。

可以把我们刚才提到的文化的两个含义联系起来：文化是“人的精神和智力发展过程”，文化是“艺术和智力实践的产物”。这是因为，那些我们通常可以称之符号专家的人，即那些从事艺术和智力实践的人，他们对有文化或有修养的人所赋予的积极价值，导致了这样一种文化观念，即在*他们*看来，形成一种共同文化，教育民众接受一套更高级和一致的价值观和品味，是一项有价值的工作。

在此，我们有可能将“是否真的存在一种共同文化”与“是否应该存在一种共同文化”的问题混为一谈，我们必须对这些经常被忽略的分析层次加以区分。首先，我们需要考虑社会学和人类学中的共同文化论，并假定一种一致的文化或主导意识形态在维持社会秩序和整合方面起着关键作用。这需要与在文学理论和文化研究领域发展起来的第二种关注，即拥有共同文化的价值或必要性区分开来。这里有几种典型的立场，它 128
们强调过去存在过一种共同文化，但是现在正遭受大众消费文化的破坏，所以必须找到振兴文化传统的方法；或者，共同文化只能通过文化精英的教育计划来创造，他们将最终消灭粗俗和野蛮的文化残余；最后，一些不那么精英化的解决方案是可能的，它将普通人的文化（现在得到积极的评价）和“高雅”文化传统中的某些要素结合起来，发展一种真正的共同文化。雷蒙·威廉斯可能是最后一种立场的主要倡导者之一。

在我们更仔细地考察刚才概述的观点之前，有必要加上最后一段开场白。今天，在人文和社会科学领域，共同文化的问题并未引起多少激情。后现代主义这一非常活跃的主题，在许多方面是共同文化问题的对立面。所以，我们不能把共同文化视为一种永固的价值，或静态的抽象概念。相反，我们需要探究其产生和形成的条件。这尤其需要分析符号专家（知识分子、艺术家、学者和文化中介人）与其他群体之间不断变化的权力平衡和相互依赖关系。正是在这些推动特定的符号专家群体向前发展，并见证其他群体走向衰亡的更广泛的过程中，我们试图理解为什么某些文化概念得以流行，某些失去拥簇。最近有人断言，在西方世界，我们目前正进入一个“文化去分类化”阶段（DiMaggio 1987），在这个阶段，长期建立的符号等级秩序正在被解构。如果情况果真如此，我们就不应该仅仅追随那些乐于看到经典衰亡的人，欢呼预示着结束价值形成意义上的共同文化承诺的文化失序可能性，而是要试图理解带来这些变化的社会和文化过程。

共同文化论

过去十年中，新的研究团体、研讨会、期刊和其他关于文化的出版物的出现，表明社会学、其他社会科学和人文学科对文化的兴趣激增，表明出现了一种运动，不再把文化认知为“艺术”，或者相对稳定的、共享的，从而毫无问题的规范、价值和信仰：社会关系的坚硬水泥（Robertson 1988）。所以，直到最近，人们才开始系统地尝试对文化的各个维度以及文化和社会的关系进行理论研究。

玛格丽特·阿切尔（Archer 1988:1）最近认为，对文化的
129 概念化“是社会学中所有关键概念的分析发展得最弱的，它在社会学理论中发挥了最疯狂的摇摆不定的作用”。对阿切尔来说，文化整合的神话尤其是社会科学中最根深蒂固的谬误之一。

她将这一神话的起源追溯到德国历史主义和浪漫主义，两者都把文化设想一组紧密编织的线，凝聚成一个审美的统一体。这一点在时代精神（*Zeitgeist*）和世界观（*Weltanschauung*）等术语中得到了体现，它们强调了一个时期的时代精神和世界观的统一性。这一传统在人类学中特别有影响力，在人类学中，文化被认为在整合和产生社会秩序方面具有核心作用（参见 Archer 1988; Schweder 1984; Kuper 1988）。这又是一种对文化的审美认知，我们可以将其分解为两个要素。第一，它将文化呈现为一个完美的整体，其中各部分和谐地联系在一起，存在一种内在的平衡秩序。第二，它假设我们需要一种尤其来自天赋的阐释敏锐性，即艺术直觉，以便把握其内在意义。

这种对审美统一的强调在社会学的功能主义中也很明显。例如索罗金（Sorokin 1957:9）坚持认为，我们能够发现"逻辑意义上的整合"，找到使我们能够将混杂的个体成分联为一体的一致性（uniformity）模式。[②] 这一立场被称为"共同文化论"，塔尔科特·帕森斯（Parsons 1951；1961）对其的表述最具影响力。帕森斯强调，一套一致的中心价值（文化系统）作为模式化的规范要素，保证了整合和被规范的互动。当然，假设共同价值对产生规范性共识是必要的，而这种共识对于确保社会秩序是至关重要的，这已经招致了严厉的批评。[③] 不过，从马克思主义的角度看，与帕森斯的一些批评相关的一个问题是，共

② 应该说明，索罗金发现经验上缺乏整合、广泛的、不连贯的混合物是最常见的类型。

③ 参见 Lockwood 1964: Dahrendorf 1968: Gouldner 1971: Giddens 1984: Elias 1971。这些批评者所忽略的是帕森斯所采用的文化概念随着时间的推移而变化。简言之，只关注《社会系统》（Parsons 1951）中的观点，而忽视他后来的著作中作为"符码"的文化观念，可能对他是不公平的（Schmidt 1988）。

同文化的概念被保留了下来，或者更准确地说，被转化为主导意识形态的概念，关键的变化是文化现在被用于操纵，作为一些人强加给另一些人的东西（Archer 1988: 34）。这是阿伯克隆比、希尔和特纳（Abercrombie, Hill and Turner 1980）在他们的著作《主导意识形态论》中提出的观点。他们的基本观点是，社会不会通过共同文化或主导意识形态来再生产自身。在对封建主义、19 世纪早期资本主义和 20 世纪晚期资本主义三种情况的研究中，他们基本没有发现共同价值体系或主导意识形态的证据。

从他们的著作中可以得出两点：第一，他们批评了假定社会过去是更整合的发展模式。在封建时代，尽管统治阶级可能相信基督教的主导意识形态，但是沟通（communications）很差，这阻碍了中央国家对社会的整合。整个欧洲也还存在大量的人口迁移（Le Goff 1984）。因此，在下层社会的流行文化中还保留了许多前基督教的巫术和迷信（B. S. Turner 1990; Ladurie
130 1981; Ginzburg 1980）。"快乐英格兰的神话"（merry England myth），如同原始社会是整合的礼俗社会（*Gemeinschaft*），其中共同文化在形成社群纽带方面起着关键作用的神话，正在被埋葬（另参见 Laslett 1965）。这个神话不仅通过对腾尼斯的《共同体与社会》的误读而进入了社会学理论，而且还从涂尔干，尤其是帕森斯对涂尔干的解读中获得了相当大的推动力。涂尔干（Durkheim 1964）强调，通过宗教，早期社会中有一种强烈的**集体意识**（conscience collective），再加上较低水平的社会分化，产生了高度的道德和社会整合。另一方面，现代社会通过复杂的分工展现出高度的社会分化，因此道德整合出现了问题，需要一种不同的社会结构基础。然而，当帕森斯（Parsons 1937）采用涂尔干的理论分析现代社会时，涂尔干在其后期著作中所关注的道德共识和聚合的神圣性，就变得模糊不清了（参见 Archer 1988: 35）。相反，帕森斯假定，现代社会存在共同的共享价值，而对涂尔干来说，这种高度的整合只是前现代社会的特征。

第二种观点也可以从涂尔干那里引申出来，并将我们引向道德共识，即随着时间的推移而产生的交融意识的维持问题。如果共同的价值观在一个高度分工的复杂分化的社会中很难维持，那么，在某些产生社会已经成为一个统一民族共同体的感觉的场合，它是否有可能恢复呢？在他的后期著作中，涂尔干认为，现代社会中神圣并没有消失，在严格的宗教场合以外的很多场合中，神圣的符号和仪式被用来激发强烈的情感体验，打破人与人之间的社会距离（参见 Alexander 1988; Tiryakian 1978）。这些场合由于其与日常生活隔绝的性质，被称为阈限时刻（V. W. Turner 1969）。希尔斯和扬（Shils and Young 1953）合写了一篇题为《加冕礼的意义》的论文，他们认为加冕礼是一种"国家共融"（national communion）的行为，将包括工人阶级在内的每一个人都纳入社会的道德秩序。很少有当代社会学家会同意希尔斯和扬的观点。尽管像阵亡将士纪念日、皇室婚礼或葬礼这样的公民仪式，可以说在尽力向国家自身展现其是一个想象的共同体（Anderson 1983; Cohen 1985; Chaney 1979; Thompson 1986），但问题是，这到底产生了多大程度的情感共融？像美国的水门事件听证会这样的公民仪式，很少实现对民族传统的重申和所寻求的国家完全统一（Alexander 1988），而是最好被视为涉及道德企业家的过程的一部分，他们试图克服社会分裂和排斥（Gusfield 1963; Gusfield and Michalowicz 1984）。与其认为文化整合是实际可达的，倒不如考虑已经或
131 可以实现的神话的力量。简言之，这表明了共同体形成的过程，以及操纵和创造神圣符号的斗争。因此，传统必须由符号生产的专家（知识分子、艺术家、学者、文化中介人）不断地发明和再发明（Hobsbawm and Ranger 1983），他们希望建构和解构共同体的表征。也就是说，他们希望将共同文化表征为过去发生的，或现在发生的，或我们应该在未来努力实现的一种价值。

共同文化的形成

雷蒙·威廉斯颇具影响的著作《文化与社会》（Williams 1958）出版至今已超过 30 年，该书研究了英国的一个受限的少数文化观念的历史发展，这种文化与发展真正的共同文化的可能相对立。回顾威廉斯对“美好的共同文化”计划的呼吁，值得注意的是，尽管他把共同文化的观念与参与式民主制的发展——这仍然是他的核心关注点——联系在一起，但实际上在他 1960 年代后期之后的作品中，“共同文化”这个词很少出现。在对这本书的回顾性评论中，威廉斯（1979）把共同文化的问题置于该书写作的时代背景中，并指出我们需要解决我们这个时代的问题，在这个时代人们可能会认为关于共同文化的讨论无关紧要。事实上，威廉斯（1979: 110）指责特里·伊格尔顿（Eagleton 1968）在《文化与社会》出版十年后机械地复

制其论点。

威廉斯的实质意图是攻击在他看来分裂的文化，一个“非共同体”（uncommunity）。他认为关于文化的讨论是重要的，“因为在每个地方，尤其是在英国，文化是显示阶级——区分人的重要事实——的方式”（Williams 1958: 24）。在这里，他强烈反对那些认为只有通过来自上层的有修养和受过教育的精英的干预和指导才有可能形成共同文化的观点，无论精英指的是“文人学士”（Coleridge 1837/1974）还是少数“局外人”（aliens）（Arnold 1869/1932）。威廉斯（Williams 1989）在 T. S. 艾略特和 F. R. 利维斯（F. R. Leavis）对共同文化的倡导中发现了类似的精英主义。两人都怀念过去的“有机”社会，在这种社会中，艺术和普通生活更好地联系在一起。两人都以各自不同的方式强调，充分发展的有意识的文化只能是精英的所有物，大多数人没有能力有意识地分享少数人的文化。在艾略特（Eliot 1948）看来，少数人能获得的最好的东西是参与一种精炼了的精英文化。对不同的社会阶层来说，这种“共同文化”以及表达和有意识地参与其核心要素，即共同语言和宗教的能力，是各不相同的。试图通过教育将 132
有意识的文化和信仰推及所有人，只会淡化和破坏文化的意义。

根据威廉斯（Williams 1958）的观点，“上层阶级平等主义者以为普通人梦想的很多东西，普通人并不想要，尤其是识字。”对威廉斯来说，一种共同文化不仅应包括更高的价值观的传播，而且应包括对普通人的日常文化的尊重和接受，正如他所说（1989: 35）：

那么，在谈论共同文化时，人们首先是在说，文化是一个

> 民族的全部生活方式，也是特别有天赋和有声望名气的人所做出的重要和必不可少的贡献，并且人们用文化的**共同**要素——它的共同体（community）——的观念批判我们实际上拥有的那种分裂的、碎片化的文化。

威廉斯（1979: 114 及以下诸页）竭力强调，使用“共同体”（community）这个词，不是暗示回归礼俗社会；相反，选择这个词是为了与上层阶级占统治地位的个人主义文化——或“非共同体”——相对比。威廉斯（1958: 318 及以下诸页）努力定义一种共同文化，这种文化允许复杂社会所必需的社会分化，但又能够提供一种团结的感觉，能够“实现多样性而不产生分离”，这让人想起涂尔干。④ 然而矛盾的是，尽管威廉斯提倡发展一种共同文化，但他也强调文化实质上是不可计划的。这里的文化概念，建立在有意识地照料自然生长的隐喻之上。* 在此意义上，共同文化总是一个不可计划的过程，不管它如何信赖于民主式教育或参与式民主，对威廉斯来说，这些是社会主义的核心特征，仅仅是为共同文化培植沃土的元素。

认为郊托邦的（subtopian）** 或反乌托邦的（dystopian）大众文化是对共同文化的错误追求的反常结果的观点，也同样受

④ 尽管与涂尔干相比，威廉斯很明显是在一种英国传统中写作的，勒佩尼斯（Lepenies 1988: 155 及以下诸页）称此为“隐蔽的社会学”（concealed sociology），其特点是缺少理论系统性，论证变化不定、漫无边际。

* 英文的 culture 在早期主要意指“照料动植物的成长”，18 世纪后才逐渐意指“文化”。——译者

** Subtopia 取 suburbs 和 -topia 组合而成，是英国建筑评论家伊恩 · 奈恩（Ian Nairn）1955 年创制的一个词，指城市周围看起来一模一样的单调郊区，缺乏有想象力的规划。这里根据组词译为“郊托邦”。——译者

到了威廉斯的批评。对那些害怕他们所珍视的价值或高雅文化被粗俗大众冲淡和吞噬的人，威廉斯（1958: 287 及以下诸页；1976: 158 及以下诸页）不厌其烦地解读大众（the masses）的概念。“大众”的一个重要涵义是“众人”（multitude），表明普通人最明显的特点是人数众多。这个词还带有庸人（the vulgar）、乌合之众（the rabble）、暴民（the mob，从拉丁文 *mobile vulgus* 缩写而来）—— 18 世纪动荡不安的普通人——之意。在后一种意义上，“大众”这个词被认定为城市工业的下层阶级和劳动者、易受骗者、芸芸百姓（low herd），他们对文化构成了永久的威胁。经常有人认为技术和大众传播已经使社会大众化了，产生了一种同质性的、无品味的大众文化，它破坏了人文主义精英文化的理想，是一种“后文化”（post-culture）（Steiner 1971）。由于中上阶层的绝对人数太少和最低限度的分母效应，这种对大众的恐惧往往伴随着他们的反感和恶感，然而在民主化程度提高和社会混杂的条件下，在新的城 133
市空间和交通系统中与工人阶级的密切接触受到鼓励，社会距离难以保持（Wouters 1979）。对那些受教育的认同文明人或有教养的人的理想的人，对既定的精英阶层，这种感觉尤为强烈，他们害怕下跌，害怕被粗俗的外来者拖下或吞噬，害怕失去通过大量个人投入获得的自制力。在这个意义上，有教养的人的鉴别力和品味被大众及其文化所冒犯，导致了他们对大众的反感，这种反感在一定程度上是发自内心的，体现为一种厌恶感。

“大众是另一类人（other people）。事实上并没有大众；有的只是把人看成大众的方法。”（Williams 1958: 289）威廉斯的这句话严格地说是正确的。不过，可以争辩说，已经获得教育和高文化价值的优势群体，更可能有自上而下地贴标签的能力，对他们来说，外围群体可以视为无差别的他者，这些人虽然仍然被视为威胁，但在相对平等的基础上回应或被倾听的能力严重受限。所以，威廉斯的话更像是一条训谕，而非陈述事实：某些群体倾向于将普通人视为大众，以强调与有教养者的品味相比，他们的品味低下粗俗。控制情感和以节制的、有距离的方式培植对生活中的美好事物——无论绘画、书籍、音乐、饮食——的品味的能力，其本身必须被理解为更普通的长期文明化过程的一部分，在这个过程中，中上阶层的情感控制比下层得到了更系统的发展（Elias 1978b; 1982）。对受过教育的接受高雅文化品味，并善于区分品味的细微差别的人来说，普通人的品味往往显得过于简单和容易，与触手可及的愉悦和动物性的感官欲望联系得过于紧密（Bourdieu 1984: 32）。那么，康德（Kant 1790/1952）认为的有距离的、无利害的纯粹品味，是与粗俗的品味相对立的，粗俗的品味即表面的、容易的、幼稚的、简单的、肤浅的、廉价的品味，容易被解读，文化上要求不高（Bourdieu 1984: 486）。纯粹品味意味着一种拒绝，一种对简单享受和愉悦的厌恶。这种厌恶，可能来自那些费力习得高深的文化品味的律条并赢得尊重的人对庸俗的恐惧。对这些人来说，恐惧来自于可能失去控制，屈服于感官，失去距离和反思。厌恶来自于将享乐还原为“动物性、肉体性、口腹之欲和性，还原为普通的因而也是庸俗的东西，消除了那些全力抵抗的人和那些沉湎于愉悦、享乐的人之间的任何区别。”（1984: 489）因此，布尔迪厄（1984: 490）评论道，“文化和身体愉悦（或自然）的对立，根植于有教养的资产阶级和人民的对立。”

布尔迪厄的评论（写于 1970 年代末，关于法国文化）的有 134
趣之处是，这种“对‘纯粹’品味的庸俗批评”，与大众文化研究者的正统立场相吻合。如果说威廉斯提出的共同文化问题已经消亡，那么对阿诺德、奥特加、德怀特·麦克唐纳或阿多诺等大众文化发展的批评者的同情也实际上消失了。因此，在试图对共同文化的形成加以理论概括的过程中，存在双重的置换（displacement）。首先是威廉斯所要求的减少精英主义，主张尊重普通人的非文学传统，承认劳动的尊严，承认工会和工人阶级生活的其他方面是在参与性民主的基础上形成共同文化的重要文化机构。第二种置换是发现被轻视的普通人的文化。其试图为庸俗获得平等的承认，甚至美化庸俗：普通人的狂欢传统中的大众愉悦和越轨行为。在此没有尊严，没有人文理想，没有培育和提高，没有教育过程（*Billdungsprozess*），没有甜蜜或光明，只有成为不同者的平等权利——他性，在不完全的意义上继续作他者。对非共同文化的颂扬是文化分析中的一个趋势，对流行文化和后现代主义越来越大的兴趣便是这一趋势的体现，下面我们来讨论这一点。

流行文化与向后现代主义的转变

狂欢、节日和集市的大众传统，困扰着那些试图教育普通人提高品味的人。这个传统颂扬官方文化的象征性颠覆和越轨，以及兴奋、无约束的情感和直接的身体愉悦，如膏腴的食物、烈性酒精和淫乱（Bakhtin 1968: Stallybrass and White 1986）。当然，“天翻地覆”的狂欢场合在很大程度上是“有序的失序”的封闭的阈限时刻，与单调的日常生活形成对比。不过，它们代表了一种传统，现在被流行文化的评论家赋予了越来越多的重要性。这种狂欢传统可以追溯到中世纪，历经许多转变。你可以在 19 世纪的音乐厅（Bailey 1986a, 1986b）和海滨出游（Walvin 1978）中找到它，从海滩色情明信片、游乐场及马克斯·米勒（Max Miller）和弗兰克·兰道尔（Frank Randall）等码头喜剧演员[*]的令人捧腹大笑的幽默表演中发现它。现在我们被要求不要对布莱克浦[**]的大众愉悦嗤之以鼻，而要对民众正当地享受愉悦报以微笑（Mercer 1983）。它也可以在那塔尔和卡米歇尔的《共同因素 / 庸俗派》（Nuttall and Carmichael 1977）等书中描述的失序的工人阶级流行文化的庸俗小玩意中找到。

135 当然，说在中产阶级中找不到这样的文化也是错误的。18 世纪末以来，狂欢的元素明显地转入文学。反抗古典主义的浪漫主义运动，使人们对普通人的民间和原始文化的特殊性和多样性产生了兴趣（Burke 1978）。因此，下层社会的文化仍然是迷醉之源，这种传统的象征意义通过华兹华斯、卢梭和赫尔德等作家进入文学。狂欢传统的另一个分支在艺术和文学的波希米亚和先锋派中得到了体现，从 1830 年代后他们开始在巴黎及其他大城市中发展（Seigel 1986）。阿诺德等人试图创造和利用我们现在所谓的高雅文化，作为文明化过程的一部分，培养有教养的人，实际上可以说，他们所排斥的那部分依然是中产阶

---

* 此处指的是游乐码头（pleasure piers），在游乐码头上有大量娱乐设施、商店和演出场所，是工人阶级喜欢的度假地点。——译者

** 布莱克浦（Blackpool），位于英国兰开夏郡，著名海滨度假胜地。——译者

级的迷醉之源。因此，森林、集市、剧院、马戏团、贫民窟和野蛮人的“他性”吸引着中产阶级，在小说、电影及其他媒体中不断地表现和复制。

这一传统代表了西方现代性文化形成过程中的一个重要的次要传统，并直接批判了后者的全球普遍主义和文明化的伪装。它在1970年代以来对流行文化兴趣的激增中发挥了核心作用，这表现在许多方面，尤其是我们提到的相对主义的平等主义精神，以及打破高等教育中长期建立的符号等级秩序的愿望，这种等级秩序基于伟大的古典文学经典，排斥流行文化。例如，迪马吉奥（DiMaggio 1982）对19世纪波士顿的研究表明，在19世纪初，交响乐（我们现在认为是“古典”音乐）与流行歌曲、畸形秀（freak-show）展览和各类音乐厅节目同台演出。只是到了1870年代，提供赞助的中产阶级文人学士才设法将他们希望完全支持和保护的部分分离出来，成为我们现在所谓的高雅文化。劳伦斯·莱文在他最近的《高雅文化/低级文化：美国文化等级秩序的出现》（Levine 1989）一书中有许多类似的论点，他用一段个人轶事支持自己的论述。在看完几部巴斯特·基顿（Buster Keaton）的电影后，他和一位同事有一段对话。莱文说：“是的，我同意基顿是一位伟大的艺术家。”这位“同事显得很疑惑，过了一会儿用一个熟悉的形容词纠正说：‘一个伟大的流行艺术家。’”（1989: 1）另一个例子见于克雷格·麦格雷戈的《波普走进文化》（McGregor 1984）封底的一段话（以夺人耳目的绚丽颜色和各式字体印刷）：

《波普走进文化》论及爵士乐、摇滚乐、澳大利亚、郊区生

> 活和平等。本书的中心主题是流行文化的创造。对克莱雷
> 格·麦格雷戈来说，文化不是由跨国公司整齐地包装好卖
> 给“大众”的东西。相反，文化是由劳动人民在工作、娱
> 136 乐和社区的日常经验中形成的。《波普走进文化》中的文章
> 有违“高雅”文化的礼节规范。“新派记者”莱雷格·麦
> 格雷戈基于激进民粹主义选取主题——哈莱姆和新奥尔良
> 的爵士乐，澳大利亚城郊的“恐怖之乡”，巴里·汉弗利
> （Barry Humphries）的幽默。本书是针对我们的文化机构的
> 高雅疏离的一剂猛药。

在学术界内外，流行文化的受众越来越多，另一个例子是总部设在美国的“流行文化协会”。1988 年该协会在新奥尔良召开了第 18 届年会，有 8000 多人参会。这促使以流行文化为生的罗纳德·里根，在全国媒体上抱怨这是浪费钱。在 250 多页的会议手册中，有题为《硬汉犯罪小说》《大学篮球》《文学与诗歌中的疯狂》《编发：一个物质文化的例子》《书写电视史》《亚瑟王传奇》《政府中的妇女》《墓碑作为社会趋势指标》《卡津（Cajun）料理》《安德鲁·劳埃德·韦伯（Andrew Lloyd Weber）与后现代主义》《深层生态学有多深》《罗杰斯与汉默斯坦（Rogers and Hammerstein）作品中的性》的论文，在关于心理学与文化的会议上，提交了两篇分别题为《弗洛伊德与尼采：死亡、欲望和文化起源的神话》《心中的荣格、辛纳特拉及其音乐，1939—1954 年》的论文。一语双关、朗朗上口的标题比比皆是。令人吃惊的是主题的广泛性：几乎任何东西都可以囊括在流行文化之下，并与几乎任何理论框架相关联。纵观这些论

文的所属机构，可以发现作者来自一个非常广泛的人群：历史学、文化研究、政治学、文学、英语、社会学、流行文化、现代语言、商业、经济学、地理学、人类学——事实上涵盖全部人文和社会科学。除了如此多的难以把握的学科和方向之外，我们还必须面对这种转变对高等教育结构的影响，这种转变也正在英国、欧洲及其他国家发生。

在这种情况下，值得引用米歇尔·舒德逊在他的最新文章《流行文化的新认证》（Schudson 1987）中的论述："对流行文化的新研究现在对现代大学的身份提出了严肃的挑战。"这句话提示了几个问题。第一，对流行文化的研究通常被排除在高等教育之外，或者只是在历史课程中占非常次要的位置。它顶多得到我们长期以来对英国民俗的相同看法：感兴趣的业余爱好者的东西，但不值得真正进行系统的研究——当然也不能用来发展人的心智。将流行文化纳入大学，提出了关于人文科学和社会科学高等教育建设原则的问题。它使隐含的等级秩序变得明确。它对公认的传统和典籍提出质疑。

第二，它代表了从多样性和失序的角度，对有序统一体和 137
系统性的攻击。这个过程打开和解构了符号等级秩序，举两个例子：对辛纳特拉歌曲或哥特式墓碑的研究，与对法国大革命或托尔斯泰的研究同样重要。第二个例子来自伊丽莎白·威尔逊的一篇文章（Wilson 1985），她认为编织是一种真正的艺术形式，它被排除在外是对女性的歧视，应该在美术课程和展览中占据一席之地。

第三，这种平等和民主的精神，不仅意味着教育家要将他们的事业去中心化，以承认地区与地方文化和实践的广泛多样性，而且，通过对多样性内容的讲授，以及利用不同媒体的多元教育形式，这是可以实现的。

第四，从这个倾向于全球化多样性的角度来看，基于共享价值的共同文化，或者作为规划的共同文化，已不再可能。即使是共同文化作为一种共享语言的定义也只能保留在最深的文明层次，因为人们试图重新发现和复活传统、地方和区域的不同语言——被压制的各色语言的喋喋低语。

第五，由于在内容上（以及某些情况下在表现形式上）缺乏一个公认的文化等级秩序或历史发展观念，对流行文化的研究可能会被“有趣的”“当前的”或“迷人的”影响，会被视为类似于观看电视的体验。学术成了异国情调和平庸的解释者。根据一位美国著名人类学家的说法，相对主义成了“什么都可以”的态度的口号。克利福德·格尔兹（Geertz 1983: 275）说，人类学家应该把自己想象成“惊奇之物（astonishment）的商人”（参见 Friedman 1987: 43）。在这里，我们进入了安德烈·马尔罗（Malraux 1967）想象的“没有围墙的博物馆”，在这个博物馆里，过去的所有风格、传统和文化形式都可以得到展览（Roberts 1988）。但展览不是以发展的顺序：相反，组织展览的原则是蒙太奇和折中主义，最新和最老的并置在一起（另参见 Bann 1984）。

我们现在进入了熟悉的后现代主义领域。“后现代主义”及相关的“后现代性”经常被令人困惑地大量使用，表示诸多意涵：一个超越现代主义的艺术和建筑运动；一个新的时代；一系列消除了艺术和日常生活界限的新文化感觉；一种反基础论的理论化模式。最后一个意涵是由利奥塔在他颇有影响的《后现代状况》（Lyotard 1984）一书中提出的。利奥塔认为，西方现代性的主要基础性理论，或者以他的术语来说，元叙事——科学、人文主义、社会主义和马克思主义——本质上是有缺陷的，因为它们无法将自己的权威建立在对普遍性的主张上。相反，在利奥塔看来，我们应该接受知识的有界性和有限性。事实上，我们应该缩小主张的范围，容忍地方知识的多样性。

这种转变对知识分子角色的影响尤其明显。利奥塔（1988） 138
认为，当代知识分子应该接受对这一职业更有限的定义，减少为全人类代言的愿望；并承认他们主张的有限性。因此，有人认为，后现代主义的一个核心特征是知识分子角色的功能变化。事实上，他们已经不再能自信地担当社会和人类高瞻远瞩的、潜在的立法者，而是承担起更有限的解释者的角色，劫掠大量的文化传统，以便为更多的观众生产有趣的和异域风情的内容（Bauman 1988）。他们的角色由自信的教育者转为评论家，前者相信自己的品味判断，相信需要根据它来塑造社会，后者表征和解码文化对象和传统的细枝末节，而不对它们进行判断或划分等级。事实上，知识分子的目标可能不再为客观性的观念所引导，即准确的解释是可能的和可取的（例如在狄尔泰的解释学中），而是更多地寻求沉浸在文化体验之中。简言之，一些知识分子可能会试图“入乡随俗”（go native）。

对后现代主义的兴趣指向的对西方现代性和现代化筹划的信心丧失，不仅发生在西方知识分子中间，也发生在新兴工业化国家和第三世界。在此我们可以明确说明我们一直试图阐释的后现代主义与流行文化之间的联系，因为很明显，后现代主义颂扬流行文化的多面性，以及令人迷惑的和非等级性的失序。在讨论巴西知识分子的处境时，奥瑟尔（Osiel 1984: 249）写道：

> 从 1950 年代到现在，知识分子的感受的转变，可以粗略地概括说是对流行文化的看法从消极到积极。知识分子曾经认为，穷人的宗教和娱乐实践与自己所追求的国家前途正好相反。神学家看到的是教义、偏离和异教。自由主义政治家看到的是毫无逻辑与毫无理性。马克思主义者看到的是异化和虚假意识。社会科学家看到的是单因论和归因论。* 四者都看到了迷信。

现在，巴西知识分子在穷人的文化中发现了自发性、公共性和真实性，这些价值不应为（西方）现代性的虚假普遍主义所牺牲。这种对普通人和过去被看作庸俗、原始、迷信和失序的文化的欣赏，与我们在大多知识分子文化中发现的理性世界秩序立场，是一个鲜明的对比。柯林斯（Collins 1988a: 152）让我们注意，韦伯认为宗教知识分子和其他符号专家在力求实现信仰和行动体系的逻辑和理性一致性的过程中，受到了知识一致性的推动。实际上，他们希望向非专业受众展示一个连贯的、符合理性秩序的世界观，并且理性秩序是可以实现的。在社会
139 科学和文化研究中表现的共同文化的概念，都可以用这种方式来理解。

为什么要放弃这项事业，接受不连贯性和非共同文化的多

---

* 单因论（particularism）指单一地寻找穷人的宗教与娱乐实践的原因。归因论（ascriptiveness）指把穷人的宗教和娱乐实践归因于某些政治、历史或社会原因等。——译者

样性，这个更大的问题很难回答。首先我们要对将后现代主义当作一个完全独特的理论立场的观点保持谨慎。18 世纪后期，随着赫尔德和其他人在所谓浪漫主义运动中对流行文化的发现，当时对普通人的文化也有过相似的评价（Burke 1978）。也许可以根据阶级和阶级内部之间不断变化的权力平衡和相互依赖关系，来理解这种对发现和认同大众文化的摇摆。特别是大量受过教育的中产阶级成员以独特的群体形式出现，他们有自我意识将自己视为“一代人”，这也许会威胁现有的文化建制。知识以稳定的符号等级秩序和经典的形式，通过一个稳定建制运作的支持和赞助系统传递给初学者，外围群体面对如此的垄断情势，可能不得不采取篡夺性的策略。可以说，激烈竞争的阶段往往是有序排斥和垄断的更稳定阶段之间的过渡（参见 Murphy 1989）。我们完全有理由相信，目前的文化去分类阶段正是这样一种阶段，更稳定的符号等级秩序和经典将会归来。不过，有几点表明目前的文化去分类阶段可能会更持久。

第一，在从事文化生产的人中间，存在一种文化去分类的传统。尽管在西方现代性文化中，这个传统可能是较小或次要的，但在浪漫主义、艺术波希米亚派和先锋派、现代主义和后现代主义中存在着一条重要的延续线，强调越轨、流行和对新事物和创新的追求。在文化生产和消费的主流中，这个反文化传统不时获得更显著的地位（例如在 1960 年代）。

第二，长期的功能性民主化进程意味着主导群体和力量稍弱的群体之间的权力平衡已经缩小，以至于既有群体不太可能垄断文化和文明行为的定义。战后，高等教育扩及外围群体，再加上大众传媒中文化中介人的数量增加，使得主导群体更难保持垄断。事实上，民族主义，即国家形成过程中的一种向心化趋势，曾试图消除差异，以便为国家创造一个统一的整合文化，但在西方世界，它已让位于去中心化和对地方、区域和亚
140 文化差异的承认。这一过程伴随着大量的外围文化中介人的出现，他们倾向于通过不断扩大的大众媒体来寻找流行的和非共同的文化，让这些文化被看见，以满足越来越多的对各种文化事务感兴趣的人的需求。

第三，如果考虑全球范围内民族国家和权力集团之间的关系，可以说转变正在西方之外发生。正如我们已经提到的，在人类学中可以发现这一转变过程的各个层面，如“他者”反驳并质疑人类学家的解释权威，第三世界的知识分子拒绝认可西方现代性和现代化，选择恢复他们自己的流行文化和传统。这表明，其他国家能够抵抗西方国家给他们贴上的各种过度简化的文化标签，如“野性”“野蛮”“天真”“落后”“异域”“多彩”“简单”，并通过他们相对力量的转变，迫使西方注意到他们自己形成的另外的文化认同。萨义德（Said 1978）使我们注意在这个过程中，西方在将东方构建为异域的同时，也转移了自身被压抑的“他性”。

结　　论

因此，我们应该清楚，如果不问“谁在谈论它？”，就无法试图理解共同文化的观念。这就把我们引向了符号专家在形成共同文化概念中的重要作用。对于社会学家和人类学家来说，他们试图说服我们在社会世界之中（out there）存在着一种连贯

的共同文化，而文学理论家和批评家也同样如此，他们致力于创造“真正的”、整合的共同文化。有人认为，近年来，这两种立场都发生了转变，对庸俗和流行——非共同文化——的发现和赞美，应该与知识生产的性质以及知识分子和其他群体之间的关系的变化联系在一起。最后，我们要提及的是，共同文化的一个定义是共同语言。尽管流行文化的倡议者可能会指出广泛的区域性、地方性和亚文化的语言和地方话（vernacular）形式，而共同语言的追随者在制定和编码共同语言的过程中，不得不压制这些语言和地方话，语言的观念也可以指更深的文化层面。我们可以想到某个时期的某一特定语言共享的意象、修辞和反复出现的形式（Bann 1984），它们是我们对社会生活中固有的秩序或模糊性的感觉的基础（Levine 1985）。这些深层编码的形式特征，也明显为各种语系和文明综合体提供了基础。这里我们所指的共同文化概念，不是在内容的层面上，即拥有
一套整合的信仰和价值观，而是在形式的层面上，即潜在形式 141
可能产生一系列可识别的不同形式。在这种情况下，我们可以涂尔干（Durkheim 1964）的论述结束本章，他让我们关注契约的非契约要素，即根植于文化、被认为理所当然的一套共同的道德假设，它是经济交易的基础。在这个意义上，我们可以讨论冲突之下的秩序，例如罢工中的双方虽然经常发生激烈的冲突，但也是根据一系列隐含的公认基本规则来行事的，这些规则是共同的，尽管从未公开协商。共同性包括承认差异的合法性和有效性，也许正是这一对共同文化的意义的生成性形式阐释形成了一条细线，将从艾略特和威廉斯到当代流行文化的学者们的共同文化概念串联起来。

第十章

多样性的全球化进程

每个人看到的都是自己的心中之物。

——马克斯·韦伯（Weber 1949:107）

现在，我们生活在文明的废墟之中，但大部分废墟在我们心里。

——约翰·卢卡奇《现代的消失》

（引自 Kramer 1982:36）

142 对后现代的关注的一个核心关切是“为什么是这个问题？”和“后现代主义为什么以及如何成为当今文化生活中的一个核心主题？”如果从现代主义的角度看，后现代主义是文化失序的标志和症状，那么从后现代主义的角度看，现代主义及日益流行的术语“现代性”，是强调秩序、统一和一致性的形象的常量。两个词给予彼此意义，并且似乎经常被一种二元对立的逻辑所推动，当概念化的过程领先于社会和文化现实的时候，这种二元对立的逻辑就会使差异化更加明显。有人认为，列在后现代主义之下的许多特征，可以在现代，甚至前现代中找到。日常生活的审美化、不断变化的图像的具象文化、受控或戏谑的情感解控，都被作为例子讨论。鉴于此，在多大程度上可以说，被称为“后现代”的东西一直存在，只是现在我们才赋予它意义？如果是这样的话，我们又能在多大程度上试图理解导致这一特定概念框架（1）被特定的制度实践和特定的文化专家所采纳，以及（2）被特定的观众和公众所扩散和接受的社会过程？

研究这个过程并不是要陷入一种陈词滥调，认为后现代主义是一种社会建构，或者是中产阶级的文化专家、文化中介人和企业家在声望经济中的一种有意图和有意识的制胜之举。这样的解释有把后现代主义简化为策略行动的危险，并忽视了它为特定的文化专家（艺术家、知识分子、学者）及其广大受众
提供导向并发挥导向作用的方式。将后现代主义作为一种导向 143
方式，是为了强调它在形成和改变文化领域过程、产生独特的艺术和知识生活秩序的过程中，具有重要作用。这些生活秩序长期维持着文化潜流和亚文化，它们显示出对流行的、狂欢的、野性的、野蛮的、未被驯化的东西的迷恋，而这些东西是文明化过程中建立秩序的驱力在社会和个体层面上试图遏制和排斥的部分。与后现代主义相关的民主、民粹主义冲动，对“他者”的迷恋，对大众愉悦的容忍，对强烈、脱节的充满情感的体验的兴趣，都可以在这个传统中发现。与之相关的“社会的终结”“规范性的终结”“知识分子的终结”“先锋派的终结”，以及常与后现代主义相关的“世纪末”（*fin-de-millennium*）的悲怆哀鸣，也许并不表明对所有旧框架的抛弃，而是一种更灵活的分类模式的发展。新框架需要更灵活的生成结构，其中更广泛的差异可以被承认和容忍。在新框架中，不会像从前那样死板地排斥、压制我们认为过于强烈的情感，以及尴尬或自我威胁

的际遇。

这种对文化专家、中介人及观众的更灵活习念的发展的关注，可以与“共同文化还是非共同文化？”一章所讨论的共同文化问题联系起来。上一章，涂尔干关于契约的非契约性基础的概念，以及罢工和劳资纠纷发生的基本文化共识，被用来说明一个被认为理所当然的、灵活的、允许差异存在的生成结构，而这被当作共同文化的模型。涂尔干在其关于人类宗教的论证中也采用了这个理论框架。在涂尔干看来，随着社会变得越来越复杂，社会各文化的差异也越来越大，以至于个体能够保留的唯一共同点就是他们的人性（Lukes 1973: 338 及以下诸页）。事实上，人性之人（human person）的概念成了一个强有力的象征，成了现代世界中为数不多的可能具有普遍感召力的神圣之例。多样性达致的统一，或者允许差异的统一的概念化，在今天更易为人所接受，这是由后现代主义引起的或与之相关的变迁的一部分，这些变迁正在破坏民族国家的文化整合计划。与此同时，作为这一过程的重要组成部分，不同国家已联合为更大的单位，全球经济和文化流动也在产生变革性的影
144 响。两者指向更大的、必然更抽象的单位：统一性包容多样性的单位。前者的一个例子是当前欧洲共同体创造一个欧洲认同的努力（参见 Schlesinger 1987），这种认同包容不同文化，通过多样性达致统一。不过，抽象地谈论一个共同的欧洲文化是有问题的：反是观察和参考具体的序列和实践会更有益处。这样做，我们会注意到一个很有启发的情况：当前为欧洲创造一个“想象的共同体”的努力，生产出将欧洲人区别于其他人的统一（unifying）的符号，从文化冲突的领域汲取养分。电视服

务的进一步欧洲化，成为美国威胁下的一种号召（Schlesinger 1987）。要想知道你是谁，你必须先知道你不是谁：与外部发生冲突的可能性，使他者被构建为威胁的而非迷人和异域风情的，增加了发现自我认同特征的可能。

如果存在一个共同的民族（*ethnie*），那些构建“想象的共同体”（Anderson 1983），以及监管共同文化边界的文化专家的任务就会变得容易许多。民族的概念，即在大众意识中交织在一起的一系列符号、神话、记忆、英雄、事件、景观和传统（Smith 1990），构成了共同文化的基础。但是，尽管 18 世纪欧洲国家的形成过程中，知识分子能够动员各个民族，并帮助创造了民族文化，但当下的新兴欧洲超级国家（superstate）及其可能的超民族（supernational）文化的情况，毋须说是有更多的问题。现代主义（在现代性的意义上）的修辞危险在于假定所有的文化都可以被重构，在资本主义或国家形成过程的推动下，“一切坚固的东西都烟消云散了”。20 世纪接近尾声，我们发现民族的韧性比许多评论家和政治家想象的大得多。然而，如果我们把参考框架从超级民族国家（supernational state）移到跨国或全球，即可能的“最高水平”的综合：我们就可以讨论一些问题，这些问题揭示了共同文化和多样达致统一的问题，而且也洞察了我们开篇讲述的后现代主义的崛起。

我自始至终都反对将全球化呈现为文化整合和同质化——例如多国资本主义、美国化、媒体帝国主义和消费文化的概念，认为这些普遍的力量正在抹杀地方的差异。然而，如果我们接受总会有误读、模糊性以及民族和大众传统对这些力量的抵抗，这是否意味着我们应该完全放弃全球文化的概念？货币、商品、人员、图像和信息的国际流动的增加，产生了“第三文化”（third cultures），它们是跨国的，调和着不同国家的文化：全球
145 性金融市场、国际法与各种国际机构和组织就是例子（Gessner and Schade 1990）。它们指向一个超越国家间交流的层面。然而我们还可以讨论全球文化进一步的意义：全球性压缩的过程，世界变得统一，以至于被视为一个地方（Robertson 1990）。全球化过程由此导致人们接受一种观点，即世界是一个单一的地方，是能够产生和维持世界是什么或应该是什么的各种形象的一种形式。从这种观点看，全球文化并不意味着同质性或共同文化，而意味着我们共享着同一个小星球，每天都在与他人进行越来越多的文化接触，这使我们接触到的对世界的定义有越来越多的冲突。全球文化的一种可能性是，各民族文化聚集在一起，参与全球文化声望的竞争。

另一种可能性与后现代主义相关。有人认为，国家形成以来的一个核心目标就是创造一种共同文化，使地方差异被同质化，国界内的外国人（strangers）被同化（Bauman 1990）。放弃这种国家引导的文化十字军和民族主义的同化计划，是走向后现代性的一个征兆。随着我们进入一个更容易跨越和重划国家和文化边界的时代，这提供了更宽容的前景。这第二种可能性表明，后现代主义提供了经由多样性而统一的前景，这可能实现一个世俗人境（ecumene）的梦想，这个梦想建立在我们讨论涂尔干时提出的人性概念之上。应该补充的是，（在没有世界性国家出现的情况下）我们可以想象的产生全球文化同质性和认同的唯一途径，是某种泛全球性威胁。迄今为止，这样的文化可能性只能在科幻小说的书页中找到。

无论这两种或其他历史可能性中的哪一种成为现实，都可以说，这两种方向的运动或两者之间的摇摆，都会有助于提高文化的总体地位，并将文化问题推向前台。跨文化的接触往往会使那些已经沉淀在社会生活中的、被认为理所当然的日常文化习性和禀性成为问题。在全球范围内，后现代主义意味着对异域风情的他者的新浪漫主义兴趣的复苏，而且意味着他者现在会回应和反驳曾经被认为是世界普遍文化中心的主张，这些中心现在越来越多地被视为有限的西方现代性规划的中心。在日本崛起的推动下，我们才开始思考将我们的文化转化（translate）为一个可能主导世界的、有自己自信的全球文化项目的非西方文明集团的分类图式和符号等级，可能意味着什么。146
这表明在最后的分析中，如果我们要概念化文化多样性的全球化和后现代主义的问题，就必须考虑民族国家和文明集团之间不断变化的权力平衡和相互依存关系，这些关系在新兴的全球秩序中把民族国家和文明集团越来越紧密地联系在一起。

第十一章

现代性与文化问题*

普遍适用形式的时代已经离我们而去。

诺瓦利斯，残章 2167（引自 Luhmann 1998: 21）

147 代性是一个依然令人着迷的概念。但是和源于“现代”的概念体系的相关术语一样，这个术语越是被检视，似乎就越容易消解为一系列自相矛盾的定义。如今，社会科学和人文学科的氛围已由宣称具有普遍权威的更高层次的知识类型，转向对多样性、差异性和独特性的更多意识，对现代性的持续兴趣就更加令人惊讶。除了“社会”“自然”或“人性”，很难找到一个比“现代性”层次更高和更普遍的概念。一方面，这种持续兴趣是不断繁殖的（reproductive），因为社会科学和人文学科的许多重要人物，如哈贝马斯、利奥塔、吉登斯、瑟伯恩（Therborn）、霍尔、阿帕杜拉（Appadurai）、贝克、鲍曼和查克拉巴蒂，在过去 20 年间都撰写过有关现代性及其相关术语的作品，而随着次级文献和对相关讨论的阐述不断增加，涟漪仍在扩散。一个引人注目的事件是哈贝马斯的《现代性：一项未

* 马洪杰参与了本章的初译工作，在初译基础上，我对译文进行了改定。——译者

竟的规划》（Habermas 1985a），这是 1980 年他接受阿多诺奖时发表的论文。哈贝马斯将福柯和德里达描绘成年青的保守主义者，引起了一场围绕现代和新兴的后现代的价值的辩论。虽然福柯和德里达认为后现代一词并不恰当，他们仍然与后现代联系在一起，并被贴上了后现代主义者的标签。

哈贝马斯与后现代的对峙，上溯 1970 年代的一系列高调辩论，这些辩论又汲取自 1960 年代兴起的艺术后现代主义。不仅艺术现代主义，现代性规划本身的各种表现形式均被认为大势已去，由此开启了一个超越现代的思考的新空间。后现代从一个艺术和知识概念转为一个时代术语，似乎没有给社会科学界带来什么困扰，他们开始讨论，并在社会生活和文化形式中寻找后现代的证据。欧美之间来来回回地讨论现代、后现代及相关的词族，其中涉及和引用了一系列重要人物，如贝尔、鲍德里亚、德勒兹、德里达、福柯、哈贝马斯、詹明信、利奥塔和瓦蒂莫（参见本书第一章）。

战后至 1970 年代中期，在社会学中占据主导地位的术语 148
是资本主义。《社会学史引论》（Barnes 1966）这部颇有影响力的著作多处提及资本主义，但在索引中并未给现代性位置。安东尼·吉登斯颇具影响力的早期著作《资本主义与现代社会理论》（Giddens 1973）以资本主义为题，资本主义在索引中也占颇大篇幅，但没有论及现代或现代性。1990 年代初，吉登斯才关注更直接地阐明现代性的框架，写了以《现代性的后果》和《现代性与自我认同》为题的作品。在文化研究中，根据斯图尔特·霍尔及其同事于 1991 年出版的颇具影响力的《现代性的定义》一书，我们可能可以勾勒出一道相似的变化轨迹。当术语发生变化时，我们可以将这种重新命名的过程视为学术和知识文化生产领域的策略性行动（Bourdieu 1984）。若新一代学者能够成功地提出一套据称更为优越的新话语体系，便可以将前辈的学者框定在历史之中，使之显得陈旧过时。

1970 年代末和 1980 年代，对后现代主义的兴趣有助于激发人们对于重新审视和捍卫现代的兴趣。尼采曾说，拥有历史的事物是无法被定义的。当我们回顾围绕“现代”的术语的历史，其中显然存在具有断裂和休止的多条谱系。哈贝马斯［Habermas 1985，他追随汉斯·罗伯特·姚斯（Hans Robert Jauss）的主张］认为，在西方的传统中，modern 一词的最早使用是拉丁语的 *modernus*，首次使用于公元 5 世纪末，用来区分官方基督教的现在与罗马和异教徒的过去。在此强调的是一种新时代的意识、与过往的决裂，一个崭新纪元的开始（参考文艺复兴，或 17 世纪末法国的“古今之争”）。

可以认为，在 1980 年代有一种类似的感觉，感觉我们正处在向新时代转折的边界。在那之前，1960 年代人的所谓“文化革命”、关于进入“后工业社会”的争论（贝尔、图雷纳等）、信息社会的兴起、越战失败导致的美国实力的下降、1973 年的石油危机和预测的增长极限，这些都标志了永久积累和丰裕幻象的终结。人们显然在寻找新的术语，以更好地解释这些变化，据称这些变化标志着走向一种新的社会秩序，甚或一个新的时代：后现代性。这导致人们创造性地反思和扩展了派生自“现代”的一组术语：现代性、现代化、后现代化、极端现代性、晚期现代性、自反现代性、跨现代性、流动的现代性、后现代性、现代主义、后现代主义、全球现代性、多重现代性、另类现代性、超现代性和反现代性。

本章的重点是现代性与文化的关系。可以说，在现代性的
有关文献中，文化维度是很重要的。第一，在认为现代性完全 149
起源于西欧的论述中，文化是经常被引用的对象。相关的还有传统社会向现代社会的转型，导致现代化“起飞”的增长因素的社会学论述。第二，现代性文化是否是一种特定的现代生活通用经验，导致某些共同的表达和文化形式。第三，这个问题还有全球性的一面，即是否存在多种或者另类现代性。概念化的过程还有一个关键维度，与全球权力平衡的变化相联系。随着西方力量的相对下降，可以认为我们将目睹关于现代状况的一系列不同定义和解决方案：随着全球舞台上的新的强大成员寻求重述现代性的起源，将掀起一波波兴趣的浪潮。全球权力平衡的变化，表现为经济和文化权力的变化，以及知识生产和流通的变化。最后，这又回到了马克斯·韦伯提出的有关价值观和现代生活的问题：现代经验的局限、因素和困境是什么？能否在某种意义上认为它们已经固化为一种共同的命运？我们还能在任何意义上谈论现代或后现代的状况吗？[①] 在这个正在全球化和相互联系的世界中，我们如何理解现代或当代生活创新和发明的文化可能？

---

① 对某些人来说，对现代体验和现代性的性质的关注，可以追溯到波德莱尔和 1840 年代的巴黎（参见 Berman 1982）。现代主义艺术运动通常被认为发生在 20 世纪的前几十年（参考弗吉尼亚·伍尔夫 1924 年常被引用的一句话：“在 1910 年 12 月左右，人类的性格发生了改变。”）。当然，这一时期也是格奥尔格·齐美尔的著作关注的，他被称为“第一个讨论现代性的社会学家”（Frisby 1985a），分析了大都市、货币和新兴的消费文化对风格和体验的关注。正如马克斯·韦伯对价值领域的分化和理性化的有影响力的论述，现代存在的困境在于如何在后宗教世界中过上有意义的秩序生活（参见 Featherstone 1995：第三章）。

本章将试图阐述上述问题的几个方面。一个核心的重点是普遍持有的假设，即认为西方独特的文化综合体产生了现代性，它提供了生成的源泉，可以传递给经济和社会建构的力量。正统的社会学观点倾向于将西方社会描绘为动态的和元现
150 代（proto-modern）的，将中国和亚洲描绘为被传统束缚和再生产的（reproductive），中国的情况提供了一个有趣的反例。当前的学术浪潮——无疑是被中国1990年代以来的崛起刺激形成的——正在重新组织档案*，以发现中国在世界历史上更重要的核心作用，并指出中国直到19世纪初与西方社会在经济增长方面都有许多相似之处。倘若这些假设成立，那么我可以预料在亚洲某些地区会出现一个不断扩大的识字（literate）文化领域和消费文化，本章以明代中国和德川日本为例对此进行了讨论。本章也以处于元现代阶段的日本为例，探讨了文化审美领域或一系列公共领域飞地的有趣发展。对审美感知、礼节和身份转换的强调，与哈贝马斯的资产阶级公共领域理论形成了对比，哈贝马斯认为资产阶级公共领域是欧洲现代性的主要后果，具有更公开的政治功能。上述问题对于当下全球性公共领域的建设的意义也进行了讨论。同时，20世纪日本学者对德川日本的一系列描述，如现代的、元现代的或传统的，凸显了现代性研究中的一个核心问题：现代作为新（the new）的预兆，在每一个后续的历史阶段都会不断地被重塑，因为新一代人要解决他们现今的价值关切，以重建他们辨明过往的视角。

---

* 档案（archive）一词体现了作者的后现代视角。后现代理论认为历史是人为的，所谓编年史、断代史、政治史、经济史和各种知识学科史，都是经逻辑加工而系统化的知识体系或“大叙事”。真正的历史已经是被积压的“档案”（见高宣扬《后现代论》，第20页，中国人民大学出版社，2005）。——译者

由于当代视角的主要兴趣在于建构自身的历史独特性、集体性（communality）或与过去的差异性，传统和现代极易被用作蕴含褒贬的词汇。在最后几节，本章又回到对与现代性相关的文化的不同观点的讨论，并反对在空间上分离的、整合的“深层建构”的文化的假设，以讨论现代性中的文化创新问题。对于某些人而言，这种创新性（inventiveness）在当今世界为一系列另类现代性（alternative modernities）的诞生提供了基础。

西方概念秩序中的现代

长期以来，社会学一直以二元对立的模式运作，其中现代的、科学的、理性的、工业的阶段与教条的、非理性的、传统的知识相对立。传统和现代社会的这种区分，往往被设想为理想型（ideal-type），成为了学科的传统思维。两种类型之间过渡的动力，则往往存在于西方独特的文化体系中。在韦伯颇具影响的表述中，西方现代性成功背后的“资本主义精神”与某种变革世界的特殊伦理，即“入世禁欲主义”（inner-worldly asceticism）有关，其最纯粹的形式见于欧洲宗教改革的新教教派。马克斯·韦伯的宗教社会学涉及对中国和印度宗教的研究，被人们认为是上述命题的进一步证明，因为韦伯认为这些其他世界性宗教缺乏这种蕴藏变革潜力的入世禁欲主义伦理。

马克斯·韦伯在智识上的毕生事业始于对我们知识的有限性和偏颇性（perspectival）的承认（参见 Weber 1949）。韦伯很清楚，尽管他解决了一些宏大问题，如资本主义的起源以及“现代性的命运”，但这些问题的形成必须依赖于价值观。实际上，这些议题之所以被选中，是因为它们与他本人的价值观和他所处时代的价值观相关。确实，韦伯强调，不仅历史要从各个时代的视角重新刷上新的色彩，而且积累科学知识的潜力也严格受限。在作为他现代性观点核心的理性化和世界的祛魅化理论中，他被拉向一个激进的历史主义立场，同时也被拉向描绘那些聚集力量且事实上成为我们人类命运的新兴历史普遍性。他明确地意识到了我们从历史中得到的问题的答案的有限性。② 如今，距韦伯（1930）首次提出他的新教伦理理论已有一个世纪，
151 一些相关的其他问题必然会出现。如今，人们不再像第一次世界大战后的斯宾格勒一样，用大刀阔斧的文明观推测“西方之没落”的可能，而是具体地见证着“东方之崛起”，见证着亚洲在 20 世纪的最后 25 年间实力的大幅提升。③

亚洲的崛起也让我们看到一种知识构成的转变，这可能重新定义我们对现代性和现代社会等问题的理解。全球化进程不仅意味着商品、人员、信息、数据、资金流动的加强，也意味着学术知识流动的加强（Featherstone 2006a）。学术知识流动的主要形式，尤其在社会科学和人文学科领域，是理论从西方

---

② 对于韦伯的作品当然有很多解释，有些解释强调《经济与社会》中使用的理想型方法，是向发展一般普遍的知识类别迈出的一步。此处的解读强调价值问题和生活秩序的中心地位，以及知识和社会科学分类发展的强烈历史感（参见 Featherstone 1995：第三、四章）。

③ 一些评论家现在不仅在讨论美国霸权的消亡，还在讨论西方和伊斯兰世界即将发生的第三次世界大战，而中国和印度将从中获益（参见 Chan Akya, ‘China and India in World War Ⅲ’, *Asia Times*, 25 July 2006）。《亚洲时报》定期发布讨论美国实力下降和亚洲崛起的文章。从亚洲的角度对韦伯论述的批评更为显而易见；例如周蕾（Chow 2002）撰写的书名巧妙的《新教民族与资本主义精神》。当然韦伯本人也意识到了日本在他那个时代的崛起，也在他的《中国的宗教》中预测中国人会很好地适应现代资本主义。

中心向边缘输出，而原始数据则反方向流动（Sakai 2001）。在西方形成的社会学等学科的概念秩序和分类体系被认为是通用的类别。人们极少有兴趣使用西方以外的理论建构或分类体系。④ 对于那些希望自己的思想在全球范围内得到认真对待的非西方人士，在英语主导的学术界投入巨大才能有所收获。虽然后现代主义、后结构主义和后殖民主义理论显然产生了一些智识上的影响，但它们对主流学科结构、分类模式和方法论的影响有限，难以改变全球知识生产和传播的现有权力平衡和赞助网络。

我们可以设想可能促使权力天平从西方偏离的条件。当然，有许多复杂的因素，尤其是“西方”和“东方”这对掩盖了内部异质性的过时术语：在知识上，西方即在东方之中，也有许多人从东方前往西方接受教育。然而，中国和东亚的崛起或许不仅伴随着教学内容类型的扩大，也伴随着对所使用的一些类别和分类术语的进一步质疑。这可能会导致探究全球历史的另外谱系，以及扩大经典范围以纳入亚洲人物。有人预测，到2030年，中国在经济上将与美国平起平坐，这些知识构成的转变可能正在发生，并在一代人的时间里显现出来。⑤ 同样可以预期的是，这种变化将是不均衡的：高等教育中那些与全球经济联系更直接相关的部分，例如商业和管理类的教育和培训，可能会继续培养训练有素的系统分析师，这些人处理的知识形式

④ 正如保兰·洪通基（Hountondji 1983; 2002）指出的，试图将民族哲学（enthnophilosophy）和非洲哲学作为另一种社会学或知识形式的基础，明显存在问题。尤其是它们依赖于静态的、孤立的文化岛屿模型，这种模型忽视了知识和文化在长时段内的运动。正如埃里克·沃尔夫（Wolf 1982）说明的，地方知识在所有社会中都是一个相对的概念，不同群体以不同的方式受制于有限的地方知识的视野。更加强大的群体总是有更多的机会参与到区域或全球性的知识流通中。

⑤ 参见《经济学人》（*The Economist*）关于中国复兴的特辑，2006, 9: 16–22。

是更抽象的（Reich 2006）。

在社会科学和人文学科领域，理论可能继续从西方中心输出，但长远来看，我们可以预测西方理论家的视野将会拓展，不仅考虑“抽象的非西方他者”，而且会重新思考其概念的范
152 围，深入研究具体的历史和文化细节。尤其是一些反对普遍性的西方知识分类的批评者，现在从西方内部发言，或不断在西方和世界其他地区之间流动。在此我们想到了《地方化欧洲》（Chakrabarty 2000）和《论后殖民地》（Mbembe 2001）等著作，它们都对西方知识思想中使用的现代性概念持批判态度，显示了其运用于印度或非洲背景时的固有缺陷。由此，继萨义德颇具影响的作品之后，一系列后殖民主义及其他批判著作（Venn 2006），表明了挖掘和重新组织知识档案过程的开始（参见 Featherstone 2000, 2006）。当然，这并非韦伯时代的档案，而是一个不断扩大的档案，其中的新问题和新视角引导人们在新的价值相关性意识的驱动下，对材料进行重新发现和重新分类（参见 Featherstone and Venn 2006）。随着全球权力天平向亚洲的倾斜，我们开始看到对认为西方日新月异而东方僵化不变的一些“东方主义”的分类和假设的拒斥。这种二元对立很容易被纳入具有时空维度的传统-现代性二分法。这种二分法认为，传统不仅被视为西方的过去，而且是非西方社会的文化再生产的核心，如果没有西方的干预，非西方社会会一直受制于传统。

中国的现代和关于传统的问题

随着中国近年来持续保持超过 10% 的 GDP 增长，并日益

成为全球经济的中心，沿着其现在的发展轨迹中国将重新成为世界的一个主导力量。学术界对中国的兴趣增加，专门研究中国的丛书、文章、期刊和大学课程的数量增加，这绝非偶然。中国在知识领域占据了越来越重要的位置，不仅是它当前的地缘政治潜力，而且它 18 世纪末之前作为世界经济中心的地位如今也都被仔细地考察，使人们对先前关于中国僵化停滞的描述产生怀疑（Pomeranz 2000; Gunder Frank 1998）。这表明对中国档案的重建，是对 20 世纪以来中国因战争和离散而散落世界各处的材料的重新组合（reassemblage）。重组后的档案无疑将成为重新评估中国在世界历史中的作用的基准，这个过程将可能会凸显中国人为人类知识宝库所作的诸多被掩盖和遮蔽的贡献。[⑥]

中国显然与我们的价值观，与我们所处时代的价值观越来越相关。然而，马克斯·韦伯在一个世纪前提出新教伦理论时，中国却被归为反例。韦伯（Weber 1930）试图将新教与日常生活中行为的更大理性化和系统化相联系，认为新教为贪婪地推 153
进现代化的资本主义精神的发展奠定了基础。对韦伯而言，这种精神（ethos）是西欧所独有的，其基础是基督教（尽管他确实将理性行为的源头追溯到古犹太教和圣经预言）。在韦伯看来，其他主要文明和世界性宗教，尤其是中国和印度的宗教，并没有类似的基础来产生具有变革世界潜力的入世伦理。相反，它们总的来说是“出世”（other-worldly）的宗教，或者在行为上是“顺应世界的”（world accommodating）。韦伯论证逻辑的

⑥ 一个重新发现的过程，因为明代的进步在 17、18 世纪的欧洲受到了积极的认可（参见莱布尼茨、亚当·斯密及其他人的评价）。

重点放在佛教、道教、儒教、印度教和伊斯兰教对资本主义发展的阻碍上。韦伯论证的关键要素是，资本主义现代性的基础是公私分离，这个分离使形式理性（formal rationality）得以广泛发展，促进了渗透生活各个领域的理性化过程。这被认为是只发生在西方社会的独特状况。正是这种理性的延伸，促成了资本主义的产生——连同工业化、城市化、理性的国家政府治理、世俗化、个人主义、科学和技术，以及构成现代性的社会生活的各个维度。

相比之下，世界其他地区，尤其透过19世纪末20世纪初的殖民主义棱镜，看似是静态的，受制于传统的再生产。⑦ 社会学中的传统-现代二元论的运作，总是倾向将亚洲置于鸿沟错误的一边，永远受制于传统的束缚，或者最近在20世纪试图追赶，实现现代化。正如埃利亚斯和其他人所指出，传统经常被用作贬义词，暗示着习惯和一成不变的例行常规的支配。与此相反，现代人被呈现为能够对行动的各环节进行理性算计，并做出个人的选择。传统文化被呈现为整合的、规范的，具有僵硬的社会纽带和信仰体系。相比之下，现代文化则被视为动态的、创新的和有创造力的；着迷于“新”和转型的激动人心。之后我们会再继续讨论这两种文化的描述。但同样重要的是，一旦我们将社会描述为传统的，就很难看到任何内在的变革途径。变革力量只能来自外界：传统的亚洲社会被视为只得等待西方将其从传统中解放，并为其打开现代性的大门。

---

⑦ 马克思的亚细亚生产方式理论也因其对东方的负面描述而众所周知。另一个有影响的理论概念是魏复古（Wittfogel）提出的“东方专制主义”，将亚洲社会描述为不变的、专制的和再生产的。

这么说来，传统和现代是倾向于将社会置于二元对立的一元的术语。但如果检视中国和日本的历史，就会发现这样的术语显然并不恰当。最近的研究已经表明，西方以往持有的许多关于缺乏商业企业，没有商人群体、个人主义或市场自由的先入之见，都经不起检验。有关中国的证据很有说服力。1800 年以前的世界经济被描述为“中国中心的”（Hobson 2004：61）。彭慕兰（Pomeranz 2000: 17）指出：

> 1750 年前后，中国和日本的核心地区似乎与西欧最发达的 154
> 地区相似，以类似的，甚至可以说是更充分的方式将精耕农业、商业和非机械化工业相结合。

确实，霍布森（Hobson 2004: 77）进一步告诉我们，中国在世界制造业产量中所占的份额在 1860 年以前一直高于英国，并且“1750 年，印度所占的份额高于全欧洲的总和，直至 1830 年仍比英国高 85%”。此外，有人认为，中国自 1434 年明代郑和下西洋的“巨船”封存后便闭关锁国的说法是错误的（Pieterse 2006: 412）。有人认为，中国不仅经历了元工业（protoindustrial）发展阶段，而也经历了工业发展阶段（如陶瓷和后来的棉花）。正如古迪（Goody 2004: 104）所言，中国：

> ……在宋代（960—1279）和元代（1279—1368），是一个具有惊人创造力和变革的时期……1000—1500 年间，见证了一场举世罕见的经济革命。城市发展，主要是在东南地区，农业转型，商业繁荣。火药、指南针和印刷术——

弗朗西斯·培根在1605年将这三项发明认定为现代欧洲格局的基础——在宋代都已在中国得到普遍使用。

1492年后，随着美洲和西欧国家贸易的开放、金银的获取、奴隶种植园农业的发展，全球经济力量的天平开始由中国向欧洲倾斜。对于冈德·弗兰克（Gunder Frank 1998）或布劳特（Blaut 1993, 2000）等经济史学家而言，欧洲国家能够进入中国主导的全球经济，并与中国建立贸易关系，唯一的途径是通过征服美洲以攫取大量白银。⑧ 白银是中国唯一看重的西方商品，需要用其来充实国库。冈德·弗兰克强调了世界经济的相互关联性，以及贵金属、贸易、技术和知识通过机会-成本逻辑而流动的方式。因此，李约瑟（Needham 1980）所记录的许多中国发明都传入了欧洲（即使它们的起源地当时并不为欧洲人所知），还有阿拉伯医学和希腊哲学经由西班牙的摩尔人传入欧洲也就不足为奇了［参见 Venn 2007 对阿威罗伊（Averroes）的讨论］。

---

⑧ 中国的主导地位的一个标志是其在17、18世纪的作家、科学家和哲学家的想象中所占的地位。亚当·斯密等人不仅盛赞中国官僚体制的效率，经济学中自由市场的概念也来自中国。实际上，欧洲批判重商主义的第一人是魁奈，而非亚当·斯密，他提出了自然法则（Physiocracy）学说。正如J. J. 克拉克（Clark 1997: 49）所说："魁奈的革命性思想可以说从……重商主义的经济正统中解放出来……他对亚当·斯密的自由市场理论的影响是深远的。"关于魁奈在现代思想中的地位的描述往往强调他在将经济学发展成一种科学方法上所起的作用，却常常忽视了他受惠于中国——在他所处的时代，他常被称为"欧洲的孔子"。他颇有影响的一个关键思想便是从中国政治经济学中引进的"无为"，译为法文便是 *laissez-faire*（Hobson 2004: 96）此外，彭慕兰（Pomeranz 2000）也认为，18世纪的中国以及日本（在较小的程度上），比西欧更接近新古典主义的自由放任市场经济的理想。要了解中国对西方数学和科学思想的另一位核心人物莱布尼茨的重要影响，参见珀金斯的著作（Perkins 2004）。

然而，针对冈德·弗兰克关于欧洲人进入中国主导的世界
经济全凭来自美洲的金银的假设，古迪（Goody 2004: 77）强调
了海权和武器装备——破坏手段——的重要性。哥伦布和葡萄
牙航海家的史诗般的航行发生在 1490 年代及之后，比 1405—
1433 年间郑和率领下的中国海军对非亚各地的探索航行晚得
多（Levathes 1994）。明朝政府决定封存庞大的宝船舰队，意
味着欧洲强国能够称霸海洋，并逐步发展出先进的海上军事技
术。[9] 以奇波拉（Cipolla 1965）一部著作的书名为喻，正是“枪 155
与帆”使英国、荷兰、西班牙、法国、葡萄牙等欧洲强国能够
控制海上航线，强行开放世界各地的入境港口。即便是在他们
无法征服和殖民的国家（以中国和日本为首），他们也尝试着
发动了多次军事入侵。[10] 对这些战争、袭击和惩罚性行动的记忆，
加上随后强制签订的羞辱性不平等条约，激起了人们的不公正
感和对现代化的渴望。他们愈发渴望对这些傲慢暴力、不请自

⑨ 尤其是在中国放弃了海军扩张政策后，朝廷内部的陆上派战胜了海上派，导致中国的军舰（令瓦斯科·达伽马的葡萄牙商船相形见绌）被编入郑和将军的舰队，有人认为这支舰队不仅航行到了东非，还绕过了好望角，到达了葡萄牙，有人猜测甚至穿过太平洋航行到了墨西哥（参见 Levathes 1994）。然而，霍布森（Hobson 2004: 62）认为，面对来自北方的威胁而加强陆军、裁撤大船以及 1434 年对外贸易的帝国禁令，绝不等于孤立主义，事实上，随着白银的持续进口，国际贸易仍然同国内贸易和经济基础设施建设一样充满活力。

⑩ 仅举两个事例。第一，在臭名昭著的鸦片战争（1834—1843，1856—1860）中，英国炮击中国沿海并多次袭击中国内地，这场战争是由于英国人不满中国人抵制英国东印度公司开展的鸦片贸易在华扩张。上述事件导致了中国屈辱性的战败，吸食鸦片的瘾君子数量翻倍，以及一批条约口岸的开放。它印证了中国的衰落和欧洲的崛起，并开启了这样一种论调：摆脱西方控制的唯一办法是中国要实现现代化。在日本，1853 年美国海军准将佩里的“黑船来航”以后，西方列强对日本的侵略逐渐增多，一艘英国军舰轰炸了九州鹿儿岛的萨摩港。1862—1863 年萨摩英国“战争”的借口，是日本处决了一名偷盗母牛的英国水手。

来的西方人予以还击。因此，亚洲国家寻求发展对等的经济、技术和军事力量，不能用西方现代性扩张的理由来解释。事实上，其动机往往是希望控制和关闭西方强行打开的大门。正如石原慎太郎（Ishihara 1991）在日本泡沫经济时期的一部畅销作品的书名，意味着“可以说不的日本”。暴力和军事欺辱的威胁和事实让人们对现代性的动力有了重要的认识。如蔡明发（Chua 2006: 469）关于新加坡的现代性的论述：

> 因西方军事力量所受的羞辱，引起了对当地文化的重新思考，认为它是“落后的”“传统的”，与西方的“现代性”相对立。对现代化的渴望既是为了消除民族的屈辱，也是为了在技术上追赶西方；后者本身也是达成前者的一种手段。因此，西方的现代性从未被彻底接纳，人们始终坚持认为本地的历史文化资源可以为组织一个新社会提供必要的概念，这个新社会将在亚洲文化中拥抱西方科学；亚洲文化是文化、社会和自我的本质，而西方的科学和技术是为了经济发展。这一解释的谱系从 19 世纪初延伸至 20 世纪末对发展“亚洲价值”论述的尝试。

确实，中国和日本的经济成功，以及散布在东亚和东南亚的中国人，可以让我们重新思考韦伯的理论以及东方传统对应西方现代性的概念（Cheah 2006）。当然，东亚似乎并不缺少企业家精神、商业主义（commercialism）和经济积累的能力。冈德·弗兰克等人认为，这是在一个半世纪的短暂“西方插曲”之后，亚洲对世界体系的统治的回归。

军事和经济力量的交织，对产生具有变革世界力量的西方现代性殊为重要。在此重要的是西欧的特殊状况，许多小型民族国家在日益激烈的竞争中聚集在一起，殖民征服成为了欧洲政治角逐的重要资源基础（Elias 1994）。如此不稳定的局面可与东亚进行对比；当然，是在海外殖民地的作用方面，但这并
不是要低估日本和中国的内部区域冲突、农民起义和征服周边 156
地区的尝试的数量。然而，通过一系列技术来提升军事力量和经济实力也很重要。这需要有能力改良船只的设计，以提高航行的效率、精度和速度，以及改良武器装备和军事战术的设计。知识对于破坏手段发展是至关重要的。[11] 科学和技术在有文字的文化中发展，相应地又与城市化和商人的成功有关。

正如古迪（Goody 2004: 61–62）所指出的，持欧洲中心观的历史学家不愿承认在世界其他地方可能存在由商人和专业人士领导的“资产阶级革命”。他引用了戈腾（Goiten 1967）的观点，戈腾指出 8 世纪和 9 世纪的开罗基尼扎 * 的中世纪犹太人社区中出现了学者型商人（scholarmerchants），标志了一场“资产阶级革命”。他也引用了扎法拉尼（Zafrani 1996）对伊斯兰教中资产阶级革命的研究，10 世纪科尔多瓦和格拉纳达的犹太人、穆斯林和基督徒表现出在知识、诗歌和艺术活动上的知识狂热。当时科尔多瓦的图书馆拥有约 40 万册藏书，而瑞士圣加仑的修

⑪ 托多罗夫认为，知识是征服墨西哥的关键，科尔特斯（Hernán Cortés）使用了大量的战术、宣传和诡计，战胜了阿兹特克人和蒙特祖马人（Todorov 1992：第四章）。

* 基尼扎（Geniza）是犹太教会堂或公墓中的一个储藏区，用来临时存放破旧的希伯来语书籍和关于宗教主题的文件，直到这些文书被正式掩埋。在犹太人看来，丢弃写有神名的字纸是绝对禁止的。——译者

道院仅藏书约400册（Goody 2004: 74）。两三个世纪后，一批以犹太人为主的翻译家开展了非凡的活动，他们将哲学、医学、天文学和数学著作由阿拉伯文译成拉丁文和其他地方文字。众所周知，阿拉伯人在西班牙扮演了“信使”的关键角色，将他们长期保存和坚守的希腊知识重新传递给欧洲（Sayyid 2006）。正是在这个时期大学在欧洲诞生，构成了宗教知识权威的衰落和世俗探究复兴的基础，这在启蒙运动和累积性自主学习的扩张中达到了顶峰。

而较少为人所知的则是中国和阿拉伯世界之间的知识联系和流动，以及发生的普遍的“交错扩散”（criss-cross diffusion）。商人和资产阶级的活动显然并非西方独有，东西方的商人群体及其中产阶级同伴——专业人士和工匠——的模式有相似之处，他们在东方和西方都产生了一个不断扩张的城市商业领域，伴随了知识、交流、消费和休闲活动（Goody 2004: 71）。我们也同样可以看到，经济上的“个人主义”和创业取向、创新、探索和理性，伴随着各地商人的活动。然而，很难看到商业活动、经济的货币化、银行系统、纸币的使用、利率的计算，17、18世纪前，中国和日本不同时期的稻米期货市场都不涉及理性算计和实践理性。[12] 此外，哈比卜（Habib 1990: 398－399）认为印
157 度的贸易与西欧的贸易没有什么不同，印度也有经纪、储蓄银行、票据和保险等商业制度。他还说，或许：

⑫ 事实上，在日本历史的特定时期，能够发现各种形式的个人主义和理性算计是很重要的，尽管在关于日本的流行和学术论述中总时不时出现西方人普遍持有的刻板印象，认为日本人属于“群体主义”“群体思维”、情感直觉主义，他们的想法和西方人的不一样。关于日本德川时期之前的武士文化中的荣誉个人主义（honorific individualism），参见池上的作品（Ikegami 1995）。

> 欧洲商人对印度（和亚洲）商人的胜利，不是规模和技术的胜利，不是公司对小贩的胜利，不是股份制对零散资本的胜利，也不是海洋居民对陆地居民的胜利。无论是在早期的“伙伴时期”时期，还是在普拉西战役*之后，这可能更多的是一个战舰、枪支和弹药的问题，而算术和经纪业务无法给出任何答案。⑬（引自 Goody 2004: 152）

18 世纪下半叶和 19 世纪，欧洲国家的军事力量崛起，有能力进行殖民、建立奴隶贸易和契约劳工制度，并通过火器和炮舰外交强行签订不平等的条约、开放港口，而在此之前，亚洲内部存在多条路线，并通过商人文化的发展在亚欧之间建立了联系。⑭ 中国和日本的社会结构的僵化，及其对商人的所谓阻碍，很可能被夸大了（Goody 2004: 106）。1434 年后的明代中国和德川日本，绝非如人们所认为的那样，对海外贸易采取闭锁政

---

* 18 世纪时，印度实际上处于无政府状态，官员各自为政，并试图将自己的职位转变为世袭的诸侯权位。为了实现这种野心，他们开始与外国势力（主要是欧洲国家）勾结。这一时期称为欧洲与印度的“伙伴时期”。普拉西战役发生于 1757 年 6 月 23 日，是英国东印度公司与印度孟加拉王公的战争，最终英国取胜。这场战役的胜利使得英国东印度公司获得了巨大利益，在孟加拉取得霸权。之后英国人又将矛头转向法国，并在随后的第三次卡纳蒂克战争中将法国的势力从印度彻底清除；自此，印度开始逐渐成为英国的殖民地。——译者

⑬ 张夏准（Chang 2002）认为，在 19 世纪，自由贸易被用作对殖民地经济去工业化（de-industrialize）的手段，就像今天的世界贸易组织的政策有利于跨国公司的知识产权保护，进一步剥削了南方国家（参见 Pieterse 2006）。

⑭ 从 13 世纪开始的几个世纪里，意大利北部先是从东方引进丝织品，又引进中国的知识和设备用于丝绸生产，这是先发展进口替代，继而发展出口市场的长期过程的一个案例（参见 Goody 2004）。棉花和陶瓷贸易提供了另外的案例。值得注意的是人们试图通过观察和产业间谍活动来打破生产技术和知识的垄断，而不像流行神话中那样，依靠单枪匹马的发明家或企业家的创造性想象。

策。冈德·弗兰克（Gunder Frank 1998）估计，根据日本商人在越南、菲律宾及其他地区的海外聚居点网络判断，海外贸易在这一时期仍占日本国民生产总值的10%以上。明代中国的儒家学说或许对贸易和消费持敌视态度，但实践中却存在许多矛盾。此外，明朝廷基本上不干预经济，任其自由发展。在日本，幕藩体制将武士置于四大阶层之首，高于农民、技匠和商人，所有权力都由武士掌握。然而实际上，尤其是在大阪和江户等正在扩张的城市，商人拥有极大的权势和影响力，并有机会参与文化活动（Ikegami 2005）。在帝国和君主体制下，对商人的敌视几乎是一条法则。但在世界许多地方，掌权者也又不得不依靠商人，因为事实上自宋（10世纪）开始，全球经济已在其自身的推动下出现和发展。

消费文化在中国和日本的兴起

假如说，认为现代性的兴起是西方独有的正统观点倾向于将文化描述为划分民族、国家和文明的一套根深蒂固的稳定背景因素，那么这种文化观难以解释文化创新和文化交流。现代性通常被认为涉及广泛领域内的文化创新：不仅在科学和技术等文化知识形式中，还在以书籍的流通与艺术的创新和讨论为基础的文化领域中。此外，还有一种新兴的消费文化，新的商
158 品在其中流通，品味等级和分类愈发重要。对这个商品和时尚体系的新世界的掌握，反过来又有助于创造新的具有更强的作者意识和反思性的体验形式。被卷入这个日益扩张的世界的人，以及那些在边缘徘徊试图进入的人，都需要教学法、实用指南

来帮助他们应对新的身体控制和互动形式，因为他们需要培养和“自然化”（naturalize）新的感觉。如果资本主义被看作面向市场的生产的发展，以及使用货币来购买范围日益广泛的商品和体验，被看作现代性的核心，那么这个商品和体验的新世界的本质便成了文化记述的对象，无论是在实践上（旨在教导生活方式和消费的指南和百科全书）还是在理论上（旨在说明、诠释和预测这些转变的体验的更大意义的小说、艺术和其他形式）。事实上，人们可以推测，现代文化的发展不应仅仅被看作一种突然的断裂，现代城市人突然出现，试图如波德莱尔所言创造自己，而应该被视为一个长期的感受积累过程。文化积累的过程不仅发生在西欧，也发生在世界各地，那里的市场、贸易和商人社区得以发展。因此，东亚城市，尤其是中国和日本城市，可以被视为具有许多我们认为是西方现代性独有的特征，不仅包括贸易和制造业的基础设施，也包含文化。

世界经济的发展不仅意味着经济专家（商人、金融家等）权力潜能的提升，而且在那些通过贸易和制造业扩张的城市中，我们还看到知识和文化专家以及各种中介人群的崛起。因此，商人文化不仅仅是商人的文化，而是更大的都市文化，囊括整个城市网络，涉及交易商品的制造和供应，律师、医生和专业人员群体，以及维持该系统运转所需的工匠和手工艺人（Goody 2004: 152）。东亚和近东的商人与西方商人有相似之处，他们有共同的组织问题和困难，共同的世界性（cosmopolitan）取向，都向往获取声望和文化影响力。这种动力机制也有消费的一面。这一点在中国和日本尤其明显。商业化可以追溯至宋代晚期，当时市场文化和奢侈品生产在宋首都开封等城市蓬勃发展，而时至明代（1368—1644），商品化得到普及，城市消费文化开始发展。这在明代后期表现得尤为显著，奢侈品贸易增加，人们对鉴赏的兴趣愈发高涨。市面上出现了《遵生八笺》和《长物志》等书籍，这些书籍概述了欣赏和收藏艺
159 术品和时尚奢侈品的原则（Clunas 1991）。正如诺伯特·埃利亚斯（Elias 1994）在其有关欧洲“文明化进程”的讨论中所指出，行为模式的变化意味着新形式的身体和情感约束，这为指南手册和礼仪书籍创造了市场。可以说，在明代中国，新增的手册、历书和“日用百科全书”（Goody 2004: 113）实际是新消费形式和生活方式的指南书籍。德川时代前和德川时代早期的日本也存在类似的情况，识字率的提高和图书出版的扩张，提供了范围广泛的指南书籍、手册和实用百科全书（Ikegami 2005）。这似乎不仅仅是一种以精英为基础的炫耀性消费，或宫廷社会的良好礼仪和精细的区分体系，而是涉及更顺畅的商品供应和新时尚的商品消费形式，其可以渗透大城市中日益扩大的中产阶级。

消费文化的兴起是一个漫长的过程，就像现代性一样，要绘制和确定一个起点殊为不易。消费文化拥有多条不同的谱系，我们可以注意到宫廷消费［对欧洲宫廷社会最清晰的刻画之一来自埃利亚斯（Elias 1983）对 17 世纪路易十四的凡尔赛宫的描绘］和中产阶级消费模式之间有限精细的区分的交汇之处。在伊丽莎白时代的英国，随着财富的增长、来自美洲的新商品的涌入以及意大利文艺复兴的刺激，消费模式也发生了变化，新的时尚和品味不仅出现在宫廷社会，也出现在中产阶级当中，并通过仆人向大城市的其他群体下渗（McCracken 1988）。克

鲁纳斯（Clunas 1991: 148）强调，“1550—1650 年的一个多世纪间，中国和欧洲的情况惊人的相似，消费者越来越不重视国家对其行为的干预。”随着旨在严格限制某些特定社会群体的商品和着装风格的禁奢法让位于时尚体系，其中新商品和新品味从外部引入，或由内部文化专家创造，特定社会内的文化中介人和经纪人能够传播关于如何消费和体验新感觉的信息，尤其是向中产阶级中新兴的文化群体。[15] 这些信息包括如何通过身体管理和控制来饮食、消费和行事，也包括家户的管理——房间的陈设、奢侈品的正确摆放，这对贵族、小贵族，甚至商人和其他人都很重要。在这个过程中，除了鉴赏力之外，重要的是将奢侈品转化为中产阶级、最终是穷人的日常用品。西敏司（Mintz 1995）称之为“成瘾食物”（the drug foods）的糖、可可、烟草、咖啡和茶，在 16 世纪的欧洲都属于奢侈品，但到了 19 世纪末，在西欧大部分地区都变得普遍（Pomeranz 2000: 115）。但中国亦是如此，日本在一定程度上也存在相同的状况。

这里有趣的是出现了一个时尚体系，其意味着人们会扔掉 160
旧货购买新货，从而增加需求，刺激经济增长。试图实施禁奢法显然是为了固化地位的标志，限制商品的获取。然而，中下层对获得时髦商品的追求常常使禁奢法失败。靛蓝，也就是我

⑮ 有关禁奢法，参见 Appadurai 1986 和 Pomeranz 2000。后者主张，在英国、荷兰、中国和日本，禁奢法的影响力变弱，比在西班牙和意大利要早。彭慕兰（Pomeranz 2000: 131）说，在明代初期，虽然通过了各项规范着装、餐具的禁奢法，但收效甚微，很快就变得无可救药的过时和不适用。同时，在 17 世纪的英国、荷兰和日本，也有定期的重新引入这些法律的尝试。在日本，随着 1604 年德川幕府的崛起，禁奢法被强制推行（这与禁奢法在英国的结束同时），但实施得非常困难，并且新兴的时尚体系和高档丝绸的使用日益繁荣，尤其是在城市地区（Ikegami 2005: 257 及以下诸页）。

们熟悉的牛仔裤使用的蓝色染料，在成为尼姆（Nîmes）居民的工作服和1960年代后世界各地的年轻人的时尚单品之前，有悠久的历史。靛蓝因为是一种珍贵的纺织品染料，曾经比糖还珍贵，这让我们知道早期现代文化中的时尚优先级（参见 Taussig 2007）。那么，正如齐美尔（Simmel 1997a）所指出，时尚既涉及模仿，也涉及区分，并伴有对过时商品的唾弃，可以说是现代文化的核心动力之一。时尚体系需要被认为具有社会意义的商品种类的增加，也需要商品周转速度的提高。它还需要允许拥有这些商品的人群范围的扩大，以及从陌生人手中获取商品的可能性的提高。此外，它还指向模仿性消费（imitation consumption）和信息流通的增加——无论是通过私人和公共空间的口耳相传（流言蜚语），或是通过各种形式的印刷品（传单、报纸、杂志、手册、家庭百科全书等），向人们提供有关“最新”“有品味”的商品信息及其使用建议。城市是这一切发生的理想环境，因为在城市中有机会看到新的时尚，观察穿着入时的人，或者瞥见新的室内装饰和艺术品。彭慕兰（Pomeranz 2000: 129）告诉我们，“这些现象在西欧各个城市化地区有最详细的记载：文艺复兴时期的意大利（北部）、黄金时代的西班牙、荷兰、法国部分地区以及英国。”不过，在明代中国、桃山和德川时代的日本，上层阶级和商人之家也充斥着奢侈品、绘画、雕塑、高级家具等。

在这一时期的中国和日本，值得注意的是新贵群体的炫耀性消费策略，他们不仅纵情于铺张奢华、胡吃海喝，还对艺术进行了挥霍性的赞助（Burke 1993）。这不仅意味着需要指南书籍和礼仪书籍来帮助缺乏传统儒家典籍教育的新城市公众，也意味着对教化小说的需求。值得提及的是 17 世纪初的《金瓶梅》，它被称为第一部“风俗小说”（novel of manners），以及 18 世纪中期的《红楼梦》（又名《石头记》）。《金瓶梅》讲述了一位山东富商的故事，他是一位艺术品鉴赏家，也是一个彻头彻尾的酒色之徒，该书“充斥着对昂贵陈设的描写”（1993：152）。伯克称《红楼梦》为：

> 一部 18 世纪的《布登勃洛克一家》，它以怀旧的笔触，记 161
> 述了一个豪商之家贾家的没落，贾府的没落正如一个局外人所说，是因为“主仆上下，安富尊荣者尽多……其日用排场费用又不能将就省俭”。

他接着告诉我们：

> 贾府宅第中各个房间的内饰被描述地极为逼真，令这部小说有时读起来如同一份艺术品清单，其中多数为古董，包括：绘画、书法卷轴、镜子、彩漆矮桌、织锦窗帘、黄桧扶手椅……（Burke 1993: 152）

有趣的是，与中国文学一样，法国文学中的风俗小说也出现在 17 世纪，即安托万・费勒蒂埃（Antoine Furetière）的《罗马资产阶级》（1666），讲述了专职中产阶级试图冒充贵族的故事。该书对室内装饰（古董、家具和奇珍异玩）以及人们对服装和语言的关注作出了有趣的评论。

类似的展示和炫耀性消费的趋势也见于 16 世纪日本的桃

山时代。这种趋势在德川幕府时期仍在继续，还出现了一轮破坏性的铺张宫廷消费，因为幕府将军强制要求大名和贵族协同其随扈前往发展迅速的新首都江户拜见，建造了拥有精致装潢和家具以及仪式场所的豪华宅邸。在幕府将军及其间谍的监视之下，这种宫廷社会仿佛一只金笼，类似于诺伯特·埃利亚斯（Elias 1983）对同处17世纪的法国路易十四的凡尔赛宫的描述。日本的商人尽管名义上屈居四级社会阶梯的底层，但在城市中却欣欣向荣，町人（chonin）转向了艺术和都市娱乐活动。在实际的城市生活中，新兴的都市休闲空间和游廓中存在着大量人的混杂。正如伯克（Burke 1993: 154）所言：

> 一个新的社会正在产生一种新的文化。休闲商业化的趋势出现了，与巴黎、罗马、马德里和伦敦等西方大城市的情况基本相同。虽说在江户、京都和大阪，该趋势的形式并非咖啡馆、拳击或者斗牛，而是茶屋和相扑，但风尘女子、戏剧和廉价印刷品的角色在东西方是极为相似的。在实践中，正如人们所猜测的那样，社会团体和文化派别之间的区分没有原则上那样明确。两边的界限都被突破了。大名离不开游廓，较低地位的群体也挪用或模仿高雅文化。城镇妇女通过印有贵族女性的木版画及和服图案对其进行模仿。

由此，我们可以得出如下观点。第一，在日本和中国，奢侈文化都受到了批评或反对。尽管明代商人在制度上、文化上或政治上并没有像西方人所认为的那样受到阻碍，但儒家学说对炫耀性消费并不认可。对品鉴、斯文或君子之行的强调，也伴随着对业余者和专业者、学者和外行的二分评价。克鲁纳斯（Clunas 1991）强调，专业画家和业余画家的区分，在明代仍然至关重要。

日本的“座”艺术的发展，即俳句、和歌、绘画、茶道、料理、和服制作和表演艺术的多元文化圈，形成了一个网络化的审美公共领域，自桃山时代起便不断吸引着商人、武士、工匠和其他群体。这些公共领域飞地是具有高度积极参与度的兴趣小组和自愿协会。它们可以于奢侈品品鉴、朴素和纯洁，以及商业化（手册、参考指南等滋生并刺激了图书出版业的蓬勃发展）等阶段之间摇摆。追求纯洁和简单的一个著名例子是千利休，他是茶道的创始人，多次含蓄地批评幕府将军丰臣秀吉的奢侈靡费，触怒了秀吉。千利休（1521—1591）将茶道发展成一种极为精致的审美仪式，侘茶或曰“和敬清寂”之茶道受禅宗启发，强调极简主义，使用竹制或陶制的朴素茶具，与在1587年打造了一座纯金茶室、庸俗地进行炫耀的秀吉形成对比（Ikegami 2005: 120及以下诸页）。千利休在艺术上的不妥协精神和他的声望最终使其殒命，秀吉令其自杀。千利休的事例是一个有趣的例子，说明了上层和下层、庸俗和高雅的品味、坚忍自控和尽情放纵、个性和服从权威之间的动态关系，也描述了贵族、商人和艺术家之间的斗争，文化资本和经济资本之间的斗争。这表明，这些被认为在欧洲文化领域和自主艺术发展过程中更为明显的动态，绝不为西方所独有。

第二，在彭慕兰看来，有充足的理由认为对“奢侈”的需求在中国和日本的各阶层扩散的程度与欧洲的一样。就“自由劳动”和市场在经济中的作用而言，欧洲并未领先于中国和日本；事实上，彭慕兰（Pomeranz 2000：165）告诉我们，欧洲甚至可能已经落后于中国，并得出结论："至少，这三个社会在这些问题上的相似性，远远超过它们中的任何一个与印度、奥斯曼帝国或东南亚的相似性。"如果说现代文化从市场中获得了很大的推动力，以促进新商品和体验的流动，以及与消费文化的出现相关联的时尚和信息体系的建立，那么它也同样需要各种形式的会计和管理，这取决于识字率的提高，而反过来又有助于刺激出版文化、手册、小说、报纸（在日本称作瓦版），为中产阶级的初学者提供适当的欲望、梦想和行为的建议。

有人认为，西方的现代化理论侧重于欧洲由封建主义向
163 资本主义的过渡，且将亚洲社会描述为东方专制主义，掩盖了两者都是"朝贡"体制的不同变型（Wolf 1982; Goody 2004: 132）。在任何情况下，对封建主义的关注似乎不仅掩盖了共同的起源，还淡化了城镇在西方的作用。与西欧城镇在罗马帝国灭亡后的中世纪（"黑暗时代"）经历了连续的衰退不同，欧亚大陆的城镇，如大马士革、巴格达以及中国和印度的城市，持续发展着贸易和知识网络。消费模式的变化是在很长一段时间内逐渐发生的，并且必然与生产的变化相关联。这些变化提升了商人、工匠以及文化资产阶级（literate bourgeoisie），即中产阶级的文化和知识专家的权力潜能。我们提到的中国、日本和英国之间生产和消费水平的相似性，表明所谓亚洲对贸易和经济事务的反感，远非事实全貌。古迪（Goody 2004: 136）认为欧洲和亚洲城市之间存在差异的假设，尤其是中世纪出现的西方城镇发展出了根本不同的形式的假设是极为可疑的。这种假设依赖一个所谓的历史差异，以表明只有西方的城镇才能够产

生必要的企业家，即“能够构成资本主义制度基础的热爱自由的资产阶级。”

这又是欧洲例外论的假设，遵循皮朗（Pirenne）等人的论述，认为民主公社是法律体系和商业组织架构的基础，无法反映出事情的全貌。罗威廉（Rowe 1984）对汉口的分析和濮德培（Perdue 1987）对湖南的分析表明，马克斯·韦伯在其城市研究中强调的这些特征在亚洲城市中也可以找到。[16] 这也可以说明，尽管一般认为公共领域只存在于欧洲，但它或许并未在亚洲彻底缺席。哈贝马斯（Habermas 1989）等人所描述的公共领域和协商民主、人权话语和政治变革的联系，在欧洲背景下似乎是无可置否的。[17] 然而，在亚洲很可能存在其他形式的公共领域，其不具有明显的政治维度，而是具有明显的文化维度。这就是池上（Ikegami 2005）的观点，在她对德川日本的分析中，试图审视和扩大公共和市民社会的概念。

德川日本的元现代礼节

池上（2005）认为，在德川时期（1603—1867），日本有的是“没有市民社会的礼节”（civility without civil society），与

⑯ 在日本，不仅需要提到江户的公共飞地的独立性和流动性，还应提到独立城镇的兴起，例如千利休的故乡堺市。堺当时是日本为数不多的实现了一定程度自治的地方，与欧洲的自由城市相仿，也由城门和护城河保护。堺由一个商人议员组成的委员会管理，艺术上也十分繁荣，但于 1568 年被织田信长征服（Ikegami 2005: 122）。

⑰ 当前的兴趣围绕着全球或跨国公共领域、将公共的概念扩展至民族国家之外的可能性，以及新型公共意志形成的可能性（参见 Fraser 2007）。

欧洲的情况不同，其并非一种与寻求政治权利的市民协会所支持的新型公众的出现有关的礼节，但确实是一种与良好礼仪和
164 礼貌的行为模式有关的礼节。在欧洲，通过新闻自由和在广场或咖啡馆（长期以来一直是论争、斗争和再垄断过程的策源地）进行的公开讨论，形成了单一的整合公共领域，日本则不同，出现了以自愿性质的艺术团体（这些组织被认为对德川幕府的强权统治没有威胁）为中心的一系列公共领域飞地。这些以游廓、浮世*形式出现的公共领域飞地甚至反公共领域（counter-publics），为审美社交提供了相对自由的话语空间，使各种实验和创造、文化多样性和身份扮演成为可能。大量的公众混杂于在飞地的互动空间中，人们喜欢参与各个文化圈子，学习诗歌、花道、茶道、绘画以及各种“座”艺术。[18]

将德川时期日本的城市化进程纳入考量也是相当重要的，其间江户（东京）从 17 世纪初的一个渔村迅速发展成为 18 世纪全球最大的城市（McClain *et al.* 1994）。城市经济不仅意味着商人财富的增长，前述的奢侈品、娱乐和休闲活动的发展，也意味着强大的印刷业的发展和相对廉价的小说（通过书店和书贩），例如井原西鹤描写城市消费生活中人们的沉浮的小说（Burke 1993：154），还有诗集、手册、礼仪书、指南书、百科辞典（节用集）、家用百科全书（其中许多是没有明确编辑标准

* 语出佛教用语的“忧世”，15 世纪时扩展作“尘世”“俗世”解。16 世纪以后更泛指妓院、歌舞伎等享乐世界（茂吕美耶《江湖日本》，广西师范大学出版社，2006）。——译者

⑱ 公共（public）一词在日本有一条复杂的谱系，包括公仪、公等术语（Ikegami 2005: 366）。关于无缘空间在日本相应的公共领域的发展背景下的相关性的讨论，参见 Hanada 2006 和 Hayashi 2006。

的材料编目和知识归纳）以及瓦版（登有广告与关于灾难、谋杀等的生动描述和图片的大报）等的供应。这也意味着一个不断发展的识字的公众，其中部分妇女也会阅读用假名撰写的小说，向人群朗读也是很常见的。

德川时期的日本包含了许多我们认为与现代性相关的文化生活的感受和形式。除了生产方式，消费方式和信息交流方式也促进了具有鉴别力的公众的发展，他们有兴趣做出精微的区分，体验创造性的审美感受和感知。这不仅包括对眼光的训练，也涉及对身体的训练：发展“粹”感，也就是身体动作、自我呈现和行为举止的风格和美感。与此配套的是一种风格多变的时尚体系，注重图案精巧、染色高超的高品质棉、丝和麻织物（Ikegami 2005: 245 及以下诸页）。城市居民的风格化审美化互动，尤其在审美性公共领域飞地中，需要一种管理更具流动性和情境性（取决于环境）的身份认同感的能力。当人从事自愿
性的团体活动，探索不同的社会性模式和有趣的（尽管是严肃 165
的）想象性工作时，他们发展出了一种能力，使自己暂时摆脱幕藩制度的相互依赖、责任和权力平衡的束缚。池上（2005: 368）指出：

> 虽然很难以任何精确的方式来定义现代社会生活的独特品质，但在个人选择基础上产生的多重隶属身份的可能性，似乎是现代性的一个重要指标。任何社会，如果不允许个人建立与生俱来的地域、宗教或宗族纽带之外的任何结社关系，就不能被称为现代社会。尽管德川时期的日本被刻意组织成一个彼此隔离的社会，个人注定生活在结构划分

明确的各个区块上，但其审美网络还是为个人选择结社关系提供了便利。由于在个人审美社交层面上发展出了一个自愿结社关系的领域，就其市民文化而言，这个社会确实可以被称为元现代社会。

池上（2005: 374）接着指出，这种新模式的礼节与围绕着诗歌和表演艺术形成的公共领域飞地，可以使我们得出结论：在社交性文化的维度上，“日本正在走向自己的‘元现代性’”，或“现代化之前的现代性”。池上补充，指南手册中日本作为一个致力于“美”的国度的印象就是从这个文化交流领域中产生的，审美化社交被认为是日本的共同文化。这种通过共同的审美体验形成的共同感，为现代民族国家的建设奠定了基础。这并不是德川政府刻意为之，而是人们的交往网络和创造出新沟通渠道的市场力量的结果。但在 1868 年明治维新后，这些日本作为一个审美国度的先见印象，人们通过审美力和商业出版物的阐述对自己文化形成的清晰认知，迅速被用来塑造日本的文化认同，使之成为一个准备好加入全球权力斗争的现代国家。

虽然池上（2005: 290）只是顺便提到了本尼迪克特·安德森（Anderson 1991）关于印刷资本主义在创造“想象的共同体”中所起作用的研究，但可以说，民族的构建通过报纸和其他媒体营造的息息相关的网络感，是文化硬币的另一面。一面，是哈贝马斯式的公共领域及其各种变体，及池上所说的审美性公共领域飞地；另一面，无疑在同一个时空框架或时空体（chronotope）中，是将国家建设成“共同体”或“有机社区”的尝试（Cheah 2006）。后者取决于某种意义上的民族、共同语言、神话、情感，而不仅仅是统治者的发明（参见 Smith 1998），统治者试图利用群体内 / 群体外、内部人 / 外部人之间的冲突。

德川时期的日本可被用来提供审美日本的形象，在其历史的某些时刻尤其如此，例如 1945 年日本战败于美国后，日本 166
试图从政治和战争中抽身，宣传其和平的过去，宣传日本是一个有文化的国家，美和礼仪、能工巧匠和高雅感之邦。与此相对，在第二次世界大战期间，尚美文化传统的有力象征，例如樱花，被用于动员人们为祖国日本做出爱国主义的牺牲。自上而下的国家建设，为确立日本在世界上的地位而进行的现代化规划（“富国强兵”的信条），以及实现西方意义上的文明化，意味着德国意义上的文化（*kultur*）、“座”艺术和美学传统的消亡，日本性的一个特殊定义的消亡。为了满足当时的需求，（日本的）文化让位于（西方的）文明。或者更确切地说，文化（适应力强且与众不同的日本人，凭借其独特审美力美化了日本）被打入了库房，成为了差异性的贮藏库，在必要时才被取出；而在疯狂地建设一个有竞争力的现代国家的外表和实质，以摆脱屈从的新殖民主义的魔掌时，文化又被推到了前台。

池上发现了一个与她的价值观和当今时代的价值观相关的特殊的日本。她的价值问题的探照灯，对艺术和审美公众的重新评价，帮助照亮了日本的一个独特形象，“没有市民社会的礼节”的优点、“弱关系的力量”，在“元现代网络革命”中联系在一起，其“文化创新和活力”的形象在当代全球政治中可能是有用的，可以用来反击其他对话性更强（理论的交锋）的公共领域构建。确实，在当前市场主导、金融资本和跨国公司主宰，包含世界贸易组织、世界银行、世界经济论坛等强大的全球机构的全球化浪潮中，这种特殊的谱系对日本和新生的全球公共领域都有很大的意义。但它也提出了关于指定德川日本为元现代和谱系的发明的问题。

解读江户：传统和现代性

要知道你是现代的，要知道此刻是新的，并将这一印象加诸未来，也需要知道当下与过往有本质上的不同（不仅仅是在一系列常规的已知时刻间移动时程度上的差异）（Koselleck 1993）。实际上，过往必须被构建成“传统”，构建成重复的、僵化的和静态的，由仪式周期支配。正如卡罗尔·格鲁克（Gluck 1998: 262）所言：

> 根据定义，现代性通过将自身与过往分开看待未来。新便是一切，但“新”只有和“旧”并置才能把握。在法国，旧政权代表了整个旧秩序，是新革命时代的对立面……在日本，江户时代正是这种历史想象的产物。“江户”（指德川时期的该城市，而非后来被命名为东京的城市）是被发
> 167 明的另一个世界，现代性以此定位自己。从明治初期开始，对于现代之前的日本的想象，在很大程度上以被认定为日本“传统”的江户为基础。

明治时期的改革者专注于建构他们自己的日本新形象，明治是文明，是民族的和进步的，江户则被描绘为旧的、封建的，一

个障碍（Gluck 1998: 265）。但是，一旦这种受欧美启发的现代性在 1920 年代初成为现实（因为摆脱了明治时代签订的一系列不平等条约，而且在第一次世界大战中加入了胜利的阵营而经济繁荣，日本的国民生产总值超过了英国、法国和德国），对江户的态度就发生了变化。当新的受西方启发的现代性令人失望时，这种失望也与西方联系了起来。正如格鲁克（1998: 272）所说："一个三段论演绎就此形成：现代化即西方化。日本已经现代化。因此，日本是西方化的——日本不再是日本了。"这就是日本开始发展另类现代性的背景，寻求一个净化了西化物质主义的日本，寻求一种更精神化和军事化的日式现代性。这成为日本法西斯主义的基础，导致了 1930 年代战争的爆发。1930 和 1940 年代，京都学派的成员（西田、田边、西谷等）探索了其知识层面，他们试图通过思考一个与西方殖民主义不同的基础，思考全球化的另一种方式（参见 Heisig 1996; Sakai 1993）。而这就是哈如图涅（Harootunian 2000）的书名所说，在第二次世界大战中"被现代性所征服"的日本。

战后，随着日本从明治改革者那里获得启发，试图将自己与经过改革和改造的现代性联系起来，人们对闭关锁国的"封建"江户祛魅了，江户本应该开放门户，让日本人有机会发展"科学精神"。[19] 江户再次成为了前现代性和传统，成为了现代的障碍。在 1980 年代，随着日本经济的扩张和成功，在美国有

⑲ 还应该补充的是，战后现代社会的形象在很大程度上受到美国社会科学"过度社会化"的影响，认为文化是整合的、有序的，鲁思·本尼迪克特的《菊与刀》（Benedict 1946）等作品具有很大影响。这种认为日本在现代化浪潮之下有持久的文化认同的假设，不仅成为地区研究的不争事实，而且也反过来被日本社会科学界吸收（Silberman 2002）。

了一些耸人听闻的故事，如“超车道上的日本”（Kamata 1983）这样的新闻标题和《旭日追凶》等电影（参见 Raz and Raz 1996），在日本国内也出现了表现“快乐的封建主义”的“江户热”。这伴随着对优越的、平衡的“生态”江户及其浮世、仿真和符号游戏等的发现，据称江户在现代之前便已进入了后现代：“日本的前现代其实已经是后的（–post）了”（Gluck 1998: 275）。随后的 1990 年代，后现代热潮消退，后现代江户的光环也随之褪去，出现了对在某种程度上“跨现代”（transmodern）的江户短暂兴趣，因为现代这一术语本身已变为流动的，失去了其指涉。1990 年代初，又出现了一种更积极的、元现代的江户观，尾藤正英（Masahide 1992; Gluck 1998: 275）问：“江户是什么？”并回答：“日本的现代性。”对他而言，江户前的一切都是古代，而江户以后的一切都是现代。1990 年代的其他文明理论家在江户发现了“一种基于经济平等政策的社会主义天堂”，在经历了工业革命与和平时期之后，在资源日益减少的时
168 代，江户为世界提供了榜样。这不仅是日本的现代性，也是世界的现代性（Gluck 1998: 276）。此处又可以引用池上。

一旦我们参与了这种知识社会学的训练，并开始在现代性的谱系中进行筛选，世界就会变成一个不同的地方。我们不能再以前进的方式来讲述世界，单纯地从一起事件跳到另一起。我们的现代性的一个核心特征，是我们对变迁和不同的未来的期待：现代性相当于这种未来对过去的不断殖民。每一个新时代都可能意味着学术潮流的新时代，其动力不仅来自知识垄断的制度化和学科化过程，或内部人士和外部人士的先锋派斗争，也来自对不断变化的社会文化世界的复杂性及其变换的政治斗

争进行回应的尝试，这推动了特定国家、社会群体和阶层的浮沉，使其倾向于发展对特定进步叙事或宿命叙事的亲和。

那么，现代性文化的一个方面，很可能是文化和知识的生产中的这种“状态”。其不仅受市场动力所推动（经济资本推动文化生产），还包括了各种文化动力，体现在文化生产领域内的流行文化、消费文化以及艺术、智识和学术文化的生产上（时尚动力、先锋主义、古典和经典的发明和保存、杂糅和融合等）。[20]

如果我们试图理解现代性和文化之间的关系，那么我们就不可避免地意识到特定时代被赋予的意义是不断变化的，或是被当作现代性的苗圃，或是被当作持久的传统之源。格鲁克认为，这些被赋予的意义是否成立在于当下，在于对当代问题的回应，以及对更大的社会经济事件和政治事件进行回应时发生变化的价值综合体。但这不仅是一个书写历史的问题，不仅是通过越来越多的修辞对江户进行重新编码，也关乎到使书写历史成为可能的文化档案。这需要一个文化材料，尤其是文本的档案，但在江户的例子中，来自流行文化和市场的视觉图像（浮世绘和其他的版画、绘画）也是必要的。正如前文对明代小说和手册的讨论，这需要识字的公众，而公众又依赖文化生产和消费的制度与市场。池上所讨论的“座”艺术、公共飞地以及小说、手册和家用百科全书的市场，为德川时期的日本提供

⑳ 我注意到对中国现代性的建构可以用卡罗尔·格鲁克分析日本的方式。这里重要的是在1990年代，中国学术界和知识界不同程度地接受了后现代主义，并提出了挑战，以寻求根据毛式共产主义的过往，以及新兴的消费文化变得重要的当下，对自己进行界定。参见陈晓明关于后现代主义的讨论（Chen 2006），以及Dirlik and Zhang 2000。

了这个基础。因此，识字的流行文化提供了一个江户资料库，一个可以被探索和重新编排的档案，从而提供重要的材料以满足特定时代的需求。

1920 年代，日本经济强大，以前将江户限定为落后封建传
169 统的明治西化遭到拒绝，随着大众文化的爆发，江户再次成为时尚。现在江户这个“文化仓库”可以被重新打开，以更积极的角度展现江户，其不仅是元现代趋势的来源，也是日本独一无二的过往，这段过往产生了自己的生态稳定型效能模式，是日式现代的潜在来源。江户为流行娱乐提供素材，包括廉价书籍、小说、杂志、报纸，还包括新出现的广播和电影。十分有趣的是，这种对江户过往的拥抱，对江户作为日本大众传统的积极来源的重新构建，发生在“现代”在新生的消费文化中被颂扬的同时。在 1920 年代的东京，摩登小姐（モダンガール）出现在银座和市中心的街道上，出现在百货商场、舞厅、电影院和咖啡馆等娱乐场所（盛り場）。飞来波（flapper）风格的摩登小姐表达了一种活力、行动自由和独立精神，与明治时期重塑的“贤妻良母”朴素传统形成鲜明的对比（参见 Tamari 2006）。モダンガール被视为现代人拥抱新事物的缩影，是一个在很大程度上由媒体创造的新女性，其影响在日本尤为突出。摩登小姐可与女给，即咖啡馆女服务员进行对比，后者体现的是现代风格与来自女性性工作的长期历史的元素的融合（Silverberg 1998）。正如查克拉巴蒂（Chakrabarty 1998: 292）指出，女给一词只有作为两次世界大战之间的新文化的一部分才能可理解，因为当时引进了外国词汇和媒体形象，这个词必须与其他形容公共领域的女性的日文词，如“饭盛女”“游

女”“淫卖妇”等相联系并相区分才能理解。因此，女给的现代性只是从一个符号链和差异领域中获得其意义，在这个领域中，新与旧并存，没有严格的等级秩序。查克拉巴蒂的结论是：“传统和现代这样的两极的树立，必须忽略类别之间相互重叠的部分。现代，正如任何其他在历史上演化的结构，是混杂的。其具有多义性……”许多初始的分类法，传统/现代性，封建主义/资本主义，都是逐渐被转化成等级秩序的二元对立。它们基于进步的、发展主义的历史元叙事，而这些元叙事被各种话语和制度性权力的实践所维持。但这并不意味着能够回到差异领域，回到这些初始的分类行为，其中“什么是日本传统”这一问题的答案是清晰可见的。相反，在日本的现代性和传统类别的构成中，存在模糊性和多义性的游戏，指向这两个相互依赖的类别被创造并不断被重新创造的或有空间（contingent space）。之所以是“或有空间”，是因为正如格鲁克所展示的，有一个根据眼下的偶然事件重构日本的历史文化档案的持续过程，这些偶
然事件推动了民族国家在历史上的发展轨迹。这些事件意味着， 170
历史学家和公众将不可避免地被吸引去重新评估、重新定义和重新塑造过往，过往是传统还是现代取决于“时代的要求”。这涉及一个持续的去分类和重新分类的过程。

多重现代性和另类现代性

文化与现代性的关系是错综复杂的。正如我们先前所提及，文化经常被认为是分岔的：一套恒定的价值观、信仰和假设，确保社会生活作为传统被持续地再生产。同时，有些文化也被

认为蕴藏着变革世界的种子。因此，尽管文化经常被看作基础的、固定的和持久的，但特定的文化或亚文化，如韦伯（Weber 1930）谈到的新教，藏有一股强大的生成力：新教伦理不仅有利于资本主义精神，也有利于对产生现代性和现代生活的内在世界行为转变进行合理化和赋值的过程。韦伯的观点虽然用理想型表述，但其优点在于，他不仅是通过对文本的阅读来研究文化逻辑（文化逻辑并不是一个毫无问题的概念，参见本书第四章），而且寻求将探讨与行为和改变生活的体验联系起来。

正如前文关于现代性的讨论，关键问题如杰克·古迪（Goody 2004: 29）所言，在于“如果文化改变了——这当然也是必然的，它又怎能作为一个解释性的变量？”问题是，由于文化通常被用作一个包罗万象的概念，无法聚焦于特定的特质，它作为变量已毫无意义。文化被认为在经济之外，是对经济的抵制，是“内在价值和态度”的标示，是一组长久的背景变量。假设文化是经济之外的一切——阻碍或促进经济起飞进入现代性的东西——那么社会也囊括于文化当中。

更进一步的问题在于文化特异性单位的确定。有关现代性的讨论，特别是主张多重现代性的讨论中，有一种将文化具体化为有边界的综合实体的倾向，认为文化具有随时间推移而持续的内在连贯性。由此，文化被表述为一座座岛屿，而文明或民族国家则被视为文化的单位。然而，正如我们在日本的案例中所探讨的那样，文明的定义和将民族国家的文化建构为“想象的共同体”或“发明的传统”，这本身便是现代性的产物。唯独在现代性中，才有由政治家、国家官员和强大的经济利益引导的文化专家和文化中介人，他们被赋予了以连贯的和有情感

约束力的方式重新整理文化档案的自由，从而生产出民间传说、
故事、英雄、神话、仪式、典礼、纪念物，这些是能使民族团
结一心的全套道具。这个重新整理的过程在相互竞争的民族国
家的形态之间进行，在国际政治中具有重要的外部维度，因为 171
国家试图通过将其人口调动为经济和军事资源，以达到生命权
力（biopower）的最大化，并通过文化教育过程将国家建构成
一个“神圣共同体”。

多重现代性的概念表明，现代性应该抛下的东西仍然顽固地存在，模糊了现代和前现代之间的边界（Dirlik 2003: 287）。它指向一种容易划分的全球多元文化，具有清晰可管理的文化单位，能够随时进行比较，并且淡化了内部的冲突和多样性。此外，它还忽视了文化间交流的持续过程，忽视了知识和文化通过商人和宗教运动在世界各地的流动，而这表明了内部文化的高度复杂性。酒井（Sakai 1998）指出，将国家社会建构成一个同语（homolingual）共同体的工程，构成了共同文化假设的基础，需要强制性的语言标准化过程。这就需要压制外国人的异语（heterolingual）非聚合语言共同体，其中人们的话语是多语言的，并假设他们的交流对象是一个混杂的群体，翻译可行，但总是不完整且不完美的。

这样一来，多重现代性表明，文化差异本身是围绕着文明、民族国家、文化和种族等“空间性”而形成的，而这些空间性本身便是现代性或现代化过程的产物。关注文化作为差异的主要甚至决定性来源，会使跨越这些不同空间界限背景的社会和政治差异降格到幕后（Dirlik 2003: 285）。将空间区划作为焦点不仅忽略了不同结构性单元（社会）之间的相互交流，还容易

随着时间的推移淡化差异。就日本而言，将“日本人论”，即日本的独特性建构成国家意识形态，淡化了现代社会或正处于现代化过程中的社会的社会家族相似性。正如施密特（Schmidt 2006: 81）所说：“日本与西班牙的差异，是否比与丹麦、英国或希腊的差异更多？当代日本与**前现代**日本的共同点，是否比当代日本与**当代**加拿大或德国的共同点更多的？”多重现代性的观点基于如下假设：相对于同一线的文化和文明在不同时期的差异，不同线的文化和文明之间的差异更大（Lee 2006）。

多重现代性及其相关概念“另类现代性”当然是之后才提出的，我们有理由发问这种界定的关键是什么，做出类似卡罗尔·格鲁克对日本历史上江户作为传统或现代性的表述的转变的剖析。另类现代性能够正当地适用于各种项目，以为现代社会构建不同的文化方案和替代性的制度框架。在此我们可
172 以想到德国和意大利等法西斯主义和民族社会主义社会（参见 Arnason 2000, 2001; Arnason, Eisenstadt and Wittrock 2004; Herf 1986），以及 1930—1945 年亚洲和太平洋战争中日本进行的项目。在以上所有案例中，另类现代性都属于一种主动性的工程，由一个拥有自己的意识形态机器和制度结构的政党结构策划，旨在动员全体民众为国家 / 民族的目标服务。

如果说，鉴于这些失败，意味着全面社会变迁的文化工程的“另类现代性”在今天已不再有意义，那么也有人强调在现代社会的文化领域中产生差异的更加受限的工程。例如，高恩卡（Gaonkar 1999）主张，一旦现代性从其西方起源扩展到全球范围，非西方人便能够批判地参与进来，产生他们自己的混合现代性。那么，另类现代性在这层意义上被用来论证：随着

西方现代性主导叙事的衰落，统治中心已不复存在，因此“今天的现代性是全球的和多重的”（Gaonkar 1999: 13）。从西方传播到其他地方的不仅有制度设计、社会实践和文化形式意义上的现代性，也有拷问当下的批判性话语意义上的现代性。世界各地的不同地方并不模仿西方的现代性制度秩序，也不像丹尼尔·贝尔（Bell 1976）等人讨论的那样，产生一种关注自我实现和自我表达的对抗性现代文化。相反，他们对现代性的两条分支（社会现代化和文化现代性）展开了独特的、偶然的、针对文化的解读，以使现代性的体验多元化；按照查尔斯·泰勒（Taylor 1999）的观点，我们需要同时“认识到收敛（convergence）和发散（divergence）不可避免的辩证关系，并将其视作问题”。收敛通常指制度性框架（市场经济、国家管理等），而发散主要指在特定人群的习念和社会想象的滤镜下产生的生活经验和文化表达。另类现代性视角关注的是具体地域的变化，即对社会现代化的“创造性适应”。高恩卡（Gaonkar 1999: 17）认为，基于地域的分析使我们能够将“创造性适应”视为一个对当下持续提出质疑的过程，而这也是现代性所持有的态度。正是在这种意义上，“现代性是一项未竟的规划，且必然如此。”

现代性的文化维度与体验的联系，呼应了科塞勒克（Koselleck 1993）的关注，他试图回答这样一个问题：现代性的出现开启了什么样的体验？他关注体验和期望这两种类别，认为两者的距离在“新时代”（*Neuezeit*）中扩大了，期望与过往的体验有了更大的距离。一个期望的新视野开启了，历史被设想为一个不断实现的长期过程，受到人类的积极干预，后来 173

被设想为进步。科塞勒克（1993：267）接着告诉我们，康德很有可能是*Fortschritt*（进步）一词的创立者，他不遗余力地反对事物永恒不变的论调，并相信新的经验，如法国大革命，能够积累起来以维持“向更好的未来迈进”。历史被塑造和体验为独特的，对人类干预开放，需要弥合体验和期望之间日益扩大的距离。

在《什么是启蒙》（Foucault 1984: 39）一文中，福柯指出，现代性不应被看作一个时代，而是继康德之后的一种态度，一种独特的行动和行为方式，“一种精神（ethos）”。康德的作品之所以重要，是因为其涉及对他写作的时代、历史、知识的可能状况的思考。这种现代态度，是“同时对人类与当下的关系、人的历史存在模式以及作为自主主体的自我的构成提出问题”的态度（1984: 42）。这就是欧洲启蒙运动的批判精神的基础。它也能够为政治实践开启一个期望的新视野，康德希望这将导向一个“自组织的人民”的新共和邦联（社团联盟），从而产生一种世界性的新国际政治。然而，若康德所设想的现代性涉及一种批判的态度，将当下视为问题，并强调一种涉及自发性的思考和感觉、行动和行为的新态度或新精神，那么这种新形式的意识也可以在艺术中出现。

对波德莱尔而言，这种新的现代态度涉及对当下的反讽性英雄化，但这种态度不属于作为旁观者在城市中游荡的浪荡子，而属于寻求从时尚中萃取新的或现代性的品质，把握、想象和改变被极度珍视的当下的纨绔子。福柯（1984：41）认为，对波德莱尔而言，成为现代人涉及一种纨绔主义，不仅包含屈服于当下时刻的不断变化，还包含寻求使自己的身体、行为、感觉和激情艺术化的一种刻意的禁欲主义。对波德莱尔来说，现代人是一个试图创造自己的人，不断迫使自己重新创造自我。正如马费索里（Maffesoli 1991）所认为的，这涉及一种“审美伦理”，不仅包括对生命的审美态度和日常生活的审美化，还包括了对自身人格、行动和生活审美化的关注，以创造一种有序的生活（Featherstone 1995：第三、四章；亦参见本书第四章）。

这种质疑当下、创造自我的态度涉及另一种态度，一种认真对待新生事物，对待当下时刻激起的物质波动，对待在艺术和消费文化的时尚中对体验再加工的态度。波德莱尔的观点形成于 19 世纪中叶的巴黎，正是这种城市体验产生了新的审美感受，本雅明（Benjamin 1999）和其他人（Berman 1982）将其视为现代主义的开端。我们可以将现代主义的历史书写为现代性的反文化，涉及持续的批判性艺术对话，这场 174
对话试图应对现代生活的变迁，技术、工业和商业的变化，这些变化重组和重塑了都市生活的结构，产生了齐美尔（Simmel 1997b）在其著名文章中论述的大都会的体验。此处值得注意的是对现代生活的情感反应，令人眼花缭乱的视觉、听觉和本体感觉的震荡、速度、运动和强度，不仅是由人群产生的，也源自有轨电车、汽车、公共汽车、火车以及随之而来的危险，所产生的新的压力、焦虑和恐惧，被理论化并被临床诊断为神经衰弱、精神衰弱和其他“新”疾病。这般不同的当下不仅产生了新的历史记忆，被留声机、广播和电影等 20 世纪的新媒体所记录、再造和叙述，这些新媒体捕捉现代生活的节奏，也产生了对相反事物的渴望：和谐的田园生活，以及“桃花源”（timeless folk）的令人安心的形象。正如查克拉巴蒂

（Chakrabarty 1998: 294）在讨论日本现代性中被发明的传统时提醒我们的：

> 事实上，“焦虑”“震惊”和“恐惧”……作为最不受质疑的分类不断循环，并且极为有效地提醒我们，如果不同时诉诸情绪（affect）、感情（sentiments）和情感（emotions）等具身实践，任何“传统的发明”都毫无效果。

此处有趣的是对这种现代状况的双重反应：无论由求“新”的先锋动态驱动的现代主义，还是退回到想象的令人安心的传统形象，都高度重视发明。[21] 高恩卡（Gaonkar 1999: 13）认为，随着不同民族与现代性的体验遭遇，西方现代性的制度规范、社会实践、文化形式和知识话语得到传播，这种发明的机制也在世界各地的不同地点展开。因此，对高恩卡（1999: 13）而言，另类现代性和艾森斯塔德（Eisenstadt）的多重现代性概念不同，其阐述并不特意为了表明塑造长期差异的持久的文明或文化力量。此外，它也不是一项社会动员的工程，而是在西方的技术经济现代化占据主导地位以后，针对西方现代性的传播做出的相对小规模的、中介性的文化回应。这些回应并不以标示了通往现代性的不同道路的强有力的、持续的文化差异为前提，也不承诺突破现代性的不同道路，如 1917 年俄国革命后的苏联，

㉑ 正如哈如图涅（Harootunian 1998, 2000）所指出的，1920 年代的日本，特别是关东大地震后的东京重建和不断扩大的消费文化，发挥了这种作用。不仅表现出对现代生活的知识和艺术迷恋，还表现出从现代生活中退到虚构的传统中，谈论和谐、美和精神，即所谓的“桃花源”的范畴。

或 1930 年代和 40 年代的德国或日本的现代性所寻求的那样。相反，另类现代性指向的观点是，今天的现代性为世界各地的人们提供了批判地参与、构建自己的混合现代性的机会。这并不是现代性的单一主导叙事的结束，也不是现代性的结束或后现代性的到来，而是由于缺乏一个统治中心，在很多地方产生了多重变体和“创意性适应”的自由度。

这种将现代性文化解读为发明的做法是以文化资源以及文化的生产、流通和消费手段的可用性为前提的。但是，正如我们在明代中国和德川时代日本的例子中所证明的，这些资源本 175
身的证据引起了对与西方现代性相似性的探索，和对元现代潜力的无尽讨论。这扩大了被认为与现代性相关的现象的范围，并使我们远离那些强调对所谓的关键西方文化成分进行复制的模式。就现代性的文化维度而言，文化领域的扩大显然是一个至关重要的过程，人们通过各种文学、艺术文化形式和制度认识到自己是现代的（Featherstone 1995 ：第二章）。如果现代的体验指向了对当下的另一种可能性的期望，那么文化专家生产的文化产品市场的扩大，无疑有助于迎合这种期待。如果生活时空中运动节奏的变化为新体验、新反思和新期望创造了可能，那么旅行本身便可被看作是迎来了某种预示现代性体验的东西（Featherstone 1995: 152）。因此，复杂的现代谱系确实存在，而且正在被揭示。

此外，对现代的矛盾态度，体现于应对新的时间感的方式，这种时间感被认为随着现代的出现而出现，或其本身就定义了现代的出现。向现代消费的转向，不应被视为贝尔（Bell 1976）、坎贝尔（Campbell 1987）等人所认为的从清教主义向享乐主义的转向，而更是一种“算计的享乐主义”，因为人们试图体验和应对（但不一定解决）两者的困境。正如西蒙·沙玛（Sharma 1987）在讨论17世纪阿姆斯特丹的现代消费的出现时指出，算计理性和抽象与享乐主义这两种看似矛盾的冲动是并存的。在日常生活中既去教堂又上酒馆，可能使人们陷入一种道德上的矛盾，但沙玛（1987：371；转引自Miller 1994：79）认为：

> 在荷兰文化的各个部门中，相反的冲动在实践中得到了和谐的调和……不需要什么崇高的智慧就能看出，世界并未被禁欲和纵欲撕裂。再愚蠢的人都能够明白，同样的人在不同的时间、不同的地点，会体现出与其不断变化的角色相应的价值观。

强烈的当下感，以及时代和永恒的需求，促使产生了作为一种困境的现代性体验。正如米勒（Miller 1994：79）所说：

> 现代性的核心困境在于新的时间性导致的结果：那就是对现在、未来和过去的独特感受，导致人们越发关注对自身生活标准进行自我建构的知识。

这种矛盾已经偏离了传统社会学对现代性的论述，其可能过于匆忙地从传统社会和现代社会清晰的理想类型二分法出发。当然，世俗化无法完美地纳入这个过程，尽管在视现代性为摆脱
176 宗教教条和欺骗的进步和启蒙的18世纪欧洲哲学话语中，世俗

化显然是核心。[22] 例如，查克拉巴蒂（Chakrabarty 2000: 14-16, 101-104）在其关于印度的讨论中提到了现代性的两种权力逻辑，一种是世俗的，基于欧洲的制度规则；另一种仍然将神灵引入政治领域，表明了全球现代性中权力的多元化。查克拉巴蒂接着对世俗的、视为历史的西方知识形式的权威性提出质疑，这种知识试图根据欧洲经验，以一种单一的方式定义现代性。

结论：文化、礼节与全球公众

如前所述，现代性的另一个维度通常被看作是现代社会的决定性因素，即公共领域的发言权和参与权问题：民主化。哈贝马斯（Habermas 1988）关注资产阶级公共领域在18世纪欧洲的出现，即他后来称之为“沟通理性”的出现，“沟通理性”是具有民主化政治潜能的批判性辩论和论证的模式。另一方面，池上（Ikegami 2005：25）主张，17和18世纪的德川日本和欧洲一样，产生了等级化的礼节（强调礼貌和“礼仪面具”的良好风度）。然而，欧洲的礼节开启了一个市民社会，为公共领域和启蒙运动的发展提供了空间，相反，由于德川政府的社会隔离制度、限制性的正式公共领域、等级化的礼节，日本发展出了一种“没有市民社会的礼节”。但池上（2005：39）认为：“在正式公共领域的边界之外，出现了许多可以自由对话的飞地”。这些“公共飞地”，即“座”艺术、艺术和文学团体，没有被视为对德川幕府的挑战，得以形成一个沟通领域的网络，

[22] 公共领域的世俗性质常常被高估；西方公共领域内改革的强大推动力，依然来自一神论教会和其他不信奉国教的宗教团体（Venn and Featherstone 2006）。

人们能够在其中体验社会交往、身份转换和文化流动。

德川时期的审美公众与欧洲的批判理性公众形成对比，前者注重是更含蓄隐晦的沟通模式，后者则强调通过争论更明确地阐述差异。然而，池上（2005：383）不愿意将审美-文化领域的潜力置于画外，并主张其在现代世界中是相关的，“我们参与到社会的多个公共领域之中，不断地从一个公共领域转换到另一个公共领域。”日本的“座”艺术和对无缘空间的仪式逻辑的运用，鼓励横向的友谊和对差异的接受。池上（2005：384）补充说：

> 当前的世界形势及其沟通需求和挑战，在许多方面与德川时代的形势具有结构上的相似性。矛盾的是，日本审美公众的规范性意义，在于强调人们在关系网络中通过脱钩进入“无缘”模式，以建立联系的能力。

177 池上认为这是一个潜在的进步，因为在多民族和多宗教的社会中，我们越来越需要与他人直接或通过中介系统（如电子邮件）互动，而这些人的沟通方式往往与我们自己的截然不同。池上（2005: 384）补充道，现代世界可能需要“一种新形式的全球礼节，以实现有效的沟通”，而沟通方式的多元化、身份的转换以及处理多样性所需的能力，都能够从日本的案例中学习。[23]

---

[23] 这里没有篇幅讨论亲密的或情感的公共领域（Berlant and Warner 1998），以及拉扎罗托（Lazaratto）和其他人重新思考公共生活作为表达和发明的场所的新活力论（neo-vitalist）尝试（参见 Terranova 2007; Featherstone and Venn 2006）。池上对江户的看法与森尼特（Sennett 1976）对 18 世纪法国公共生活中“面具”和玩乐性（发生在由于我们过度关注公共中启示性的亲密性和“破坏性的共同体”导致的公共人的衰落之前）的讨论之间也有有趣的相似之处。

若如诺伯特·埃利亚斯（Elias 1994）所言，礼节和暴力控制之间存在一种联系，那么在今天这个因美国对自身主权的“例外状态”的看法而导致战争不断增多的时代，这种联系正受到严峻的考验（Malik 2006; Dirlik 2003; Ugarteche 2007）。[24] 如池上所建议，倘若要出现一个全球性公共领域，那它很可能需要探索更灵活的沟通模式。马克斯·韦伯对现代性的看法强调了一种达尔文主义的斗争，民族国家在淘汰赛中一心取胜。怀揣着单一目标和民族命运感的民族国家，是现代性的一个有问题的后果。当然，只要对当今的国际政治稍作观察，随着所谓的“美利坚和平”（Pax Americana）的日益不稳定和“美国世纪”的结束，随着有各自议程的亚洲强国（特别是中国、印度、巴基斯坦和伊朗）的崛起，权力平衡发生了变化，有可能出现新一轮的全球政治和经济斗争，军事冲突的可能性也同样存在。但现代性也与一系列反制度（counter-institutions）和公共空间的发展有关。如果现代性以各种表现形式赋予了我们一个可能达到跨国乃至全球范围的公共和文化领域，那么这个空间必须有充分的关系性和扩展性，以通过多元的沟通风格和模式发挥作用。

* * * * * * *

现代性通常与反身性的高度智识冲动联系在一起，旨在社会迅速变迁的背景下重新思考的知识的基础。在欧洲，人们的假设是，普遍性的知识不仅是可能的，而且理性科学方法的

㉔ 关于文明化与去文明化过程之间的关系，以及大都市中心的礼节和暴力控制模式与殖民地边缘地区的暴力过度之间的转换，埃利亚斯派学者有相当多的争论（参见 Mennell 1989）。

应用范围能够从对自然的分析扩展至人类领域。然而，人文和社会科学中对普遍性的追求，一方面在人类存在的历史和行动（praxiological）维度遇到了困难，另一方面，随着民族国家的发展，文化成为了民族文化的同义词，从而人们积极地发现和建构文化差异。强调文化的危险在于，它能够助长民族差
178 异，并使之本质化。同时，虽然这种民族文化的发明被视为现代文化的一部分，但现代性文化显然意味着更多：它指向基于印刷和商品生产的活跃的文化领域的发明，以及一系列间质性（interstitial）的准公共空间。

正如我们所论证的，这种文化领域的根源可以追溯到很久之前，不能被视为欧洲等特定地区的专属领域。消费文化和印刷文化有可能改变公共生活的性质。但是我们越来越意识到，哈贝马斯在论述欧洲发展时所描述的与理性论证和民主化相关的公共领域，并不一定是唯一的结果。哈贝马斯当然意识到了与大众传媒的垄断过程有关的公共领域的变形；同样重要的是霍克海默和其他批判理论家分析的专制国家的积极政策，这些政策仍在我们身边。积极意义上的全球化公共领域，依然只是一种潜在的可能。在这个情况下，池上对公共生活和礼节的另一条谱系的研究，提供了一个有趣的反例。

一切学术研究背后的档案的日益全球化当中隐藏了一个教训。我们不能再假设这份档案存在于西方，也不能明确地假定西方的发展在某种程度上是良性的，或者是整个世界发展的卓越样板。全球性知识是一个不可能实现的野心，但这一野心却被写进了许多形式的知识的权威主张中，尤其是那些在现代社会中出现，寻求科学和理性合法性的知识。如果我们的意图逐

渐转向对这些主张加以批判以及对其他知识谱系的发掘，那么知识的分类同样也成了批判的对象；当然是在范围和普适程度上。后现代主义和后殖民理论指出了现有权威主张的困境，以及那些被权威论述误置、遗忘和掩盖的东西。在许多方面，现代思想中一直存在着某种危机：为了适应一个新知识和社会实验变得更加普遍、更被官方认可的世界，对知识的基础和合法性提出了质疑。今日，我们在这个过程中还面临着进一步的危机，一个基于西方的对全球知识的主张已经成问题了。[25] 建构适当的知识，并仔细思考其如何适用于新生的全球公共领域以及为该领域提供支撑的社会性模式和礼节模式，是我们迫切的任务之一。

㉕ 对这一过程的调查以及根据全球化和数字化过程重新思考知识的尝试，是《理论、文化与社会》“新百科全书项目”的目标之一——见《理论、文化与社会》“把全球知识视作问题”特刊，尤其是费瑟斯通和维恩撰写的导言（Featherstone and Venn 2006）。

参考文献

Abercrombie, N., Hill, S. and Turner, B.S. (1980) *The Dominant Ideology Thesis.* London: Allen & Unwin.

Abrams, P. and McCulloch, A. (1975) *Communes, Sociology and Society.* Cambridge: Cambridge University Press.

Adorno, T. (1967) 'Veblen's Attack on Culture', *Prisms,* trans. S. and S. Weber. London: Spearman.

Alexander, J.C. (1988) 'Culture and Political Crisis: Watergate and Durkheimian Sociology', in J.C. Alexander (ed.), *Durkheimian Sociology: Cultural Studies.* Cambridge: Cambridge University Press.

Allen, J.S. (1983) *The Romance of Commerce and Culture.* Chicago: Chicago University Press.

Anderson, B. (1983) *Imagined Communities.* London: New Left Books.

Anderson, B. (1991) *Imagined Communities*. Revised edition, London: Verso.

Anderson, P. (1987) 'The Figures of Descent', *New Left Review,* 161.

Andre, L. (1984) 'The Politics of Postmodern Photography', *Minnesota Review*, 23.

Appadurai, A. (1986) 'Introduction: Commodities and the Politics of Value,' in A. Appadurai (ed.), *The Social Life of Things: Commodities in Cultural Perspective.* Cambridge: Cambridge University Press.

Arac, J. (1986) *Postmodernism and Politics.* Minneapolis: Minnesota University Press.

Archer, M.S. (1988) *Culture and Agency.* Cambridge: Cambridge University Press.

Arnason, J. (2000) 'Communism and Modernity', in S.N. Eisenstadt (ed.), 'Multiple Modernities', *Daedalus* 129(1).

Arnason, J. (2001) 'The Multiplication of Modernity', in Eliezer Ben-Rafael and Yitzhak Sternberg (eds), *Identity, Culture and Globalization*. Leiden: International Institute of Sociology and Brill Academic Press.

Arnason, J., Eisenstadt, S.N. and Wittrock, B. (ed.) (2004) *Axial Civilizations and World History*. Leiden: Brill.

Arnold, M. (1869/1932) *Culture and Anarchy.* Cambridge: Cambridge University Press.

Bailey, P. (1978) *Leisure and Class in Victorian England.* London: Routledge & Kegan Paul.

Bailey, P. (1986a) *Music Hall: The Business of Pleasure.* Milton Keynes: Open University Press.

Bailey, P. (1986b) 'Champagne Charlie', in J.S. Bratton (ed.), *Music Hall: Performance and Style.* Milton Keynes: Open University Press.

Bakhtin, M.M. (1968) *Rabelais and His World.* Cambridge, MA: MIT Press.

Bann, S. (1984) *The Clothing of Clio: A Study of Representations of History in Nineteenth Century Britain and France*. Cambridge: Cambridge University Press.

Barbalet, J. (1986) 'Limitations of Class Theory and the Disappearance of Status: The Problem of the New Middle Class', *Sociology,* 20(4).

Barnes, H.E. (ed.) (1966) *Introduction to the History of Sociology.* Chicago: University of Chicago Press.

Bataille, G. (1988) *The Accursed Share,* Volume I. New York: Zone Books.

Baudelaire, C. (1964) *The Painter of Modern Life and Other Essays.* Oxford: Phaidon Press.

Baudrillard, J. (1970) *La Société de consommation.* Paris: Gallimard.

Baudrillard, J. (1975) *The Mirror of Production.* St Louis, MO: Telos Press.

Baudrillard, J. (1981) *For a Critique of the Political Economy of the Sign*. St Louis, MO: Telos Press.
Baudrillard, J. (1982) 'The Beaubourg Effect: Implosion and Deterrence', *October* 20.
Baudrillard, J. (1983a) *Simulations*. New York: Semiotext(e).
Baudrillard, J. (1983b) *In the Shadow of the Silent Majorities*. New York: Semiotext(e).
Bauman, Z. (1985) 'On the Origins of Civilization', *Theory, Culture & Society*, 2(3).
Bauman, Z. (1988) 'Is There a Postmodern Sociology?' *Theory, Culture & Society*, 5(2–3).
Bauman, Z. (1990) 'Modernity and Ambivalence', *Theory, Culture & Society*, 7(2–3).
Bauman, Z. (2000) *Liquid Modernity*. Cambridge: Polity Press.
Bayley, S. (1979) *In Good Shape: Style in Industrial Products*. London: Van Nostrand Reinhold.
Beck, U. (1993) *Risk Society*. London: Sage.
Beck, U. (1996) 'World Risk Society', *Theory, Culture & Society* 13(4).
Beckford, J. (1985) 'The Insulation and Isolation of the Sociology of Religion', *Sociological Analysis*, 46(4).
Belk, W. (2004) 'The Human Consequences of Consumer Culture', in K.M. Ekstrom and H. Brembeck (eds), *Elusive Consumption*. Oxford: Berg.
Bell, D. (1976) *The Cultural Contradictions of Capitalism*. London: Heinemann.
Bell, D. (1980) 'Beyond Modernism, Beyond Self', in *Sociological Journeys*. London: Heinemann.
Bellah, R., Madsen, R., Sullivan, W.M., Swidler, A. and Tipton, S. (1985) *Habits of the Heart*. Berkeley: University of California Press.
Bender, D.E. and Greenwald, R.E. (2003) *Sweatshop USA: The American Sweatshop in Historical and Global Perspective*. London: Routledge.
Bendix, R. (1959) *Max Weber: An Intellectual Portrait*. London: Methuen.
Bendix, R. (1970) 'Culture, Social Structure and Change', in *Embattled Reason: Essays on Social Knowledge*. New York: Oxford University Press,
Benedict, R. (1946) *The Chrysanthemum and the Sword*. Boston, MA: Houghton Mifflin.
Benjamin, W. (1973) *Charles Baudelaire: A Lyric Poet in the Era of High Capitalism*. London: New Left Books.
Benjamin, W. (1979) 'Berlin Chronicle', in *One Way Street and Other Writings*. London: New Left Books.
Benjamin, W. (1982a) 'On Some Motifs in Baudelaire', in *Illuminations*. London: Cape.
Benjamin, W. (1982b) *Das Passagen-Werk*, 2 vols, ed. R. Tiedermann. Frankfurt: Suhrkamp.
Benjamin, W. (1999) *The Arcades Project*. Cambridge, MA: Harvard University Press.
Bennett, T., (1988) 'The Exhibitionary Complex', *New Formations*, 4.
Bennett, T., et al. (1977) *The Study of Culture I*. Milton Keynes: Open University Press.
Bennett, T., Martin, G., Mercer, C. and Woollacott, T. (eds) (1981) *Culture, Ideology and Social Process*. London: Batsford.
Bennett, T., et al. (1983) *Formations of Pleasure*. London: Routledge & Kegan Paul.
Berg, M. and Clifford, H. (eds) (1999) *Consumers and Luxury: Consumer Culture in Europe 1650–1850*. Manchester: Manchester University Press.
Berger, P. (1969) *The Social Reality of Religion*. London: Faber.
Berlant, L. and Warner, M. (1998) 'Sex in Public', *Critical Inquiry* (winter).
Berman, M. (1982) *All that Is Solid Melts into Air*. New York: Simon and Schuster.
Bernstein, R.J. (ed.) (1985) *Habermas and Modernity*. Oxford: Polity Press.
Berry, C. J. (1994) *The Idea of Luxury*. Cambridge: Cambridge University Press.
Bertens, H. (1995) *The Idea of the Postmodern: A History*. London: Routledge.
Bito, M. (1992) *Edo jidai to wa nani ka: Nihonshijō no kinsei to kindai*. Tokyo: Iwanami no Shoten.
Blaut, J.M. (1993) *The Colonizer's Model of the World: Geographical Diffusionism and Eurocentric History*. New York: Guilford.
Blaut, J.M. (2000) *Eight Eurocentric Historians*. New York: Guilford.
Bourdieu, P. (1971) 'Intellectual Field and Creative Project', in M. Young (ed.), *Knowledge and Control*. London: Collier-Macmillan.

Bourdieu, P. (1977) *Outline of a Theory of Practice*, trans. Richard Nice. Cambridge: Cambridge University Press.
Bourdieu, P. (1979) 'The Production of Belief: Contribution to an Economy of Symbolic Goods', *Media, Culture and Society*, 2.
Bourdieu, P. (1983a) 'The Field of Cultural Production', *Poetics*, 12.
Bourdieu, P. (1983b) 'The Philosophical Institution', in A. Montefiore (ed.), *Philosophy in France Today*. Cambridge: Cambridge University Press.
Bourdieu, P. (1984) *Distinction: A Social Critique of the Judgment of Taste*, trans. R. Nice. London: Routledge & Kegan Paul.
Bourdieu, P. (1986) 'Interview', *Theory, Culture & Society*, 3(3).
Bourdieu, P. (1987) 'The Forms of Capital', in J .G. Richardson (ed.), *Handbook of Theory and Research for the Sociology of Education*. New York: Greenwood Press.
Bourdieu, P., Boltanski, L., Castel, R. and Chamboredon, J.C. (1965) *Un Art Moyen*. Paris: Minuit.
Bourdieu, P. and Passeron, J.C. (1990) *Reproduction in Education, Society and Culture*. 2nd edn. London: Sage (1st edn 1977).
Boyer, M.C. (1988) 'The Return of Aesthetics to City Planning', *Society*, 25(4).
Bradbury, M. (1983) 'Modernisms/Postmodernisms', in I. Hassan and S. Hassan (eds), *Innovation/Renovation*. Madison: Wisconsin University Press.
Bradbury, M. and McFarlane, J. (eds) (1976) *Modernism 1980–1930*. Harmondsworth: Penguin.
Braidotti, R. (2006) 'Posthuman. All too Human: Towards a New Process Ontology,' *Theory, Culture & Society Annual Review* 23(7–8).
Brecher, J. and Costello, T. (1994) *Global Village or Global Pillage: Economic Reconstruction from the Bottom Up*. Boston, MA: South End Press.
Brewer, J. and Porter, R. (eds) (1994) *Consumption and the World of Goods*. London: Routledge.
Bruce-Briggs. B. (ed.) (1979) *The New Class*. New York: McGraw-Hill.
Buck-Morss, S. (1983) 'Benjamin's *Passagen-Werk*', *New German Critique*, 29.
Buck-Morss, S. (1986) 'The *Flâneur*, the Sandwichman and the Whore: The Politics of Loitering', *New German Critique*, 39.
Bürger, P. (1984) *Theory of the Avant-Garde*. Manchester: Manchester University Press.
Burglin, V. (1985/6) 'Some Thoughts on Outsiderism and Postmodernism', *Block*, 11.
Burke, P. (1978) *Popular Culture in Early Modern Europe*. London: Temple Smith.
Burke, P. (1993) '*Res e Verba*: Conspicuous Consumption in the Early Modern World', in J. Brewer and R. Porter (eds), *Consumption and the World of Goods*. London: Routledge.
Burnett, J. and Bush, A. (1986) 'Profiling the Yuppie', *Journal of Advertising Research*, April.
Burris, V. (1986) 'The Discovery of the New Middle Class', *Theory and Society*, 15.
Calefato, P. (1988) 'Fashion, the Passage, the Body', *Cultural Studies*, 2(2).
Campbell, C. (1987) *The Romantic Ethic and the Spirit of Modern Consumerism*. Oxford: Basil Blackwell.
Carter, R. (1985) *Capitalism, Class Conflict and the New Middle Class*. London: Routledge & Kegan Paul.
Chakrabarty, D. (1998) 'Afterword', in S. Vlastos (ed.), *Mirror of Modernity: Invention of Tradition in Modern Japan*. Berkeley: University of California Press.
Chakrabarty, D. (2000) *Provincializing Europe*. Princeton, NJ: Princeton University Press.
Chambers, I. (1986) *Popular Culture: The Metropolitan Experience*. London: Methuen.
Chambers, I. (1987) 'Maps for the Metropolis: A Possible Guide to the Postmodern', *Cultural Studies*, 1(1).
Chaney, D. (1979) *Fictions and Ceremonies*. London: Arnold.
Chaney, D. (1983) 'The Department Store as a Cultural Form', *Theory, Culture & Society*, 1(3).
Chaney, D. (1990) 'Dystopia in Gateshead: The Metrocentre as a Cultural Form', *Theory, Culture & Society*, 7(4).
Chang, Ha-Joon (2002) *Kicking Away the Ladder*. London: Anthem.
Cheah, P. (2007) *Inhuman Conditions. On Cosmopolitanism and Human Rights*. Cambridge,

MA: Harvard University Press.
Chen, K.H. (1987) 'Baudrillard's Implosive Postmodernism', *Theory, Culture & Society*, 4(1).
Chen, Xiaoming (2006) 'The Development of Postmodernism in China', New Encyclopaedia Project Megacities Workshop, Beijing Languages and Culture University, September.
Chow, R. (2002) *The Protestant Ethnic & The Spirit of Capitalism*. New York: Columbia University Press.
Chua, Beng Huat (2006) 'Singapore's Routes to Modernity', in special issue on Problematizing Global Knowledge, *Theory, Culture and Society*, 23(2–3).
Cipolla, C.M. (1965) *Guns and Sails in the Early Phase of European Expansion, 1400–1700*. London: Collins.
Clark J.J. (1997) *Oriental Enlightenment: The Encounter between Asian and Western Thought*. London: Routledge.
Clark, T.J. (1985) *The Painting of Modern Life*. London: Thames & Hudson.
Clunas, C. (1991) *Superfluous Things: Material Culture and Social Status in Early Modern China*. Oxford: Polity Press.
Cohen, A.P. (1985) *The Symbolic Construction of Community*. London: Tavistock.
Cohen, I. (1986) 'The Status of Structuration Theory: A Reply to McLennan', *Theory, Culture & Society*, 3(1).
Cohen, I. (1987) 'Structuration Theory and Social Praxis', in A. Giddens and J. Turner (eds), *Social Theory Today*. Oxford: Polity Press.
Cohen, L. (2004) *A Consumers' Republic. The Politics of Mass Consumption in Postwar America*. New York: Vintage.
Coleridge, S.T. (1837/1974) *On the Constitution of Church and State*. London: Dent.
Collins, R. (1988a) 'Review of Lash and Whimster (eds). *Max Weber, Rationality and Modernity*', *Theory, Culture & Society*, 5(1).
Collins, R. (1988b) 'The Durkheimian Tradition in Conflict Sociology', in J.C. Alexander (ed.), *Durkheimian Sociology: Cultural Studies*. Cambridge: Cambridge University Press.
Connolly, William E. (2007) 'The Christo-Capitalist Assemblage', *Theory, Culture & Society*, 24(7–8).
Cooke, P. (1988) 'Modernity, Postmodernity and the City', *Theory, Culture & Society*, 5(2–3).
Cooke, P. and Onufrijchuk, I. (1987) 'Space the Final Frontier ...', unpublished paper.
Cooper, M. (2006) 'Pre-emptive Emergence: The Biological Turn in the War on Terror', *Theory, Culture & Society*, 23(4).
Corrigan, P. and Sayer, D. (1985) *The Great Arch: English State Formation as Cultural Revolution*. Oxford: Basil Blackwell.
Cowley, M. (1951) *Exiles Return*. New York: Viking.
Crane, D. (1987) *The Transformation of the Avant-Garde*. Chicago: Chicago University Press.
Crary, J. (1984) 'The Eclipse of the Spectacle', in B. Wallis (ed.), *Art after Modernism*. New York: New Museum Press.
Cross, G. (2000) *An All-Consuming Century: Why Commercialism Won in Modern America*. New York: Columbia University Press.
Dahrendorf, R. (1968) 'Out of Utopia', in *Essays in the Theory of Society*. London: Routledge & Kegan Paul.
Davis, M. (1985) 'Urban Renaissance and Spatial Postmodernism', *New Left Review*, 151.
Davis, M. (2006) *Planet of Slums*. London: Verso.
Dayan, D. and Katz, E. (1988) 'Articulating Consensus: The Ritual and Rhetoric of Media Events', in J.C. Alexander (ed.), *Durkheimian Sociology: Cultural Studies*. Cambridge: Cambridge University Press.
De Landa, M. (2006) *New Philosophy of Society: Assemblage Theory and Social Complexity*. London: Continuum.
de Swaan, A. (1981) 'The Politics of Agoraphobia', *Theory and Society*, 10(3).
Del Sapio, M. (1988) 'The Question Is Whether You Make Words Mean so Many Different

Things: Notes on Art and Metropolitan Languages', *Cultural Studies*, 2(2).
Denzin, N. (1984) *On Understanding Emotion*. San Francisco: Jossey-Bass.
DiMaggio, P. (1982) 'Culture Entrepreneurship in 19th Century Boston', Parts I and II, *Media, Culture and Society*, 4.
DiMaggio, P. (1986) 'Can Culture Survive the Marketplace?', in *Non-Profit Enterprise in the Arts*. Oxford: Oxford University Press.
DiMaggio, P. (1987) 'Classification in Art', *American Sociological Review*, 52(4).
DiMaggio, P. and Useem, M. (1978) 'Cultural Property and Public Policy', *Social Research*, 45(2).
Dirlik, A. (2003) 'Global Modernity? Modernity in an Age of Global Capitalism', *European Journal of Social Theory* 6(3): 275–92.
Dirlik, A. and Zhang, X. (eds), (2000) *Postmodernism and China*. Durham, NC: Duke University Press.
Doherty, T. (1987) 'Theory, Enlightenment and Violence: Postmodern Hermeneutics as a Comedy of Errors', *Textual Practice*, 1(2).
Douglas, M. (1982) 'The Effects of Modernization on Religious Change', *Daedalus*., 111(1).
Douglas, M. and Isherwood, B. (1980) *The World of Goods*. Harmondsworth: Penguin.
During, S. (1987) 'Postmodernism or Post-colonialism Today', *Textual Practice*, 1(1).
Durkheim, E. (1964) *The Division of Labour in Society*. New York: Free Press.
Durkheim, E. (1974) Value Judgments and Judgments of Reality', in *Sociology and Philosophy*. New York: Free Press.
Eagleton, T. (1968) 'The Idea of a Common Culture', in T. Eagleton and B. Wicher (eds), *From Culture to Revolution*. London.
Easton, S., Hawkins, A., Laing, S. and Walker, H. (1988) *Disorder and Discipline: Popular Culture from 1550 to the Present*. London: Temple Smith.
Ehrenreich, B. and Hochschild, A. (eds), (2003) *Global Women: Nannies, Maids and Sex Workers in the New Economy*. London: Granta.
Eisenstadt, S.N. (2000) 'Multiple Modernities', in S.N. Eisenstadt (ed.), *Multiple Modernities* special issue. *Daedalus* 129(1).
Elias, N. (1971) 'Sociology of Knowledge: New Perspectives. Part I', *Sociology*, 5.
Elias, N. (1972) 'Theory of Science and History of Science', *Economy and Society*. 1(2).
Elias, N. (1978a) *What is Sociology?* London: Hutchinson.
Elias, N. (1978b) *The Civilizing Process*. Volume I: *The History of Manners*. Oxford: Basil Blackwell.
Elias. N. (1982) *The Civilizing Process*. Volume II: *State Formation and Civilization*. Oxford: Basil Blackwell.
Elias, N. (1983) *The Court Society*. Oxford: Basil Blackwell.
Elias, N. (1984a) 'On the Sociogenesis of Sociology', *Sociologisch Tijdschrift*, 11(1).
Elias, N. (1984b) 'Knowledge and Power: An Interview by Peter Ludes', in N. Stehr and V. Meja (eds), *Society and Knowledge*. New Brunswick, NJ: Transaction Books.
Elias, N. (1987a) 'The Changing Balance of Power between the Sexes', *Theory, Culture & Society*, 4(2–3).
Elias, N. (1987b) 'The Retreat of Sociologists into the Present', *Theory, Culture & Society*, 4(2–3).
Elias, N. (1987c) *Involvement and Detachment*. Oxford: Basil Blackwell.
Elias, N. (1987d) 'On Human Beings and Their Emotions', *Theory, Culture & Society*, 4(2–3).
Elias, N. (1994) *The Civilizing Process*. Single vol. edn. Oxford: Blackwell.
Elias, N. and Scotson, J. (1965) *The Established and the Outsiders*. London: Cass.
Eliot, T.S. (1948) *Notes towards the Definition of Culture*. London: Faber.
Elwert, G. (1984) 'Markets, Venality and Moral Economy', mimeo; conference on Civilizations and Theories of Civilizing Processes: Comparative Perspective, University of Bielefeld.
Ewen, S. (1976) *Captains of Consciousness: Advertising and the Social Roots of the Consumer Culture*. New York: McGraw-Hill.
Ewen. S. (1988) *All Consuming Images*. New York: Basic Books.
Ewen, S. and Ewen, E. (1982) *Channels of Desire*. New York: McGraw-Hill.

Featherstone, M. (1982) 'The Body in Consumer Culture', *Theory, Culture & Society*, 1(2) reprinted in M. Featherstone, M. Hepworth and B.S. Turner (eds), *The Body*. London: Sage, 1991.
Featherstone, M. (1983) 'Consumer Culture: An Introduction', *Theory, Culture & Society*, 1(3).
Featherstone, M. (1986) 'French Social Theory: An Introduction', *Theory, Culture and Society*, 3(3).
Featherstone, M. (1987a) 'Consumer Culture, Symbolic Power and Universalism', in G. Stauth and S. Zubaida (eds), *Mass Culture, Popular Culture and Lifeworlds in the Middle East*. Frankfurt: Campus Verlag.
Featherstone, M. (1987b) 'Leisure, Symbolic Power and the Life Course', in D. Jary, D. Horne and A. Tomlinson (eds), *Sport, Leisure and Social Relations*. London: Routledge.
Featherstone, M. (1988) 'Cultural Production, Consumption and the Development of the Cultural Sphere', paper presented at the Third German–American Sociological Theory Group Conference, Bremen.
Featherstone, M. (ed.) (1990) *Global Culture, Theory, Culture & Society* special issue. Reprinted in 1990 as *Global Culture: Nationalism, Globalization and Modernity*. London: Sage.
Featherstone, M. (1992) 'The Heroic Life and Everyday Life', *Theory, Culture & Society*, 9(1). Reprinted in M. Featherstone (1995).
Featherstone, M. (1995) *Undoing Culture: Globalization, Postmodernism and Identity*. London: Sage.
Featherstone, M. (1998) 'Love and Eroticism: An Introduction', *Theory, Culture & Society* special issue on Love & Eroticism, 15(3–4).
Featherstone, M. (1999) 'Body Modification: An Introduction', *Body & Society*, special issue on Body Modification, 4(2–3). Reprinted as a *Theory, Culture & Society* Book Series title; London: Sage, 2000.
Featherstone, M. (2000) 'Archiving Cultures', special issue on Sociology Facing the Next Millennium, *British Journal of Sociology*, 51(1).
Featherstone, M. (2001a) 'Consumer Culture', in *International Encyclopaedia of the Social and Behavioral Sciences*. Oxford: Elsevier, 2001.
Featherstone, M. (2001b) 'Globalization Processes: Postnational Flows, Identity Formation and Cultural Space', in Eliezer Ben-Rafael and Yitzhak Sternberg (eds), *Identity, Culture and Globalization*. Leiden: International Institute of Sociology and Brill Academic Press.
Featherstone, M. (2002) 'Cosmopolis: An Introduction', Special issue on Cosmopolis, *Theory, Culture & Society*, 19(1–2).
Featherstone, M. (2004) 'Automobilities: An Introduction', Special issue on Automobilities, *Theory, Culture & Society*, 21(4–5). Also reprinted as a *TCS* Book Series title, London: Sage, 2005.
Featherstone, M. (2006a) 'Genealogies of the Global', in special issue on Problematizing Global Knowledge (ed. M. Featherstone, C. Venn, R. Bishop and J. Phillips), *Theory, Culture & Society*, 23(2–3).
Featherstone, M. (2006b) 'Archive', in special issue on Problematizing Global Knowledge (ed. M. Featherstone, C. Venn, R. Bishop and J. Phillips), *Theory, Culture & Society*, 23(2–3).
Featherstone, M. (2007) 'Transformations: Body, Image and Affect in Consumer Culture', *Body & Society*, forthcoming.
Featherstone, M. and Hepworth, M. (1982) 'Ageing and Inequality: Consumer Culture and the New Middle Age', in D. Robbins et al. (eds), *Rethinking Social Inequality*. Aldershot: Gower.
Featherstone, M. and Hepworth. M. (1983) 'The Midlifestyle of George and Lynne', *Theory, Culture & Society*, 1(3).
Featherstone, M. and Hepworth, M. (1991) 'The Mask of Ageing and the Postmodern Life Course', in M. Featherstone, M. Hepworth and B.S. Turner (eds), *The Body: Social Process and Cultural Theory*. London: Sage.

Featherstone, M., Hepworth, M. and Turner, B.S. (eds) (1991) *The Body: Social Process and Cultural Theory*. London: Sage.

Featherstone, M. and Venn, C. (2006) 'Problematizing Global Knowledge: An Introduction', in special issue on Problematizing Global Knowledge (ed. M. Featherstone, C. Venn, R. Bishop and J. Phillips), *Theory, Culture & Society*, 23(2–3).

Feifer, M. (1985) *Going Places.* London: Macmillan.

Fenn, R.K. (1982) 'The Sociology of Religion: A Critical Survey', in T. Bottomore, S. Nowak and M. Sokolowska (eds), *Sociology: The State of the Art.* London.

Finch, J. and Vidal, J. (2007) 'You've checked the price and calorie count, now here's the carbon cost: Supermarket giant to introduce emission labels; Tesco promises 'green consumption revolution,' *Guardian*, 19 January.

Fisher, M., Bianchini, F., Montgomery, J. and Warpole, K. (1987) *Cities and City Cultures,* Birmingham: Birmingham Film and Television Festival.

Fisher, W.F. and Ponniah, T. (eds) (2003) *Another World Is Possible: Popular Alternatives to Globalization at the World Social Forum.* London: Zed Books.

Fiske, J. and Hartley, J. (1978) *Reading Television.* London: Methuen.

Forty, A. (1986) *Objects of Desire.* London: Thames and Hudson.

Foster, H. (ed.) (1984) *Postmodern Culture.* London: Pluto Press.

Foucault, M. (1970) *The Order of Things*. London: Tavistock.

Foucault, M. (1977) *Discipline and Punish.* Harmondsworth: Penguin.

Foucault, M. (1984) 'What Is Enlightenment?', in P. Rabinow (ed.), *The Foucault Reader.* Harmondsworth: Penguin.

Foucault, M. (1991) 'Nietzsche, Genealogy and History', in P. Rabinow (ed.), *The Foucault Reader.* Harmondsworth: Penguin.

Fraser, M., Kember, S. and Lury, C. (2005) 'Inventive Life: Approaches to the New Vitalism', *Theory, Culture and Society*, 22(1).

Fraser, M., Kember, S. and Lury, C. (eds) (2005) Inventive Life: Approaches to the New Vitalism', *Theory, Culture & Society* special issue, 22(1). Reprinted in the *Theory, Culture & Society* Book Series. London: Sage, 2006.

Fraser, N. (2007) 'Transnationalizing the Public Sphere: On the Legitimacy and Efficacy of Public Opinion in a Postwestphalian World', *Theory, Culture & Society,* 24(6).

Friedman, J. (1987) 'Prolegomena to the Adventures of Phallus in Blunderland: An Anti-Anti Discourse', *Culture and History*, 1(1).

Friedman, J. (1988) 'Cultural Logics of the Global System', *Theory, Culture & Society,* 5(2–3).

Frisby, D. (1981) *Sociological Impressionism: A Reassessment of Georg Simmel's Social Theory,* London: Heinemann.

Frisby, D. (1985a) 'Georg Simmel, First Sociologist of Modernity', *Theory, Culture & Society,* 2(3).

Frisby, D. (1985b) *Fragments of Modernity*. Oxford: Polity Press.

Frith, S. and Horne, H. (1987) *Art into Pop.* London: Methuen.

Gane, N. (2006) 'When We Have Never Been Human. What Is to Be Done. An Interview with Donna Haraway', *Theory, Culture & Society Annual Review*, 23(7–8).

Gaonkar, D. (1999) 'On Alternative Modernities', *Public Culture,* 11(1).

Garnham, N. (1987) 'Concepts of Culture, Public Policy and the Culture Industries', *Cultural Studies,* 1(1).

Garon, S. and MacLachlan, P.L. (2006) 'Introduction' to Garon, S. and MacLachlan, P.L. (eds), *The Ambivalent Consumer: Questioning Consumption in East Asia and the West.* Ithaca, NY: Cornell University Press.

Geertz, C. (1983) *Local Knowledge*. New York: Basic Books.

Geist, H. (1983) *Arcades: The History of a Building Type*. Boston, MA: MIT Press.

Gellner, E. (1979) 'The Social Roots of Egalitarianism', *Dialectics and Humanism*, 4.

Gershuny, J. and Jones, S. (1987) 'The Changing Work/Leisure Balance in Britain: 1961–1984', in J. Horne, D. Jary and A. Tomlinson (eds), *Sport, Leisure and Social Relations.* London:

Routledge & Kegan Paul.
Gessner, V. and Schade, A. (1990) 'Conflicts of Culture in Cross-Bordcr Legal Relations', *Theory, Culture & Society*, 7(2–3).
Giddens, A. (1973) *Capitalism and Modern Social Theory*. Cambridge: Cambridge University Press.
Giddens, A. (1981a) 'Modernism and Postmodernism', *New German Critique*, 22.
Giddens, A. (1981b) *A Contemporary Critique of Historical Materialism*. London: Macmillan.
Giddens, A. (1984) *The Constitution of Society*. Oxford: Polity Press.
Giddens, A. (1985) *The Nation State and Violence*. Cambridge: Polity Press.
Giddens, A. (1987a) 'Nine Theses on the Future of Sociology', in *Social Theory and Modern Sociology*. Cambridge: Polity Press.
Giddens, A. (1987b) 'Structuralism, Post-structuralism and the Production of Culture', in *Social Theory and Modern Sociology*. Cambridge: Polity Press.
Giddens, A. (1990) *The Consequences of Modernity*. Oxford: Polity Press
Giddens, A. (1991) *Modernity and Self-Identity*. Oxford: Polity.
Ginzburg, C. (1980) *The Worm and the Cheese*. London: Routledge & Kegan Paul.
Gluck, C. (1998) 'The Invention of Edo', in S. Vlastos (ed.), *Mirror of Modernity: Invention of Tradition in Modern Japan*. Berkeley: University of California Press.
Goffman, E. (1951) 'Systems of Class Status', *British Journal of Sociology*, 2.
Gore, A. (2006) *An Inconvenient Truth: The Planetary Emergency of Global Warming and What We Can Do About It*. London: Bloomsbury.
Goiten, S.D. (1967) *A Mediterranean Society: The Jewish Communities of the Arab World as Portrayed in the Documents of the Cairo Geniza*. Vol. 1. *Economic Foundations*. Berkeley: University of California Press.
Goody, J. (2004) *Capitalism and Modernity: the Great Debate*. Cambridge: Polity Press.
Goonatilake, S. (1998) *Towards a Global Science*. Bloomington: Indiana University Press.
Gott, R. (1986) 'The Crisis of Contemporary Culture', *Guardian*, 1 December, p. 10.
Goudsblom, J. (1987) 'On High and Low in Society and Sociology', *Sociologisch Tijdschrift*, 13(1).
Gouldner, A. (1971) *The Coming Crisis of Western Sociology*. London: Heinemann.
Gouldner, A. (1979) *The Future of the Intellectuals and the Rise of the New Class*. London: Macmillan.
Gunaratne, S. A. (2005) *The Dao of the Press: A Humanocentric Theory*. Cresskill, NJ: Hampton Press Inc.
Gunder Frank, A. (1998) *Re-ORIENT: Global Economy in the Asian Age*. Berkeley: University of California Press.
Gusfield, J.R. (1963) *Symbolic Crusade*. Urbana: University of Illinois Press.
Gusfield, J.R. and Michalowicz, J. (1984) 'Secular Symbolism', *Annual Review of Sociology*, 10.
Habermas, J. (1971) 'Technology, Science and Ideology', in *Toward a Rational Sociology*, London: Heinemann.
Habermas, J. (1975) *Legitimation Crisis*. Boston: Beacon Press.
Habermas, J. (1981a) 'Modernity versus Postmodernity', *New German Critique*, 22.
Habermas, J. (1981b) *Theorie des Kommunikativen Handelus*. Frankfurt: Suhrkamp.
Habermas, J. (1983) *The Philosophical Discourse of Modernity. Twelve Lectures*. Cambridge: Polity Press.
Habermas, J. (1984) *Theory of Communicative Action*, Vol. I. London: Heinemann..
Habermas, J. (1985a) 'Questions and Counter-questions', in R.J. Bernstein (ed.), *Habermas and Modernity*, Oxford: Polity Press.
Habermas, J. (1985b) 'Modernity: An Incomplete Project', in H. Foster (ed.), *Postmodern Culture*. London: Pluto.
Habermas, J. (1987) *Theory of Communicative Action*, Vol. II. Oxford: Polity Press.
Habermas, J. (1989) *The Structural Transformation of the Public Sphere*. Cambridge: Polity Press.

Habib, I. (1990) 'Merchant Communities in Precolonial India', in J.D. Tracy (ed.), *The Rise of Merchant Empires.* Cambridge: Cambridge University Press.
Haferkamp, H. (1987) 'Beyond the Iron Cage of Modernity: Achievement, Negotiation and Changes in the Power Structure', *Theory, Culture & Society,* 4(1).
Hall, J. (1985) *Powers and Liberties: The Causes and Consequences of the Rise of the West.* Oxford: Basil Blackwell.
Hall, S. and Gieben, B. (eds) (1991) *Formations of Modernity*. Oxford: Polity Press.
Hall, S. (1992) 'The Question of Cultural Identity', in S. Hall, D. Held and T McGrew (eds), *Modernity and Its Futures*. Oxford: Polity Press.
Hamilton, C. (2003) *Growth Fetish*. Sydney: Allen & Unwin.
Hammond, J.L. (1986) 'Yuppies', *Public Opinion Quarterly,* 50.
Hammond, P.E. (1986) 'Religion in the Modern World', in J.D. Hunter and S.C. Ainlay (eds), *Making Sense of Modern Times: P. L. Berger and the Vision of Interpretive Sociology.* London: Routledge & Kegan Paul.
Hanada, Tatsuro (2006) 'The Japanese "Public Sphere": The *Kugai*', in M. Featherstone et al. (eds), 'Problematizing Global Knowledge', *Theory, Culture & Society* special issue, 23(1–2).
Harootunian, H. (1998) 'Poetry', in S. Vlastos (ed.), *Mirror of Modernity: Invented Traditions of Modern Japan*. Berkeley: University of California Press.
Harootunian, H. (2000) *Overcome by Modernity*. Princeton, NJ: Princeton University Press.
Harvey, D. (1988) 'Voodoo Cities', *New Statesman and Society,* 30 September.
Hassan, I. (1985) 'The Culture of Postmodernism', *Theory, Culture & Society,* 2(3).
Haug, W. F. (1987) *Critique of Commodity Aesthetics.* Oxford: Polity Press.
Haug, W. F. (1987) *Commodity Aesthetics, Ideology and Culture.* New York: International General.
Hauser, A. (1982) *The Sociology of Art*. London: Routledge & Kegan Paul.
Hayashi, Kaori (2006) 'The Public in Japan', in M. Featherstone et al. (eds), 'Problematizing Global Knowledge', *Theory, Culture & Society* special issue, 23(1–2).
Hazard, P. (1964) *The European Mind 1680–1715*. Harmondsworth: Penguin.
Hebdige, D. (1983) 'In Poor Taste: Notes on Pop', *Block*, 3: 54–68.
Hebdige, D. (1988) *Hiding in the Light*. London: Routledge & Kegan Paul.
Heisig, J.W. (1996) *Philosophers of Nothingness: An Essay on the Kyoto School.* Honolulu: Hawaii University Press.
Hepworth, M. and Featherstone, M. (1982) *Surviving Middle Age.* Oxford: Basil Blackwell.
Herf, J. (1986) *Reactionary Modernism.* Cambridge: Cambridge University Press.
Hirsch, F. (1976) *The Social Limits to Growth.* Cambridge, MA: Harvard University Press.
Hirshman, A. (1982) *Shifting Involvements.* Oxford: Basil Blackwell.
Hobsbawm, E. and Ranger, T. (1983) *The Invention of Tradition*. Cambridge: Cambridge University Press.
Hobson, John M. (2004) *The Eastern Origins of Western Civilization*. Cambridge: Cambridge University Press.
Hobson, John M. (2006) 'East and West in Global History', in M. Featherstone et al. (eds), 'Problematizing Global Knowledge', *Theory, Culture & Society* special issue, 23(1–2).
Hochschild, A. (1983) *The Managed Heart*. Berkeley: California University Press.
Horkheimer, M. and Adorno, T. (1972) *Dialectic of Enlightenment*. New York: Herder & Herder.
Horne, D. (1984) *The Great Museum*. London: Pluto Press.
Hountondji, P.J. (1983) *African Philosophy: Myth and Reality*. Bloomington: Indiana University Press.
Hountondji, P.J. (2002) *The Struggle for Meaning: Reflections on Philosophy, Culture and Democracy in Africa*. Athens: Ohio University Press.
Hoy, D.C. (ed.) (1986) *Foucault: A Critical Reader.* Oxford: Basil Blackwell.
Hutcheon, L. (1984) *Narcissistic Narrative: The Metafictional Paradox*. London: Methuen.
Hutcheon, L. (1986–7) 'The Politics of Postmodernism', *Cultural Critique,* 5.
Hutcheon, L. (1987) 'Beginning to Theorize Postmodernism'. *Textual Practice,* 1(1).

Huyssen, A. (1981) 'The Search for Tradition: Avant-Garde and Postmodernism in the 1980s', *New German Critique*, 22.

Huyssen, A. (1984) 'Mapping the Postmodern', *New German Critique*, 33: 5–52.

Ikegami, E. (1995) *The Taming of the Samurai: Honorific Individualism and the Making of Modern Japan*. Cambridge, MA: Harvard University Press.

Ikegami, E. (2005) *Bonds of Civility*. Cambridge: Cambridge University Press.

Ingelhart, R. (1997) *Modernization and Postmodernization*. Princeton, NJ: Princeton University Press.

Ishihara, Shintaro (1991) *The Japan that Can Say No*. New York: Simon and Schuster.

Jackson, B. (1968) *Working Class Community*. London.

Jackson, P. (1985) 'Neighborhood Change in New York: The Loft Conversion Process', *Tijdschrift voor economische en sociale geografie*, 74(3).

Jacoby, R. (1987) The Last Intellectuals. New York: Basic Books.

Jameson, F. (1979) 'Reification and Utopia in Mass Culture', *Social Text*, 1(1).

Jameson, F. (1981) *The Political Unconscious*. Ithaca, NY: Cornell University Press.

Jameson, F. (1984a) 'Postmodernism: Or the Cultural Logic of Late Capitalism'. *New Left Review*, 146.

Jameson, F. (1984b) 'Postmodernism and the Consumer Society', in H. Foster (ed.), *Postmodern Culture*. London: Pluto Press.

Jameson, F. (1984c) 'The Politics of Theory', *New German Critique*, 33.

Jameson, F. (1984d) Foreword to J.F. Lyotard, *The Postmodern Condition*. Manchester: Manchester University Press.

Jameson, F. (1987) 'Regarding Postmodernism: A Conversation', *Social Text*, 17 (Fall).

Jameson, F. (1991) *Postmodernism or the Cultural Logic of Capitalism*. London: Verso.

Jencks, C. (1984) *The Language of Postmodern Architecture*. London: Academy.

Johnson, R. (1976) 'Barrington Moore, Perry Anderson and English Social Development', *Working Papers in Cultural Studies*, 9.

Johnson, R. (1979) 'Histories of Culture: Theories of Ideology: Notes on an Impasse', in M. Barrett, P. Corrigan, A. Kuhn and J. Wolff (eds), *Ideology and Cultural Reproduction*, London: Croom Helm.

Kalberg, S. (1987) 'The Origin and Expansion of *Kulturpessimismus*', *Sociological Theory*, 5 (Fall).

Kamata, S. (1983) *Japan in the Passing Lane*. New York: Pantheon.

Kant, I. (1790/1952) *Critique of Aesthetic Judgment*. London: Oxford University Press.

Kaplan, E.A. (1986) 'History, Spectator and Gender Address in Music Television', *Journal of Communications Inquiry*, 10(1).

Kaplan, E.A. (1987) *Rocking around the Clock: Music, Television, Postmodernism and Consumer Culture*. London: Methuen.

Kauffmann, R.L. (1986) 'Post-Criticism, or the Limits of Avant-Garde Theory', *Telos*, 67.

Kellner, D. (1983) 'Critical Theory. Commodities and the Consumer Society', *Theory, Culture & Society*, 13.

Kellner, D. (1987) 'Baudrillard, Semiurgy and Death', *Theory, Culture & Society*, 4(1).

Kellner, D. (1988) 'Postmodernism as Social Theory: Some Challenges and Problems'. *Theory. Culture & Society*, 5(2–3).

Klein, N. (2001) *No Logo*. London: Flamingo.

Kohler, M. (1977) 'Postmodernismus: Ein begriffsgeschichter Überblick', *America Studies*, 22(1).

Koselleck, R. (1993) *Futures Past: On the Semantics of Time*. New York: Columbia University Press.

Kramer, H. (1982) 'Postmodern: Art and Culture in the 1980s', *The New Criterion*, 1(1).

Kroll, Luisa and Allison Fass (eds) (2006) 'Billionaire Bacchanalia', *Forbes Magazine* 03.27.06, http://www.forbes.com/billionaires/

Kroker, A. (1985) 'Baudrillard's Marx', *Theory, Culture & Society*, 2(3).

Kroker, A. and Cook, D. (1987) *The Postmodern Scene*. New York: St Martin's Press.
Kroker, A. and Kroker, M. (1987) 'Body Digest', *Canadian Journal of Political and Social Theory*, 11(1–2).
Kuenzli, R. (1987) 'Nietzschean Strategies: Dada and Postmodernism', paper presented at the IALP Conference on Postmodernism, Lawrence. Kansas.
Kuper, A. (1988) *The Making of Primitive Society*. London: Routledge & Kegan Paul.
Ladurie, E. le Roy (1981) *Carnival in Romans*. Harmondsworth: Penguin.
Lamont, M. and Lareau, A. (1988) 'Culture Capital', *Sociological Theory*, 6(2).
Langer, B.D. (1984) 'Studies in from the Cold', in Veliz, C., Carroll, J., Goldlust. J., Pelz, W., Langer, B.D., Arnason, J., Heller, E., Mackie, F. and Brown, R., *Sociology of Culture*. Melbourne: La Trobe University.
Lasch, C. (1979) *The Culture of Narcissism*. New York: Norton.
Lasch, C. (1996) *The Revolt of the Elites*. New York: Norton.
Lash, S. (1988) 'Discourse or Figure? Postmodernism as a Regime of Signification', *Theory, Culture & Society*, 5(2–3).
Lash, S. (2005) '*Lebenssoziologie:* Georg Simmel in the Information Age,' *Theory, Culture & Society*, 22(3).
Lash, S. and Urry, J. (1987) *The End of Organised Capitalism*. Oxford: Polity Press.
Laslett, P. (1965) *The World We Have Lost*. London: Methuen.
Latour, B. (1993) *We Have Never Been Modern*, trans. C. Porter. Cambridge, MA: Harvard University Press.
Lazzaratto, M. (2007) 'Machines to Crystallize Time: Bergson', *Theory, Culture & Society*, 24(5).
Le Goff, J. (1984) *La Civilisation de l'occident médiéval*. Paris: Artaud.
Leach, W.R. (1993) *Land of Desire: Merchants, Power and the Rise of a New American Culture*. New York: Vintage.
Leal, O.F. and Oliven, R.G. (1988) 'Class Interpretations of a Soap Opera Narrative', *Theory, Culture & Society*, 5(1).
Lears, Jackson (1998) 'Reconsidering Abundance: A Plea for Ambiguity', in S. Strasser, C. McGovern and M. Judt (eds), *Getting and Spending: European and American Consumer Societies in the Twentieth Century*. Cambridge: Cambridge University Press.
Lee, R.L.M. (2006) 'Reinventing Modernity: Reflexive Modernizaion vs. Liquid Modernity vs. Multiple Modernities', *European Journal of Social Theory*, 9(3).
Lefebvre, H. (1971) *Everyday Life in the Modern World*. London: Allen Lane.
Lefebvre, H. (1978) *Einführung in die Modernität*. Frankfurt: Suhrkamp.
Leiss, W. (1978) *The Limits to Satisfaction*. London: Marion Boyars.
Leiss, W. (1983) 'The Icons of the Marketplace', *Theory, Culture & Society*, 1(3).
Leiss, W., Kline, S. and Jhally, S. (1986) *Social Communication in Advertising*. New York: Macmillan.
Lepenies, W. (1988) *Between Literature and Science: The Rise of Sociology*. Cambridge: Cambridge University Press.
Levathes, L. (1994) *When China Ruled the Seas*. New York: Oxford University Press.
Levine, D. (1985) *The Flight from Ambiguity*. Chicago: Chicago University press.
Levine, L. (1989) *Highbrow/Lowbrow: The Emergence of Cultural Hierarchy in America*. Cambridge, MA: Harvard University Press.
Lieberman, V. (ed.) (1999) *Beyond Binary Histories: Re-imagining Eurasia to c. 1830*. MI: Michigan University Press.
Liebersohn, H. (1988) *Fate and Utopia in German Sociology*. Cambridge, MA: MIT Press.
Linder, S.B. (1970) *The Harried Leisure Class*. New York: Columbia University Press.
Lockwood, D. (1964) 'Social Integration and System Integration', in G.K. Zollschan and W. Hirsch (eds), *Explorations in Social Change*. Boston, MA: Houghton Mifflin.
Lovelock, J. (2006) *The Revenge of Gaia: Why the Earth Is Fighting Back – and How We Can Still Save Humanity*. Harmondsworth: Allen Lane.

Lowenthal, L. (1961) *Literature, Popular Culture and Society*. Palo Alto, CA: Pacific Books.
Luckmann, B. (1971) 'The Small Life-Worlds of Modern Man', *Social Research*, 32.
Luckmann, T. (1967) *The Invisible Religion*. London: Macmillan.
Luhmann, N. (1998) *Observations on Modernity*. Stanford: Stanford University Press.
Lukács, G. (1971) *History and Class Consciousness*, trans. R. Livingstone. London: Merlin Press.
Lukes, S. (1973) *Emile Durkheim: His Life and Work*. Harmondsworth: Allen Lane.
Lunn. E. (1985) *Marxism and Modernism*. London: Verso.
Lyotard, J.F. (1971) *Discours, figure*. Paris: Klincksiek.
Lyotard, J.F. (1977) *Instructions païnnes*. Paris: Galilée.
Lyotard, J.F. (1984) *The Postmodern Condition*. Manchester: Manchester University Press.
Lyotard, J.F. (1986–7) 'Rules and Paradoxes or Svelte Appendix', *Cultural Critique*, 5.
Lyotard, J.F. (1988) 'Interview', *Theory, Culture & Society*, 5(2–3).
McClain, J., Merriman, J.M. and K. Ugawa (eds) (1994) *Edo and Paris*. Ithaca, NY: Cornell University Press.
McCracken, G. (1988) *Culture and Consumption*. Bloomington: Indiana U.P.
McGovern, C. (1998) 'Consumption and Citizenship in the United State, 1900–1940', in S. Strasser, C. McGovern and M. Judt (eds), *Getting and Spending: European and American Consumer Societies in the Twentieth Century*. Cambridge: Cambridge University Press.
McGregor, C. (1984) *Pop Goes the Culture*. London: Pluto Press.
McKendrick, N., Brewer, J. and Plumb, J.H. (1982) *The Birth of a Consumer Society*. London: Europa.
Maffesoli. M. (1988a) 'Affectual Postmodernism and the Megapolis', *Threshold IV*.1.
Maffesoli, M. (1988b) 'Jeux de Masques: Postmoderne Tribalisme', *Design Issues*, 4(1–2).
Maffesoli, M. (1991) 'The Ethic of Aesthetics', *Theory Culture & Society*, 8(1).
Malik, S. (2006) 'Global Sovereignty', in special issue on Problematizing Global Knowledge (ed. M. Featherstone, C. Venn, R. Bishop and J. Phillips), *Theory, Culture & Society*, 23(2–3).
Malraux, A. (1967) *Museum without Walls*. London.
Mandel, E. (1975) *Late Capitalism*. London: New Left Books.
Mann, M. (1986) *The Sources of Social Power*. Cambridge: Cambridge University Press.
Mannheim, K. (1956) 'The Democratization of Culture', in *Essays on the Sociology of Culture*. London: Routledge & Kegan Paul.
Marcuse, H. (1964) *One Dimensional Man*. London: Routledge & Kegan Paul.
Marcuse, H. (1969) *An Essay on Liberation*. Harmondsworth: Penguin
Martin, B. (1981) *A Sociology of Contemporary Cultural Change*. Oxford: Basil Blackwell.
Marwick, A. (1988) *Beauty in History*. London: Thames & Hudson.
Masahide, Bito (1992) *Edo jidai towa nanika: nihonshijoo no kinsei to kindai*. Tokyo: Iwanami Shoten.
Mattelart, A. (1979) *Multinational Corporations and the Control of Culture*. Brighton: Harvester Press.
Mbembe, A. (2001) *On the Postcolony*. Berkeley: University of California Press.
Megill, A. (1985) *Prophet of Extremity*. Berkeley: University of California Press.
Mennell, S. (1989) *Norbert Elias: Civilization and the Human Self-Image*. Oxford: Blackwell.
Mercer, C. (1983) 'A Poverty of Desire: Pleasure and Popular Politics', in T. Bennett et al. (eds), *Formations of Pleasure*. London: Routledge & Kegan Paul.
Meyrowitz, J. (1985) *No Sense of Place*. Oxford: Oxford University Press.
Miller, D. (1994) *Modernity: An Ethnographic Approach*. Oxford: Berg.
Millot, B. (1988) 'Symbol, Desire and Power', *Theory, Culture & Society*, 5(4).
Mintz, S. (1995) *Sweetness and Power: The Place of Sugar in Modern History*. Harmondsworth: Penguin.
Miyoshi, M. (2003) 'Ivory Tower in Eskrow', in M. Myoshi and H. Harootunian (eds), *Learning Places: The Afterlife of Area Studies*. Durham, NC: Duke University Press.
Mullin, B. and Taylor. L. (1986) *Uninvited Guests*. London.

Murphy, R. (1989) *Social Closure: The Theory of Monopolization and Exclusion*. Oxford: Clarendon Press.

Needham, J. (1980) *Shorter Science and Civilization in China*. Vols 1–5. Cambridge: Cambridge University Press.

Nuttall, J. and Carmichael, R. (1977) *Common Factors/Vulgar Factions*. London: Routledge & Kegan Paul.

Olma, S. (2007) 'Introduction', to special section on Life's (Re)Emergences, *Theory, Culture & Society*, 24(5).

Olsen, D. (1986) *The City as a Work of Art*. New Haven, CT: Yale University Press.

O'Neill, J. (1988) 'Religion and Postmodernism: The Durkheimian Bond in Bell and Jameson', *Theory, Culture & Society*, 5(2–3).

Ong, Aihwa (2006) 'Mutations in Citizenship', in special issue on Problematizing Global Knowledge (ed. M. Featherstone, C. Venn, R. Bishop and J. Phillips), *Theory, Culture & Society*, 23(2–3).

Osiel, M.J. (1984) 'Going to the People: Popular Culture and the Intellectuals in Brazil', *European Journal of Sociology*, 25.

Pagden, A. (1993) *European Encounters with the New World*. New Haven, CT: Yale University Press.

Palmer, R.E. (1977) 'Postmodernity and Hermeneutics', *Boundary*, 2, 22.

Parenti, M. (2002) The Super Rich Are Out of Sight', *Common Dreams.org*, 27 December.

Parkin, F. (1979) *Marxism and Class Theory: A Bourgeois Critique*. London: Tavistock.

Parsons, T. (1937) *The Structure of Social Action*. New York: McGraw Hill.

Parsons, T. (1951) *The Social System*. New York: Free Press.

Parsons, T. (1961) 'Culture and the Social System: Introduction', in T. Parsons, E. Shils, K.D. Naegele and J.R. Pitts (eds), *Theories of Society*. New York: Free Press.

Patomäki, Heikki (2006) 'Global Democracy', in special issue on Problematizing Global Knowledge (ed. M. Featherstone, C. Venn, R. Bishop and J. Phillips), *Theory, Culture & Society*, 23(2–3).

Patomäki, Heikki and Teivainen, T. (2004) 'The World Social Forum: An Open Space or a Movement of Movements?', *Theory, Culture & Society*, 21(6).

Pawley, M. (1986) 'Architecture: All the History that Fits', *Guardian*, 3 December: 10.

Perdue, P. (1987) *Exhausting the Earth: State and Peasant in Hunan 1500–1850*. Cambridge, MA: Harvard University Press.

Perkins, F. (2004) *Leibniz and China*. Cambridge: Cambridge University Press.

Pieterse, J.N. (2006) 'Oriental Globalization', in M. Featherstone et al. (eds), 'Problematizing Global Knowledge', *Theory, Culture & Society* special issue, 23(1–2).

Poggioli, R. (1973) 'The Concept of the Avant-Garde', in T. Burns and E. Burns (eds), *The Sociology of Literature and Drama*. Harmondsworth: Penguin.

Pollock, G. (1985/6) 'Art, Artschool, Culture: Individualism after the Death of the Artist', *Block*, 11.

Pomeranz, K. (2000) *The Great Divergence: China, Europe and the Making of the Modern World Economy*. Princeton, NJ: Princeton University Press.

Poster, M. (1975) *Existential Marxism in Postwar France*. Princeton, NJ: Princeton University Press.

Preteceille, E. and Terrail, J.P. (1985) *Capitalism, Consumption and Needs*. Oxford: Basil Blackwell.

Rajchman, J. (1985) 'Foucault and the End of Modernism', in *Michel Foucault: The Freedom of Philosophy*. New York: Columbia University Press.

Randerson, J. (2006) 'World's richest 1% own 40% of all wealth, UN report discovers', *Guardian*, 6 December.

Raz, J. and Raz, A.E. (1996) '"America" Meets "Japan": A Journey for Real between Two Imaginaries', *Theory, Culture & Society*, 13(3).

Reay, B. (1985a) 'Introduction', in *Popular Culture in Seventeenth Century England*. London: Croom Helm.

Reay, B. (1985b) 'Popular Religion', in *Popular Culture in Seventeenth Century England*. Cambridge: Cambridge University Press.

Reddy, W.M. (1984) *The Rise of Market Culture*. Cambridge: Cambridge University Press.

Reich, R. (2006) 'The New Rich–Rich Gap', *Newsweek*.

Robbins, D. (1987) 'Sport, Hegemony and the Middle Class: The Victorian Mountaineers', *Theory, Culture & Society*, 4(4).

Roberts, D. (1988) 'Beyond Progress: The Museum and Montage', *Theory, Culture & Society*, 5(2–3).

Robertson, R. (1978) *Meaning and Change*. Oxford: Basil Blackwell.

Robertson, R. (1987) 'Globalization Theory and Civilizational Analysis', *Comparative Civilizations Review*, Fall.

Robertson, R. (1988) 'The Sociological Significance of Culture: Some General Considerations', *Theory, Culture & Society*, 5(1).

Robertson, R. (1990) 'Mapping the Global Conditions', *Theory, Culture & Society*, 7(2–3).

Rochberg-Halton, E. (1986) *Meaning and Modernity*. Chicago: Chicago University Press.

Rojek, C. (1985) *Capitalism and Leisure Theory*. London: Tavistock.

Rose, G. (1978) *The Melancholy Science: An Introduction to the Thought of Theodor W. Adorno*. London: Macmillan.

Rowe, W.T. (1984) *Hankow: Commerce and Society in China 1796–1889*. Stanford, CA: Stanford University Press.

Sahlins, M. (1974) *Stone Age Economics*. London: Tavistock.

Sahlins, M. (1976) *Culture and Practical Reason*. Chicago: Chicago University Press.

Said, E.W. (1978) *Orientalism*. London: Routledge & Kegan Paul.

Sakai, N. (1989) 'Modernity and Its Critique: The Problem of Universalism and Particularism,' in H. Harootunian and M. Myoshi (eds), *Postmodernism and Japan*. Durham, NC: Duke University Press.

Sakai, N. (1993) 'Return to the West/Return to the East: Watsuji Tetsuro's Anthropology and Discussions of Authenticity', in M. Myoshi and H.D. Harootunian (eds), *Japan in the World*. Durham, NC: Duke University Press.

Sakai, N. (1998) *Translation and Subjectivity*. Minneapolis: Minnesota University Press.

Sakai, N. (2001) 'Introduction', *Traces*, No 1.

Santos, Boaventura (2006) 'Globalizations', in special issue on Problematizing Global Knowledge (ed. M. Featherstone, C. Venn, R. Bishop and J. Phillips), *Theory, Culture & Society*, 23(2–3).

Sassatelli, R. (2006) 'Virtue, Responsibility and Consumer Choice', in J. Brewer and F. Trentman (eds), *Consuming Cultures, Global Perspectives*. Oxford: Berg.

Sayre, R. and Löwy, M. (1984) 'Figures of Romantic Anti-Capitalism', *New German Critique*, 32.

Sayyid, S. (2006) 'Islam and Knowledge', in special issue on Problematizing Global Knowledge (ed. M. Featherstone, C. Venn, R. Bishop and J. Phillips), *Theory, Culture & Society*, 23(2–3).

Schapiro, M. (1961) 'Style', in M. Phillipson (ed.), *Aesthetics Today*. London: Meridian Books.

Schifferes, S. (2006) 'The End of the American Dream?' *BBC News* website, 4 September.

Schlesinger, P. (1987) 'On National Identity: Some Conceptions and Misconceptions Criticised', *Social Science Information*, 26(2).

Schmidt, M. (1988) 'The Place of Culture in Parsons's Theory of Social Action', paper presented it the 3rd American–German Sociological Theory Conference, Bremen.

Schmidt, V.H. (2006) 'Multiple Modernities or Varieties of Modernity?', *Current Sociology*, 54(1).

Schor, J. (1999) 'The New Politics of Consumption: Why Americans want so much more than they need', *Boston Review*.

Schudson, M. (1986) *Advertising: The Uneasy Persuasion*. New York: Harper.

Schudson, M. (1987) 'The New Validation of Popular Culture', *Critical Studies in Mass Communications*, 4.
Shusterman, R. (1988) 'Postmodernist Aestheticism: A New Moral Philosophy?', *Theory, Culture & Society*, 5(2–3).
Schwartz, B. (1983) *Vertical Classification*. Chicago: Chicago University Press.
Schweder, R.A. (1984) 'Anthropology's Romantic Rebellion against the Enlightenment', in R.A. Schweder and R.A. Levine (eds), *Culture Theory*. Cambridge: Cambridge University Press.
Seigel, J. (1986) *Bohemian Paris*. New York: Viking.
Sennett, R. (1976) *The Fall of Public Man*. Cambridge: Cambridge University Press.
Sennett, R. (1999) 'Growth and Failure: The New Political Economy and Its Culture', in M. Featherstone and S. Lash (eds), *Spaces of Culture: City, Nation, World*. London: Sage.
Sennett, R. (2006) *The Culture of the New Capitalism*. New Haven, CT: Yale University Press.
Shama, S. (1987) *The Embarrassment of Riches: An Interpretation of Dutch Culture in the Golden Age*. London: Fontana.
Shields, R. (1987) 'Social Spatialization and the Built Environment: The West Edmonton Mall'. Sussex University, mimeo.
Shields, R. (1990) '"The System of Pleasure": Liminality and the Carnivalesque in Brighton', *Theory, Culture & Society*, 7(1).
Shils, E. and Young, M. (1953) 'The Meaning of the Coronation', *Sociological Review*, 1(2).
Silberman, B.A. (2002) 'The Disappearance of Modern Japan: Japan and Social Science', in H. Harootunian and M. Myoshi (eds), *Learning Places: The Afterlives of Area Studies*. Durham, NC: Duke University Press.
Silverberg, M. (1998) 'The Café Waitress Serving Modern Japan', in S. Vlastos (ed.), *Mirror of Modernity: Invented Traditions of Modern Japan*. Berkeley: University of California Press.
Silverman, D. (1986) *Selling Culture*. New York.
Simmel, G. (1978) *The Philosophy of Money*, trans. T. Bottomore and D. Frisby. London: Routledge & Kegan Paul.
Simmel, G. (1997a) 'Fashion', in D. Frisby and M. Featherstone (eds), *Simmel on Culture*. London: Sage.
Simmel, G. (1997b) 'The Metropolis and Mental Life,' in D. Frisby and M. Featherstone (eds), *Simmel on Culture*. London: Sage.
Simone, A. (2004) *For the City Yet to Come: Changing African Life in Four Cities*. Durham, NC: Duke University Press.
Simpson, C. (1981) *SoHo: The Artist in the City*. Chicago: Chicago University Press.
Slater, P. (1973) *The Origin and Significance of the Frankfurt School*. London: Routledge & Kegan Paul.
Smith, A. (1990) 'Is There a Global Culture'?', *Theory, Culture & Society*, 7(2–3).
Smith, A.D. (1998) *Nationalism and Modernism*. London: Routledge.
Smith, D. (1988) 'History, Geography and Sociology: Lessons from the Annales School', *Theory. Culture & Society*, 5(1).
Sobel, E. (1982) *Lifestyle*. New York: Academic Press.
Sontag, S. (1967) *Against Interpretation*. London: Eyre & Spottiswoode.
Sorokin, P. (1957) *Social and Cultural Dynamics*. Boston, MA: Porter Sargent.
Spanos, W. (1987) *Repetitions: The Postmodern Occasion in Literature*. Baton Rouge: Louisiana State University Press.
Spencer, L. (1985) 'Allegory in the World of the Commodity: The Importance of Central Park', *New German Critique*, 34.
Stallybrass, P. and White, A. (1986) *The Politics and Poetics of Transgression*. London: Methuen.
Stauth, G. and Turner, B.S. (1988) 'Nostalgia, Postmodernism and the Critique of Mass Culture', *Theory, Culture & Society*, 5(2–3).
Steiner, G. (1971) *In Bluebeard's Castle: Some Notes Towards the Re-definition of Culture*. London: Faber and Faber.

Stratton, J. (1989) 'Postmodernism and Popular Music', *Theory, Culture & Society*, 6(1).
Susman, W. (1979) 'Personality and the Making of Twentieth Century Culture', in J. Higham and P.K. Conkin (eds), *New Directions in American Cultural History*. Baltimore, MD: Johns Hopkins University Press.
Susman, W. (1982) *Culture and Commitment 1929–1945*. New York: Braziller.
Swingewood, A. (1977) *The Myth of Mass Culture*. London: Macmillan.
Tagg, J. (1985/6) 'Postmodernism and the Born Again Avant-Garde', *Block*, 11.
Tamari, T. (2006) 'The Rise of the Department Store and the Aestheticization of Everyday Life in Early Twentieth Century Japan', *International Journal of Japanese Sociology*, 15.
Taussig, M. (2007) 'Redeeming Indigo', *Theory, Culture & Society*, 24(5).
Taylor, C. (1999) 'Two Theories of Modernity', *Public Culture*, 11(1).
Terranova, T. (2007) 'Future Public: Hegemonic and Counter-hegemonic Tactics for Bioracist Times', *Theory, Culture & Society*, 24(2).
Thompson, K. (1986) *Beliefs and Ideology*. London: Tavistock.
Tiryakian, E.A. (1978) 'Emile Durkheim', in T.B. Bottomore and R. Nisbet (eds), *A History of Sociological Analysis*. London: Heinemann.
Todorov, T. (1992) *The Conquest of America*. New York: Harper.
Toscano, A. (2007) 'Vital Strategies: Maurizio Lazzarato and the Metaphysics of Contemporary Capitalism', *Theory, Culture & Society*, 24(5).
Touraine, A. (1985) 'An Introduction to the Study of Social Movements', *Social Research*, 52(4).
Turner, B.S. (1983) *Religion and Social Theory*. London: Heinemann.
Turner, B.S. (1986) *Equality*. London: Tavistock.
Turner, B.S. (1987) 'A Note on Nostalgia', *Theory, Culture & Society*, 4(1).
Turner, B.S. (1988) *Status*. Milton Keynes: Open University Press.
Turner, B.S. (1990) 'Introduction: Reflections on the Dominant Ideology Thesis after a Decade', in B.S. Turner (ed.), *The Dominant Ideology Debate*. London: Allen and Unwin.
Turner, B.S. (2005) 'Obituaries and the Legacy of Derrida', *Theory, Culture & Society*, 22(2).
Turner, V.W. (1969) *The Ritual Process: Structure and Anti-Structure*. London: Allen Lane.
Ugarteche, O. (2007) 'Transationalizing the Public Sphere: A Critique of Fraser', *Theory, Culture & Society*, 24(4).
Ulmer, G.L. (1984) 'The Object of Post-Criticism', in H. Foster (ed.), *Postmodern Culture*. London: Pluto Press.
Urry, J. (1988) 'Cultural Change and Contemporary Holiday-making', *Theory, Culture & Society*, 5(1).
Urry, J. (2005) 'Introduction', to special issue on Complexity, *Theory, Culture & Society*, 22(5).
van Reijen, W. (1988) '*The Dialectic of Enlightenment* Read as Allegory', *Theory, Culture & Society*, 5(2–3).
Vattimo, G. (1985) *La fine della modernita*. Milan: Aldo Garzanti Editore.
Vaughan, M. (1986) 'Intellectual Power and the Powerlessness of Intellectuals', *Theory, Culture & Society*, 3(3).
Venn, C. (2005) 'Appreciations: Jacques Derrida 1930–2004', *Theory, Culture & Society*, 22(2).
Venn, C. (2006) *The Postcolonial Challenge*. London: Sage.
Venn, C. (2007) 'Averroes and Medicine', *New Encyclopaedia Project*. Unpublished note.
Venn, C. and Featherstone, M. (2006) 'Modernity', in special issue on Problematizing Global Knowledge (ed. M. Featherstone, C. Venn, R. Bishop and J. Phillips), *Theory, Culture & Society*, 23(2–3).
Venturi, R., Scott Brown, D. and Izenour, D. (1977) *Learning from Las Vegas: The Forgotten Symbolism of Architecture Form*. Cambridge: MA: MIT Press.
Wall, D. (1987) 'Oppenheim under the Sign of the Mirror', paper presented to the IALP Conference on Postmodernism, Kansas.
Wallerstein, I. (1974) *The Modern World-System I*. New York: Academic Press.

Wallerstein, I. (1980) *The Modern World-System II*. New York: Academic Press.
Walvin, J. (1978) *Beside the Seaside: A Social History of the Popular Seaside Holiday*. London: Allen Lane.
Weber, M. (1930) *The Protestant Ethic and The Spirit of Capitalism*. London: Allen and Unwin.
Weber, M. (1949) '"Objectivity" in Social Science and Social Policy', in *The Methodology of the Social Sciences*. Glencoe, IL: Free Press.
Weber, M. (1968) *Economy and Society*. 3 vols. Bedminster Press.
Weiss, J. (1986) 'Wiederverzauberung der Welt', *Kölner Zeitschrift für Soziologie und Sozialpsychologie*, 27.
White, H. (1973) *Metahistory*. Baltimore, MD: Johns Hopkins University Press.
Whyte, W.H. (1956) *The Organization Man*. New York: Simon & Schuster.
Wiener, M. (1981) *English Culture and the Decline of the Industrial Spirit*. Cambridge: Cambridge University Press.
Williams, R. (1958) *Culture and Society 1780–1950*. Harmondsworth: Penguin.
Williams, R. (1961) *The Long Revolution*. Harmondsworth: Penguin.
Williams, R. (1976) *Keywords*. London: Fontana.
Williams, R. (1979) *Politics and Letters*. London: New Left Books.
Williams, R. (1983) *Towards 2000*. London: Chatto & Windus.
Williams, R. (1989) 'Common Culture' and 'Culture is Ordinary', both in *Resources of Hope*. London: New Left Books.
Williams, R.H. (1982) *Dream Worlds: Mass Consumption in Late Nineteenth Century France*. Berkeley: California University Press.
Williamson, J. (1986) *Consuming Passions*. London: Marion Boyars.
Willis, P. (1978) *Profane Culture*. London: Routledge & Kegan Paul.
Wilson, E. (1985) 'Women, Knitting and Art', *Marxism Today*.
Winship, J. (1983) '*Options* – For the Way You Want to Live Now, or a Magazine for Superwoman', *Theory, Culture & Society*, 1(3).
Wolf, E.R. (1982) *Europe and the People without History*. Berkeley: California University Press.
Wolff, J. (1983) *Aesthetics and the Sociology of Art*. London: Allen & Unwin.
Wolff, J. (1985) 'The Invisible *Flâneuse*', *Theory, Culture & Society*, 2(3).
Wolin, R. (1982) *Walter Benjamin: An Aesthetic of* Redemption. New York: Columbia University Press.
Wolin, R. (1986) 'Foucault's Aesthetic Decisionism', *Telos*, 67.
Wouters, C. (1979) 'Negotiating with de Swaan'. Amsterdam, mimeo.
Wouters, C. (1986) 'Formalization and Informalization: Changing Tension Balances in Civilizing Processes', *Theory, Culture & Society*, 3(2).
Wouters, C. (1987) 'Developments in the Behavioural Codes between the Sexes: The Formalization of Informalization in the Netherlands 1930–1985', *Theory, Culture & Society*, 4(2–3).
Wouters, C. (1989) 'The Sociology of Emotions and Flight Attendants: Hochschild's *Managed Heart*', *Theory, Culture and Society*, 6(2).
Zafrani, H, (1996) *Juifs de'Andalousie e du Maghreb*. Paris: Maisonneuve & Larose.
Zolberg, V. (1984) 'American Art Museums: Sanctuary or Free-For-All?', *Social Forces*, 63 (December).
Zukin, S. (1982a) 'Art in the Arms of Power', *Theory and Society*, 11.
Zukin, S. (1982b) *Loft Living*. Baltimore, MD: Johns Hopkins University Press.
Zukin, S. (1987) 'Gentrification', *Annual Review of Sociology*.
Zukin, S. (1988a) 'The Postmodern Debate over Urban Form', *Theory, Culture & Society*, 5(2–3).
Zukin, S. (1988b) *Loft Living*, 2nd edn. London: Hutchinson/Radius.

索 引*

（索引页码为原书页码，即本书边码）

* 中国发展研究基金会儿童发展研究院刘博远参与了索引的翻译，我在其基础上进行了改定。——译者

图书在版编目(CIP)数据

消费文化与后现代主义:第二版/(英)迈克·费瑟斯通著;刘精明译.—北京:商务印书馆,2023
(文化和传播译丛)
ISBN 978-7-100-21159-8

Ⅰ.①消… Ⅱ.①迈… ②刘… Ⅲ.①后现代主义—研究 ②消费文化—研究 Ⅳ.①B089 ②C913.3

中国版本图书馆 CIP 数据核字(2022)第 076376 号

文化和传播译丛
消费文化与后现代主义
(第二版)
〔英〕迈克·费瑟斯通 著
刘精明 译
黄平 渠敬东 校

商务印书馆出版
(北京王府井大街36号 邮政编码100710)
商务印书馆发行
北京市白帆印务有限公司印刷
ISBN 978-7-100-21159-8

2023年4月第1版 开本 880×1230 1/32
2023年4月北京第1次印刷 印张 11⅜
定价:69.00元